CARLOS ROBERTO JAMIL CURY
Intelectual e Educador

PERFIS DA EDUCAÇÃO

Organização e Introdução
Cynthia Greive Veiga

Textos selecionados de
Carlos Roberto Jamil Cury

CARLOS ROBERTO JAMIL CURY

Intelectual e Educador

autêntica

Copyright © 2010 Carlos Roberto Jamil Cury e Cynthia Greive Veiga

COORDENADOR DA COLEÇÃO PERFIS DA EDUCAÇÃO
Luciano Mendes de Faria Filho

PROJETO GRÁFICO DE CAPA
Diogo Droschi
(sobre foto de Leonardo Lara)

REVISÃO
Lira Córdova

PROJETO GRÁFICO/EDITORAÇÃO ELETRÔNICA
Tales Leon de Marco

EDITORA RESPONSÁVEL
Rejane Dias

Revisado conforme o Novo Acordo Ortográfico.

Todos os direitos reservados pela Autêntica Editora. Nenhuma parte desta publicação poderá ser reproduzida, seja por meios mecânicos, eletrônicos, seja via cópia xerográfica sem a autorização prévia da editora.

AUTÊNTICA EDITORA LTDA.

Rua Aimorés, 981, 8º andar . Funcionários
30140-071 . Belo Horizonte . MG
Tel: (55 31) 3222 68 19
Televendas: 0800 283 13 22
www.autenticaeditora.com.br

Dados Internacionais de Catalogação na Publicação (CIP)
(Câmara Brasileira do Livro, SP, Brasil)

Cury, Carlos Roberto Jamil
    Carlos Roberto Jamil Cury, intelectual e educador / organização e Introdução Cynthia Greive Veiga. – Belo Horizonte : Autêntica Editora, 2010. – (Coleção Perfis da Educação ; 1)

    Bibliografia.
    ISBN 978-85-7526-501-7

    1. Cury, Carlos Roberto Jamil 2. Educação - Brasil 3. Educadores - Brasil I. Veiga, Cynthia Greive. II. Título III. Série.

10-09022	CDD-370.92

Índices para catálogo sistemático:
1. Brasil : Educadores 370.92

Para isso fomos feitos:
Para lembrar e ser lembrados
Para chorar e fazer chorar
Para enterrar os nossos mortos –
Por isso temos braços longos para os adeuses
Mãos para colher o que foi dado
Dedos para cavar a terra

VINICIUS DE MORAES, "Poema de Natal"

Sumário ■

9 Cronologia

11 Introdução
Pensando com Cury a produção da educação brasileira

31 Entrevista
Percursos de formAÇÃO

Textos selecionados

49 A educação e a nova ordem constitucional

63 O público e o privado na educação brasileira contemporânea: posições e tendências

85 Educação e normas jurídicas pós-Constituição Federal de 1998

91 Lei de Diretrizes e Bases e perspectivas da educação nacional

103 Direito à educação: direito à igualdade, direito à diferença

119 Gestão democrática da educação: exigências e desafios

131 Quadragésimo ano do Parecer CFE n. 977/65

151 Educação escolar e educação no lar: espaços de uma polêmica

171 Cidadania e Direitos Humanos

179 Políticas da Educação: um convite ao tema

195 A educação nas constituições brasileiras

207 Sistema Nacional de Educação: desafio para uma educação igualitária e federativa

225 Produção bibliográfica

Cronologia ■

Período	Atividade
1945	Nasce Carlos Roberto Jamil Cury em São José do Rio Preto (SP)
1956	Ingresso no Seminário Nossa Senhora do Carmo (Ginásio) – Padres do Verbo Divino – Araraquara (SP)
1958-1964	Seminário do Verbo Divino de Ponta Grossa (PR) – (Ginásio e Clássico com Científico)
1968-1978	Professor de Filosofia no Colégio Sacré-Coeur de Marie (São Paulo)
1968-1971	Faculdade de Filosofia, Ciências e Letras Nossa Senhora Medianeira (Graduação em Filosofia; dois anos do curso de Sociologia)
1972-1978	Professor da PUC-SP (Ciclo Básico)
1972-1979	Pós-graduação na PUC-SP – Mestrado (1973-1977) e Doutorado (1977-1979) em Educação
1978	Ingresso na Faculdade de Educação da UFMG – professor da graduação e pós-graduação
1982-1986	Coordenador do programa de pós-graduação da FaE/UFMG
1984-1986	Pesquisador do CNPq
1986-1989	Presidente da Área de Educação da CAPES
1987-1990	Assessor Especial para fomento interno de Pesquisa (Pró-reitor adjunto) / Pró-Reitoria de Pesquisa – UFMG
1991	Professor titular da FaE/UFMG
1993	Membro do Conselho Estadual da Educação de Minas Gerais

1994-1995	Pós-doutorado na Faculdade de Direito (USP) e *Uni-versité de Paris*
1998-1999	Pós-doutorado na Écoles des Hautes Études en Sciences Sociales
1999	Aposentadoria na FaE/UFMG
2000	Professor da PUC Minas
1996-2004	Presidente da Câmara de Educação Básica / Conselho Nacional de Educação
2003	Presidente da CAPES
2005-2007	Vice-coordenador do programa de pós-graduação em Educação da PUC Minas
2007-atual	Coordenador do programa de pós-graduação em Educação da PUC Minas
2008-2009	Membro do Conselho Técnico Científico da Educação Básica – CAPES
2009	Membro da Câmara de Ciências Humanas da FAPEMIG

Introdução ■

Pensando com Cury a produção da educação brasileira

Um intelectual da educação do porte de Carlos Roberto Jamil Cury nos inquieta bastante, sobremaneira pelo seu modo de ser como professor, debatedor de questões da política educacional brasileira ou mesmo no modo de conduzi-las quando ocupando cargos de governo, pois sempre comprometido com cada momento presente. Do tempo de sua inserção na Pontifícia Universidade Católica de São Paulo (PUC-SP) como professor (1972), de sua permanência na Universidade Federal de Minas Gerais (UFMG, 1978-1999) ao tempo atual como ocupante de cargos em órgãos públicos (Coordenação de Aperfeiçoamento de Pessoal de Nível Superior, CAPES, e Conselho Nacional de Desenvolvimento Científico e Tecnológico, CNPq) e como professor e coordenador do Programa de Pós-Graduação em Educação da PUC Minas, muitas mudanças ocorreram. Vivenciamos um país em frenético ritmo de acontecimentos, sem contar o salto populacional de 90 milhões em 1970 à estimativa de 180 milhões em 2010. Nesses números de crescimento, destoam os indicadores de analfabetismo – em 1970, 33,6% e, em 2000, 13,6% – sempre em marcha lenta, e ainda sem considerar o problema do analfabetismo funcional.

Contudo, as alterações na política educacional brasileira de modo geral foram muito significativas, destacando-se, por exemplo, a consolidação da pesquisa em educação, bem como o aparecimento de uma comunidade de educadores diferenciada das gerações anteriores pela formação especializada na pesquisa e pela produção acadêmica abundante. Enfatizaria ainda que, desde o fim do regime militar (1984), as questões educacionais cada vez menos se fizeram como assunto técnico-político. Os cargos políticos da educação voltaram a ser ocupados por intelectuais da educação, como nos tempos anteriores. É preciso evidenciar ainda nesse contexto a participação de toda uma geração de cidadãos na construção da democracia no país.

A presença de intelectuais nas instâncias governamentais evidentemente não é algo inusitado e muito menos recente. Contudo o diferencial se faz principalmente quando intelectuais de países capitalistas participam da ascensão de governos democráticos e de esquerda ou ainda assumem cargos políticos neles. E é nesses contextos que temos a ampliação de estudos relacionados à temática da constituição dos intelectuais, envolvendo inter-rogações sobre suas trajetórias, adesões políticas e relações com o poder, sua formação e produção, etc., ou melhor, o tema do intelectual está em evidência nos últimos anos.

De acordo com Francis Wolff (2006), a emergência dos debates que puse-ram em causa a definição política de intelectuais e o seu lugar na sociedade se deu a partir da polêmica lançada pelo jornal *Le Monde*. Em 1983 o jornal publica um artigo a respeito do que se denominou "silêncio dos intelectuais", no contexto da eleição presidencial na França do socialista François Mitterrand (1981). O principal dilema: "pode ele [o intelectual] participar episodicamente do poder (como conselheiro do príncipe, por exemplo) ou deve ser um censor sistemático de todo poder, qualquer que seja?" (WOLFF, 2006, p. 45).

Já Norberto Bobbio (1997), em obra específica que interroga sobre as polêmicas que dividiram os intelectuais em vários momentos históricos, a respeito de suas relações com o poder, comenta sobre a profusão de livros relacionados ao tema a partir da década de 1990. No Brasil também o tema está em evidência, particularmente a partir do acontecimento do 1º Ciclo de Conferências "O Silêncio dos Intelectuais", promovido pelos Ministérios da Educação e da Cultura[1] e ocorrido entre 22 de agosto e 5 de outubro de 2005, tendo como sedes diferentes capitais. Maria Zilda Cury (2008) observa que tanto no Brasil como no exterior nos últimos anos houve significativa produção de títulos sobre o assunto, inclusive relacionando alguns deles.

Essa temática também vem se desenvolvendo no campo da história – a história de intelectuais é uma tendência em crescimento e que se distingue das biografias de personagens célebres ou da tradicional história das ideias. A principal diferença é o tratamento dos problemas históricos no âmbito da história cultural quando se está em questão a produção sócio-histórica do conceito de intelectual e de seu lugar na sociedade. Nesse caso a história de intelectuais dimensiona dar visibilidade a este processo de edificação do indivíduo como intelectual numa rede de interdependência. Acresce-se ainda que, também de modo mais específico na história da educação, o estudo de intelectuais da educação vem se consolidando como linha de pesquisa e como eixo temático de eventos da área.

---

[1] Conferir o livro *O silêncio dos intelectuais*, organizado por Adauto Novaes (2006).

Articulando as diferentes interrogações da temática intelectual, o que se objetiva neste livro é realizar um movimento no sentido de apresentar o percurso formador de um intelectual e de suas principais produções intelectuais como constitutivas da história da educação. Parte-se do pressuposto de que a trajetória individual de Carlos Roberto Jamil Cury é entrelaçada a trajetórias das relações produtoras de uma sociedade, pois os indivíduos se fazem como indivíduos porque socialmente relacionados. Portanto a perspectiva aqui não é a de tomar o indivíduo como *Homo clausus*, mas o indivíduo preso a cadeias de interdependência cada vez maiores, ou ainda pensar o intelectual como questão sociológica. Seguindo a acepção de Norbert Elias (1994, p. 45), "A história é sempre história de uma sociedade, mas, sem a menor dúvida, de uma sociedade de indivíduos".

Na trajetória de Cury é notório seu interesse por estudos relacionados ao direito à escola, tornado objeto de pesquisa na dissertação de mestrado e na tese de professor titular e tema de várias outras publicações. Para a interrogação da questão dos direitos, ele realizou pesquisas históricas sobre movimentos intelectuais, debates constitucionais, estado e educação, enfim, sobre políticas educacionais. Desse modo sua produção é sempre marcada por questões contemporâneas com interrogações históricas. Atualmente desenvolve como pesquisador do CNPq a pesquisa "O Conselho Nacional de Educação: 1931-1961". Sua experiência de pesquisa, acrescida das orientações de dissertações e teses, e da participação em bancas de julgamento de trabalhos e em eventos diversos, possibilitou ao intelectual se aproximar do poder e ocupar cargos em órgãos públicos com total ética e competência.

Para elaborar a introdução deste livro, totalmente provocada pela trajetória de formação e produção intelectual de Jamil Cury, optei por desenvolver algumas questões voltadas para duas temáticas – reflexão da produção da escola como assunto de governo e sobre o fazer-se dos intelectuais.

A escola com assunto de governo

A discussão sobre a importância da difusão da educação escolar como fator de redefinição dos procedimentos de inserção social de certa forma é recente na longa história de formação das sociedades ocidentais. De modo mais intenso esteve presente na Prússia do início do século XVIII, seguida de Portugal e França no mesmo século e integrando os debates iluministas. Contudo houve diferenciações em relação ao entendimento quanto à responsabilização de sua gestão.

Nos países com maioria de população protestante, por exemplo, no caso da Inglaterra e dos Estados Unidos, inicialmente a difusão da escola se fez como programa das comunidades religiosas locais e a *public school* não teve e não tem o mesmo sentido que nos países de cultura religiosa católica. Como sabemos, isso se deve principalmente ao modo como do século XV em diante os estados católicos e os protestantes produziram sua relação com a transmissão do conhecimento, uma vez que este era monopólio da Igreja. No caso dos países católicos, houve no século XVIII uma ruptura com a ordem religiosa dos Jesuítas responsáveis por uma rede de colégios na Europa; por aldeamentos indígenas, colégios e universidades na América espanhola; e por colégios e aldeamentos na América portuguesa.

Esse acontecimento aliado às mudanças na sociedade de modo geral contribuiu para a consolidação da ideia de que caberia ao Estado a centralidade da política escolar aos moldes do pensamento aristotélico. Contudo, lembremos que as primeiras iniciativas de estatização da escola nos países católicos se fizeram ainda na vigência das monarquias absolutistas. No caso de Portugal, com extensão para as colônias, a estatização da escola ocorreu no reinado de Dom José I, entre 1750 e 1777, cujas reformas foram empreendidas pelo Marquês de Pombal ou Sebastião José de Carvalho e Melo (1699-1782). O Diretor Geral dos Estudos nomeado por Dom José I, Principal Primário da Santa Igreja de Lisboa, Dom Thomás de Almeida, no edital de 28 de julho de 1759, afirmava:

> Do primeiro de Outubro do presente ano em diante não poderá ensinar pessoa alguma, nem publica, nem particularmente sem Carta Minha sob pena de ser castigado como merecer a sua culpa e de ficar inhabil para ensinar mais nesses Reinos e Seus Domínios. Lisboa, 28 de Julho de 1759. Dom Tomás Principal de Almeida. Diretor Geral (*apud* ANDRADE, 1978, p. 191).

Contudo foi na Prússia o primeiro movimento de estatização do ensino. Observa-se que no reino da Prússia havia tolerância para as práticas religiosas de católicos e protestantes. Em 1717 Frederico I (1688-1740) tornou obrigatória em todo o império a frequência das crianças à escola com sanções para os pais que não cumprissem. Embora apenas concretizada sob a regência de Frederico II (1712-1786), de 1740 a 1786, reafirmou-se a escola do povo (*Volksschule*) com duração de três anos e adoção de livro básico para homogeneização da língua alemã.

Mas, sem dúvida, a temática da ampliação da educação escolar ganha relevo principalmente no âmbito do movimento iluminista, o que esteve relacionado também ao crescimento da utilidade da escrita e da leitura para o progresso da sociedade; a ênfase nas línguas maternas, bem como o interesse pelas artes mecânicas. A organização da *Enciclopédia das ciências, das artes e dos ofícios* (1751-1765) é um dos muitos indicativos de que outras relações com o conhecimento estavam em curso, ampliava-se a busca por explicações racionais do funcionamento da natureza e da sociedade. Também, tendo em vista o desenvolvimento de novas formas de sociabilidade, de relações de mercado e de produção, acentuou-se na população ocidental a elaboração do desejo de autonomia, liberdade e independência em face dos poderes políticos, econômicos e religiosos em curso.

Ainda que nos ritmos diferenciados de cada nação, a partir de fins do século XVIII as tradicionais instituições e hierarquias foram substituídas pelo Estado de direito e por prerrogativas da liberdade de comércio; da posse de propriedade como legitimadoras do lugar social; da igualdade perante a lei; e da livre disposição da força de trabalho. As revoluções liberais e a institucionalização dos governos constitucionais podem ser interpretadas como movimentos formuladores de novas condições de se fixar na sociedade. Deste modo, no momento em que as linhagens nobres deixaram de ordenar a vida política, novas hierarquias e relações de poder se estabeleceram fundamentadas pela posse de bens (propriedade) e de conhecimento.

Ocorreram amplas reformas na educação escolar, destituindo a Igreja de seu lugar de gestora e intervindo o Estado. Foram organizadas estruturas administrativas estatais com o objetivo de normalizar o processo de distribuição do conhecimento, a profissionalização dos quadros da educação, os métodos de transmissão dos saberes, os processos seletivos dos alunos, a circulação de livros e conteúdos escolares. Desde já, a educação centralizada pelo Estado se apresentou como um projeto de civilização das populações, no desejo de fundar uma sociedade harmônica, cujos conflitos pudessem ser racionalmente resolvidos.

Assim a monopolização da organização escolar pelo Estado se orientou na direção da necessidade de uma homogeneização cultural das populações. Esse acontecimento se apresentou como vital para completar o processo civilizador na medida em que propôs a inclusão de toda a população em novas formas de socialização pela escolarização universalizada e com seus conteúdos e práticas controlados pelo Estado. De modo inédito a educação escolar foi discutida como direito das populações e dever do Estado em ofertá-la, mesmo que com diferenças entre as nações no processo histórico de condução dos direitos e deveres políticos.

No caso do Brasil a estatização se fez ainda no período colonial, com a reforma pombalina (1759), quando o rei Dom José I passou então a centralizar os atos educacionais. Com a independência (1822), a primeira constituição brasileira (1824) assegurava que a instrução primária gratuita era direito inviolável de todo cidadão brasileiro (artigo 179). É importante destacar que, pelos termos da Constituição, os negros não estavam impedidos de frequentar a escola pública; o impedimento se referia aos escravos pela sua condição de não cidadãos, que, ainda assim, frequentavam aulas particulares (VEIGA, 2008).

A difusão da escola pública uniu as elites na afirmação de um lugar comum: o de que da instrução dependeria o futuro da nação. Contudo não houve um projeto nacional de educação, desde o ato adicional à Constituição (1834), a instrução primária se estruturou de modo fragmentado, tendo cada província executado suas políticas educacionais, ou seja, a instrução elementar estabeleceu-se no Brasil independente como assunto local, dos governos provinciais. Já o ensino superior era centralizado nos poderes gerais. Questões importantes se apresentam para analisar a instrução no período imperial. Primeiramente observa-se que houve certo esforço por parte das elites provinciais para a ampla difusão da instrução primária pública; outro fato é que essa escola era principalmente destinada à população pobre e mestiça (VEIGA, 2007) – as famílias mais abastadas não gostavam que seus filhos frequentassem as aulas dos mestres públicos. Contudo, outra questão se refere à total precariedade de funcionamento das aulas públicas revelada pelo analfabetismo de 85% da população ao final do século XIX.

Diferentes motivos concorrem para compreender essa situação, realçando evidentemente as diferenças entre as províncias: o clientelismo nas relações políticas, gerando constante troca na ocupação de cargos públicos e dificuldade de aplicação das leis, que por sua vez mudavam a cada gestão; pobreza da população e dificuldades dos filhos frequentarem a escola por motivo de trabalho; frequência muito irregular dos alunos; métodos e materiais de ensino insuficientes, prolongando em muito o tempo de aprendizagem da leitura e escrita; prática de violência e castigos físicos pelo professor; professores despreparados; espaços precários; dificuldades de transporte e deslocamento; falta de inspeção regular; ausência de uma política educacional unificadora. Curioso notar que a escola pública entrara definitivamente nos assuntos de governo, todos os relatórios provinciais são categóricos em afirmar a importância da instrução pública como formadora do sentimento de pertença nacional, mas também são unânimes quanto a confirmar as precariedades.

Ao iniciar o regime republicano, já havia algum acúmulo de experiência quanto à administração da educação como coisa pública! Quanto ao debate educacional, há de se destacar uma contribuição fundamental ainda no governo imperial, trata-se dos pareceres elaborados pelo jurista baiano Rui Barbosa (1849-1923) para a reforma promovida na Corte, pelo ministro Leôncio de Carvalho, em 1879. O trabalho de Rui não seguiu os moldes tradicionais de um parecer, pois ele produziu verdadeiro tratado de pedagogia: *Reforma do ensino secundário e superior* (1882) e *Reforma do ensino primário e várias instituições complementares da instrução pública* (1883). De certo modo, esses trabalhos podem ser considerados como o primeiro projeto de educação com olhar nacional, contudo, nos anos iniciais da república, não houve investimentos neste sentido, principalmente devido à adoção do federalismo como forma de governo republicano. Deste modo, até a formação tardia do Ministério da Educação e Saúde (1930), a escola primária continua sendo um assunto local, agora de governos estaduais.

Com muita propriedade Cury (2001, p. 23) ao discorrer sobre a sua compreensão do fenômeno educativo como "síntese de múltiplas determinações", apresenta-as, e destaco uma delas: "Como não correlacionar educação e a questão federativa se entre as expectativas republicanas está a autonomia estadual e com ela a obrigação das unidades federativas de proporcionar o ensino?". Sem dúvida problematizar melhor a educação federalizada das primeiras décadas republicanas nos ajuda a compreender os desequilíbrios regionais quanto à instituição da escola. Por outro lado, é preciso dimensionar o impacto do tempo de vigência de planejamentos nacionais de educação em comparação com o tempo de ações descentralizadas, se somado o do período imperial.

Portanto, na primeira Constituição republicana (1891), não há sequer menção sobre o ensino primário, exceto a indicação da laicidade do ensino a ser ministrado nos estabelecimentos públicos (artigo 72). A tese de concurso para professor titular de Cury investiga prioritariamente a discussão sobre a laicidade e obrigatoriedade da escola na Assembleia Constituinte (1890-1891).[2] De acordo com o autor, o acompanhamento da Constituinte de 1988 foi, entre outros motivos, o que o provocou para arrolar historicamente os temas que envolvem direito à educação. Antes de tudo, esse tipo de estudo contribui para não naturalizarmos os direitos. Acresce-se ainda que, ao aproximarmos dos debates de sua produção, se compreende melhor o funcionamento da dinâmica da sociedade e principalmente os limites da proposição da igualdade perante a lei numa sociedade que é liberal-capitalista e, por isso, estabelece tal proposição.

Naqueles novos tempos republicanos, as questões relativas à obrigatoriedade e gratuidade do ensino ficaram por conta das constituintes estaduais. Houve um importante diferencial por essa época, pois, desde 1881, portanto ainda no império, os analfabetos foram impedidos de votar, e com a ascensão dos discursos republicanos a escolarização ganha uma

---

[2] Tese defendida na UFMG, em 1991 e intitulada *Cidadania republicana e educação: governo provisório do Mal. Deodoro e Congresso Constituinte de 1890-1891.*

nova função: preparar futuros cidadãos eleitores. Há de se ressaltar que a permissão para o voto do analfabeto somente é restituída na atual Constituição (1988). Cury (2001, p. 191) em sua pesquisa faz um ótimo estudo sobre os debates relacionados ao voto do analfabeto e afirma ter havido na Primeira Constituinte republicana dupla discriminação dos analfabetos: "ao manter para eles só os direitos civis e ao omitir-se em face da obrigatoriedade da escola primária". Ainda segundo o autor, as justificativas da exclusão se encaminharam no sentido de estimular os analfabetos a procurar a escola, a ter iniciativa de sair do seu estágio de ignorância, na perspectiva liberal, "buscar a instrução como ato de virtude individual" (CURY, 2001, p. 193). Nesse contexto aprofundavam-se as relações coronelistas de poder.

Contudo essa situação muda nos anos 1920, aliás, o incremento das reformas educacionais ocorridas nos estados é parte integrante de outras mudanças políticas, econômicas e culturais dessa época. Nessas reformas buscou-se superar o dado vergonhoso de 75% da população analfabeta, como também modernizar a prática pedagógica tendo em vista a difusão do ideário escolanovista. Juntamente com as reformas estaduais, acontecem discussões no âmbito do congresso nacional que vão produzir uma revisão constitucional. Em estudo inédito Cury analisa na revisão constitucional de 1925 e 1926 as questões relativas à educação. Temas como a relação entre a União e o ensino primário; ensino leigo e ensino religioso mereceram destaque especial nos debates ocorridos durante o governo de Arthur Bernardes. Contudo, as mudanças somente viriam em 1930. De acordo com Cury (2003, p. 126), os debates da revisão constitucional foram importantes em pelo menos dois aspectos:

> O primeiro foi a elucidação quanto a instrução básica: quer aceitando que a interferência já estava posta implicitamente em 1891, quer posicionando que tal orientação deveria ficar explícita, não se poderia resolver o "enigma" do caráter nacional sem a presença do Estado. É por intermédio da educação que o Estado se torna o demiurgo da nação e sem ele o país ou se cinde pelo regionalismo ou acolhe a "perigosa" idéia de revolução internacional. O segundo foi a antecipação de pontos que só se tornariam componentes do pacto constitucional após a Revolução de Trinta.

Com a Revolução de 1930 e início do governo de Getúlio Vargas, organizou-se o Ministério da Educação e Saúde sob a direção de Francisco Campos (1891-1968). Carlos Roberto Jamil Cury (1977), em sua dissertação de mestrado, de modo bastante original, traz para a história da educação brasileira o debate sobre os conflitos ideológicos desencadeados no processo de nacionalização da educação.

Conforme o próprio autor indica, as tensões entre liberais e católicos eram presentes há muito. Basta lembrar que a separação entre Igreja e Estado como prerrogativa republicana, desde a constituinte nacional e as estaduais, instalou a discussão da laicidade da escola pública (Cury, 2001). Contudo foi nos anos 1930 que o conflito adquiriu maior visibilidade, entre outras situações, quando da publicação do *Manifesto dos pioneiros da Escola Nova* (1932) e dos debates da segunda Constituinte (1933-1934). Na análise de Cury, compreendemos que os conflitos não se fizeram meramente por demarcações das lutas políticas, mas sobremaneira por embates de concepção de mundo e de homem.

De acordo com seus estudos, para os católicos o mundo estava em crise ético-espiritual pela "ausência de Deus" como fruto dos excessos do racionalismo de Estado, do individualismo liberal burguês e ainda do socialismo proletário. No caso específico do Brasil, a crise moral é creditada principalmente no "laicismo pedagógico" (Cury, 1977, p. 16) e sua superação se daria na "escola com Deus". Para a intelectualidade católica, à Igreja e à família caberia a missão de educar, sendo de responsabilidade do Estado amparar os pais e a Igreja nessa missão.

O grupo dos educadores liberais compreende a crise como expressão dos conflitos humanos evidenciados pelo "espírito científico do tempo" em negação da "ordem revelada" – é devido a uma "civilização em mudança" (Cury, 1977, p. 40-43). A solução seria a divulgação da ciência numa perspectiva humanística, ou ainda a implementação de um sistema educacional de bases científicas. Pois um dos grandes problemas do país era a "ausência de um aparelho cultural capaz de determinar uma consciência mais nítida da realidade brasileira e habilitar as novas gerações a enfrentar os problemas e resolvê-los numa época em que a ciência faz parte de toda civilização e dos negócios públicos" (Cury, 1977, p. 45).

A Constituição promulgada em 16 de julho 1934 teve sua importância principalmente por mobilizar nacionalmente o debate educacional, explicitar divergências filosóficas e políticas e ao mesmo tempo consolidar a característica reformista das políticas educacionais propostas pelos intelectuais da educação. De certo modo inaugurou uma cultura de Estado no trato com o direito à educação: demarcação do lugar da União na implementação de planos nacionais de educação com devida flexibilização para a ação dos Estados e municípios; apoio a iniciativas particulares; e, apesar da fixação da gratuidade e obrigatoriedade escolar, não prevê condições para a garantia de frequência à escola e para o trabalho docente – ainda durante um bom tempo as dificuldades com o acesso e a permanência na escola será entrave para a universalização da educação escolar no Brasil.

Entre 1934 e 1988 (promulgação da atual Constituição), aconteceram outras iniciativas de definição da escola como questão de política pública, destacam-se a primeira lei de diretrizes e bases da Educação Nacional – a Lei nº 4.024 (1961) – e a Lei nº 5.692 (1971). Essa última trouxe como fundamental importância a extensão da escolaridade obrigatória de quatro para oito anos, já prevista na Constituição de 1967. Entre 1988 e 1996 debateu-se uma nova Lei de Diretrizes e Bases da Educação Nacional (LDB, Lei nº 9.394/1996) com a participação de setores representantes da sociedade civil, intelectuais da educação e parlamentares, além de ter sido criado o Conselho Nacional de Educação (1995). Com intenções expressas desde 1934 e um primeiro aparecimento em 1962, em 2001 foi aprovado o Plano Nacional de Educação com ênfase em questões sobre acesso e permanência na escola, erradicação do analfabetismo, valorização dos profissionais da Educação, diversidade educacional e novas tecnologias. Destaca-se que, no ano 2010, se realizara a Conferência Nacional de Educação (CONAE), precedida de congressos municipais e estaduais, cuja temática é "Construindo um Sistema Nacional Articulado de Educação: o Plano Nacional de Educação, suas Diretrizes e Estratégias de Ação".

Em que pese as tensões presentes durante a tramitação e aprovação da atual LDB, atravessando os governos de José Sarney, Fernando Collor de Mello, Itamar Franco e Fernando Henrique Cardoso, a lei introduz temas importantes no cenário das políticas públicas. Entre elas gostaríamos de destacar os direitos à diferença, inclusive tema de um dos artigos de Cury (1999). Novamente o autor enfatiza a questão dos direitos como elemento organizador da sociedade humana, ressaltando que a necessidade de anunciá-los e reiterá-los evidencia a característica sócio-história de sua elaboração. No caso brasileiro, as desigualdades profundas de acesso aos direitos civis e políticos possuem uma longa duração histórica. Sem dúvida a escola foi uma instituição importante na produção dessas desigualdades por meio de seu princípio fundante de homogeneização das populações e de sua característica essencialmente meritocrática.

Na Constituição de 1988, afirma-se a defesa dos direitos e deveres individuais e coletivos com punições àqueles que praticarem atos que contrariem tais princípios. Assim, na LDB 9.394/1996, é reafirmado "o princípio do direito à diferença complementar e recíproco ao conjunto dos direitos comuns inerentes à igualdade" (CURY, 1999, p. 12), contemplando pessoas com necessidades especiais, culturas negra e indígena, educação no campo. Contudo, as normas não são suficientes para a efetivação de princípios que levem em conta a supressão de atos de preconceito de qualquer ordem. Na afirmação de Cury (1999, p. 15),

> A ética de reconhecimento, tal como inscrita na constituição e na Lei de Diretrizes e Bases da Educação Nacional, é um sinal de uma *possibilidade melhor* em vista de uma prática democrática que incorpore a riqueza sociocultural como espaço consciente e escolhido de sujeitos que torna tão iguais quão diferentes.

Outra análise importante realizada pelo autor diz respeito ao conceito de direito à educação básica introduzido na LDB 1996. Por meio desse novo léxico, institui-se um novo modo de organização da educação nacional que abrange três etapas: educação infantil, educação fundamental obrigatória e ensino médio progressivamente obrigatório. Na interpretação de Jamil Cury, a diferença como direito está implicada no conceito de educação básica porque associado à ideia de formação básica comum, ou seja, de acesso universalizado ao conhecimento, o que, desse modo, formaliza o acesso de diferentes grupos à educação escolar. Contudo, de acordo com o autor,

> Por ser um serviço público, ainda que ofertado também pela iniciativa privada, por ser direito de todos e dever do Estado, é obrigação deste interferir no campo das desigualdades sociais e, com maior razão, no caso brasileiro, no terreno das hierarquias sociais, como fator de redução das primeiras e eliminação das segundas, sem o que o exercício da cidadania ficaria prejudicado a priori (CURY, 2008, p. 302).

Outra importante contribuição de Jamil Cury em relação à atual Lei de Diretrizes e Bases da Educação Nacional é o debate que ele introduz em "A nova lei de diretrizes e bases da educação nacional: uma reforma educacional?" (CURY, 1997). Nesse texto, ele traz como questão principal o modo inovador como a lei normaliza o funcionamento e a estrutura da escola brasileira, portanto numa direção além de uma legislação com função prescritiva.

No entendimento do autor, a proposta indica para uma reforma em curso, em dois grandes eixos, avaliação e autonomia. A avaliação se apresenta como parâmetro de mudanças e investimentos; a autonomia associa-se à proposição de flexibilidade possibilitada pela participação da comunidade educacional na discussão de projetos político-pedagógicos. Contudo, apesar das importantes mudanças, Cury observa os limites e as possibilidades das reformas democráticas. Para ele nenhuma se faz apenas com boas intenções, pois "Uma autêntica e realista reforma supõe professores muito bem pagos, qualificados e capazes de recuperar o prestígio e o orgulho de sua profissão" (CURY, 1997, p. 134).

Temos que, no amplo leque de questões relacionadas à produção da escola como assunto de governo e, portanto, gerida pelo Estado, além da própria institucionalização e aprimoramento dos governos constitucionais, se redefiniu a ação dos "letrados", como foram chamados no século XIX. Ao longo do século XX, amplia-se a atuação de intelectuais nas esferas públicas e políticas de ordenação da sociedade.

O fazer-se dos intelectuais da educação

O pressuposto do fazer-se dos intelectuais da educação será aqui discutido claramente inspirado na concepção de Edward Palmer Thompson (1979) ao discutir o fazer-se da classe trabalhadora. Para Thompson a classe não é um dado *a priori* (ou seja, é classe trabalhadora porque trabalha), mas se faz no processo histórico capitalista da luta de classes, o que possibilita sua consciência como classe social. Estou tomando emprestada a ideia do "fazer-se" e transportando para uma categoria bastante diferenciada das classes trabalhadoras. Arrisco-me na perspectiva de compreender os intelectuais como uma categoria histórica que se estabelece nas lutas competitivas do campo acadêmico e/ou político, lutas estas que se fazem por disputas ideológicas e/ou de poder. Nos embates entre os membros da comunidade de intelectuais a cada tempo e cada espaço se formulam consciências diferenciadas quanto a sua função na sociedade.

Portanto, o pressuposto conceitual de entendimento do intelectual como produção sócio-histórica se deve à diferenciação de seu lugar na sociedade. Embora seja até possível compreender a provocação do *Le Monde* sobre o "silêncio dos intelectuais", é preciso dimensionar que a afirmação pressupõe um modelo de intelectual cuja função na sociedade é dada *a priori*; nessa perspectiva corremos o risco de não apreendermos o seu fazer-se nos últimos tempos. Especialistas no assunto vêm afirmando sobre o seu desaparecimento, ou ainda o fim do "intelectual engajado"; outros mais cautelosos falam da crise de um modelo ou de representação de intelectual (SILVA, 2003). O certo é que o tema é bastante polêmico!

Compreendo que filósofos, letrados, artistas, intelectuais, pajés são figuras presentes em diferentes sociedades. Esses sujeitos são evidenciados não somente pela circulação de conhecimentos que propiciam, mas pela autoridade de saber que lhes é conferida pelos demais membros da sociedade, levando-se em consideração o modo como cada uma delas, a cada tempo, elabora a relação com o conhecimento.

Por exemplo, não há dúvida sobre a importância dos filósofos do movimento iluminista para demarcar o contexto de crítica aos dogmas de época e propostas de mudanças. Os iluministas elaboraram a crença no contínuo aperfeiçoamento e progresso humano, por meio do uso da razão. Assim é que defenderam a necessidade de reformas das instituições como condição para o estabelecimento do bem-estar e da felicidade. Tais reformas apresentam-se no âmbito das leis (constituições) promovedoras da garantia da liberdade (de expressão, de religião, econômica) e abolição de privilégios.[3]

---

[3] É conhecida a presença dos filósofos iluministas junto aos reis para acompanhamento de reformas, época conhecida como despotismo ilustrado. A título de exemplo, Diderot esteve ao lado de Catarina II da Rússia; Antonio Genovesi (1712-1769) atuou em Nápoles; Gaspar Melchor de Jovellanos (1744-1811), na Espanha; Frederico II tinha Voltaire como conselheiro.

Já em fins do século XIX, por conta da repercussão do caso Dreyfus,[4] emerge a tradição francesa de associar os intelectuais como indivíduos engajados em políticas de denúncia de injustiça e de mudanças sociais. Assim, de modo geral, no século XX a própria complexificação política, social e cultural das sociedades ocidentais capitalistas, além do acontecimento da revolução comunista e maior posicionamento da esquerda, fizeram com que os intelectuais se projetassem cada vez mais na política.

Na história do Brasil, entre vários acontecimentos vinculados ao fazer-se dos intelectuais,[5] destacamos dois episódios de repercussão na educação – a mobilização dos intelectuais pelas reformas educacionais dos anos 1920 e 1930 e para a organização dos cursos de pós-graduação em Educação a partir dos anos 1960. Nesses dois momentos há de se ressaltar que, nos idos do século XX, a especialização profissional ou ainda a destinação social do conhecimento (principalmente, medicina, engenharia e direito) estava em franco desenvolvimento, embora fosse comum atuação como intervenção combinada entre esses ramos de saber com outros segmentos da intelectualidade (jornalistas e educadores, por exemplo). Já nas décadas finais do mesmo século, temos uma maior compartimentação das atividades acadêmicas nas esferas públicas e políticas ainda que o conhecimento esteja se organizando de modo cada vez mais transdisciplinar.

Nos anos 1920 e 1930, os educadores tiveram importante destaque nos debates sobre a educação nacional, além de serem autores de importantes reformas pedagógicas, entre eles destacam-se: Antonio Carneiro Leão (1887-1966); Francisco Campos (1891-1968); Fernando de Azevedo (1894-1974); Lourenço Filho (1897-1970) e Anísio Teixeira (1900-1971). Todos eles ocuparam cargos políticos e/ou órgãos públicos, tiveram expressividade política, além de terem uma longevidade que os possibilitou participar de diferentes momentos históricos do Brasil, como intelectuais e cidadãos.

Como parte de seu fazer-se neste contexto, os intelectuais da educação fundaram uma associação – a Associação Brasileira de Educação (ABE) – em 1924 e redigiram dois manifestos – o "Manifesto dos Pioneiros da Educação Nova"[6] em 1932 e "Mais uma vez convocados: manifesto ao povo e ao

---

[4] O episódio refere-se à reação do escritor Émile Zola quando em 1898 redige um "manifesto de intelectuais" e o publica no *Aurore*, exigindo que o processo do capitão Alfred Dreyfus, acusado de espionagem, fosse revisto, pois havia indicações de que as acusações recaíam sobre ele devido a sua origem judaica.

[5] Para maior detalhamento desse assunto, ver Carvalho (2007) e Corrêa (1988).

[6] "A reconstrução Educacional no Brasil: ao povo e ao governo. Manifesto dos Pioneiros da Educação Nova", publicado pela Companhia Editora Nacional em 1932, teve 26 assinaturas.

governo",[7] em 1959. Mariza Corrêa (1988, p. 16), referindo-se ao contexto de 1930, observa que "Seria ilusório pensar que esses educadores formavam um grupo homogêneo, ainda que vários deles tenham participado da Associação e assinado o manifesto", citando Simon Schwartzman, ela completa:

> Nem todos pensavam da mesma maneira, e nem tiveram o mesmo destino. Anísio Teixeira e, em menor grau, Fernando de Azevedo atraíram a ira da Igreja Católica, seriam chamados de comunistas, e passariam períodos de ostracismo; Lourenço Filho assumiria uma postura predominantemente técnica e se manteria como assessor próximo de Capanema até o fim de seu ministério. Francisco Campos não mais voltaria à área educacional depois de seu período de ministério, assumindo mais tarde posição no governo Vargas como seu ministro da Justiça e mentor intelectual do golpe de 1937 (*apud* CORRÊA, 1988, p. 16).

Norberto Bobbio (1997) afirma que os manifestos identificam os intelectuais como um grupo social distinto. Maria Zilda Cury (2008, p. 17) destaca que o manifesto constitui-se numa "estratégia de intervenção, uma busca de conquista de poder simbólico, da formação de um campo cultural autônomo, e um gesto político de afirmação dos valores deste campo no mundo social". Essa autora ressalta ainda que na escrita de manifestos os intelectuais visam atingir os cidadãos comuns, mas principalmente aos próprios intelectuais, sendo de conteúdo sempre político e polêmico.

Os educadores redigiram os dois manifestos (ambos de iniciativa de Fernando de Azevedo) em contextos históricos muito distintos, mas tinham o mesmo objetivo: a defesa da escola pública, obrigatória e gratuita aos brasileiros. O primeiro fez emergir um forte conflito ideológico devido à reação do grupo católico, conforme já destacamos aqui, o que leva os católicos a se afastarem da ABE e fundar a Confederação Católica de Educação sob liderança de Leonel Franca (1893-1948) e Alceu Amoroso Lima (1893-1983). Na dissertação de Jamil Cury (1977, p. 96-97), podemos acompanhar o fazer-se dos intelectuais desse período no confronto, vejamos,

> Aqui se dá o impasse. Não há cosmovisão. Há cosmovisões. E elas são conflitantes entre si e em vários planos: seja nos princípios, seja na noção de educação, sua estrutura e fatores, na própria metodologia e respectivas aplicações no campo educacional concreto [...] O impasse não se dá em nível de envolvimento popular, mas sim em uma esfera ideológica e política, travada no seio de segmentos saídos das classes dominantes da população. A cosmovisão católica defende uma "filosofia integral" em que os pressupostos ético-religiosos deverão ser aplicados sobre o Estado e as instituições da sociedade civil, de modo normativo. Enquanto isso

---

[7] Publicado em vários jornais e na revista *Educação e Ciências Sociais*, v. 4, n. 10, abr. 1959. Teve 189 assinaturas de intelectuais da "velha" e da "nova" geração.

os pioneiros embasarão seus pressupostos em vista de uma nova ordem em torno do papel do Estado, como mediador entre as necessidades emergentes e o "novo espírito" da época. Se, para os primeiros, o povo católico de certo modo é a Nação, para os segundos, o Estado é a nação.

É importante chamar atenção para a atuação marcante dos intelectuais da educação nesse período também pela profusão de obras voltadas para a educação. Lourenço Filho organizou a coleção Biblioteca da Educação pela Cia. Melhoramentos de São Paulo com publicação de vários títulos. Fernando de Azevedo fundou a Biblioteca Pedagógica Brasileira pela Companhia Editora Nacional.

O outro momento de importante destaque da atuação dos intelectuais da educação selecionados para análise foi o de criação e desenvolvimento dos primeiros cursos de pós-graduação em Educação. Nesse episódio Carlos Roberto Jamil Cury foi um dos protagonistas em duas situações: como aluno da pós-graduação da PUC-SP – de mestrado (1972-1977), orientado pelo professor Casemiro dos Reis Filho (1927-2001), e de doutorado (1977-1979), orientado pelo professor Dermeval Saviani – e ao ser convidado pelo coordenador da pós-graduação em Educação da Faculdade de Educação da UFMG, professor Oder José dos Santos, a integrar seu recém-instalado corpo docente.

A normalização da definição da pós-graduação no Brasil se fez no parecer do Conselho Federal de Educação (CFE), n. 977 de 1965, com definição de seus níveis e finalidades – formação de corpo docente qualificado de ensino superior e de pesquisadores de alto nível (CURY, 2005, p. 11). Em novembro de 1968 edita-se a reforma universitária (lei 5540) envolvendo a promoção de criação de cursos de pos graduação com recursos do governo federal na concepção de universidade modernizada, identificada pelo tripé ensino, pesquisa e extensão. Deste modo durante o regime militar desenvolve-se a pós-graduação "como elemento fundamental da criação de um sistema nacional de ciência e tecnologia" (CURY, 2005, p. 15). Associado a isso, órgãos como Campanha de Aperfeiçoamento de Pessoal de Nível Superior (CAPES)[8] e Conselho Nacional de Pesquisa (CNPq),[9] órgãos criados em 1951, serão reafirmados como fomentadores de financiamento de pesquisa e bolsas de estudo para professores de nível superior.

Nos anos 1960 e 1970, foram criados os primeiros cursos de pós-graduação em Educação (mestrados) *stricto sensu*, ainda que aguardassem regulamentação e/ou aprovação, entre eles: PUC-Rio (1965), PUC-SP (1969), Instituto de Estudos Avançados em Educação da Fundação Getúlio Vargas

---

[8] Atualmente Coordenação de Aperfeiçoamento de Pessoal de Nível Superior, mantêm a mesma sigla.

[9] Atualmente Conselho Nacional de Desenvolvimento Científico e Tecnológico, mantêm a mesma sigla.

(IESAE-FGV, 1971), Faculdade de Educação da Universidade de São Paulo (FEUSP, 1971), Faculdade de Educação da Universidade Federal de Minas Gerais (FaE/UFMG, 1971), Universidade Federal do Rio de Janeiro (UFRJ, 1972), Universidade Estadual de Campinas (Unicamp, 1975). Nesse período, com ênfase na década de 1970 e início de 1980, houve uma ampla difusão do marxismo, poderíamos até arriscar a dizer que a adesão à teoria marxista produziu uma identificação coletiva entre os intelectuais da educação na época. Destaca-se que tal adesão não foi homogênea, havendo diálogos com marxismos diferenciados, tais como Althusser; Baudelot e Establet; Bourdieu; Passeron; George Snyders; Gramsci; E. P. Thompson; Harry Braverman; Martin Carnoy; Cornelius Castoriadis, entre outros.

É de se destacar a importância dos professores Reis Filho e Saviani, orientadores de Carlos Roberto Jamil Cury, na difusão do marxismo entre os educadores. Dermeval Saviani foi professor assistente na PUC-SP de Casimiro dos Reis Filho, em 1967. Casemiro dos Reis filho, professor de Filosofia da Educação e História da Educação, foi um dos responsáveis pela reforma pedagógica na PUC-SP, um dos fundadores da pós-graduação em educação na Unicamp. Dermeval Saviani iniciou como professor no curso de mestrado da PUC-SP em 1972 e de doutorado em 1977. A sua primeira turma de doutorado tivera como alunos Antonio Chizzoti, Bruno Pucci, Betty Oliveira, Fernando de Almeida, Guiomar Namo de Mello, Luiz Antônio Cunha, Miriam Warde, Neidson Rodrigues, Osmar Fávero, Paolo Nosella e Carlos Roberto Jamil Cury. Formava-se ali uma importante geração de intelectuais da educação que, por sua vez, se tornaram formadores de vários outros.

Saviani (*apud* MÁXIMO, 2008, p. 40) afirma que,

> Quando comecei a lecionar na pós-graduação em 1972, a cadeira que assumi foi Problemas da Educação, cadeira na qual se analisava a questão do método, portanto da lógica. E então eu introduzia a contraposição entre a lógica dialética e lógica formal. E começava a introduzir textos do marxismo, embora ainda não de Marx: Álvaro Vieira Pinto; sobre lógica dialética, também já indicava o Lefebvre, *Lógica formal e lógica dialética*. É, então nesse quadro, que eu começo a receber alunos de pós-graduação. Depois já na cadeira de Filosofia da Educação, bem mais tarde – pois eu só vim a assumi-la quando voltei de São Carlos, em 1978 –, passei a analisar também textos de Marx: *Contribuição para a crítica da economia política*, com destaque para o tópico referente ao "método da economia política"; *O capital*, além de *A ideologia alemã* e dos *Manuscritos*.

É muito importante frisar que o grupo da PUC-SP não era o único a situar-se no campo do marxismo, vários outros cursos e intelectuais se apoiaram nessa vertente inclusive com versões diferenciadas. A marca do grupo da PUC-SP sob a orientação de Saviani foi a ênfase na concepção dialética para investigação da filosofia da educação. Saviani, ao comentar sobre o trabalho coletivo da primeira turma de doutoramento na sistematização da perspectiva dialética, destaca:

> É, porém, ao findar da década de 70 que a preocupação com a perspectiva dialética ultrapassa, na filosofia da educação, aquele empenho individual de sistematização e se torna objeto de esforço coletivo. Talvez o marco objetivo dessa passagem possa ser identificado na tese de doutoramento de Carlos Roberto Jamil Cury, *Educação e contradição: elementos para uma teoria crítica do fenômeno educativo*, defendida em outubro de 1979, tese esta que, enquanto era produzida, foi objeto de discussão sistemática no interior do Programa de Doutorado em Educação da PUC-SP. Penso que é a partir daí, é possível situar com nitidez a presença da concepção dialética na filosofia da educação brasileira (SAVIANI, 1984, p. 288).

Em 1971 foi a vez da criação do curso de pós-graduação em Educação, nível mestrado, na Faculdade de Educação da UFMG, sendo que a implantação do doutorado se fez em 1990. De seu início estavam presentes Alaíde Lisboa de Oliveira, Zenita Gunther, Maria Lucia Vilhena, Leila Mafra. Depois vieram Magda Soares, Oder José dos Santos, Miguel Arroyo, Glaura Vasquez de Miranda, Luiz Antônio Cunha. Em fins dos anos 1970, chegam Neidson Rodrigues (1947-2003) e Cury participando da reformulação do programa, em 1978 e 1979, num momento bastante tenso e fértil da sociedade brasileira (movimentos grevistas em plena ditadura militar). Observa-se que o curso de mestrado da FaE/UFMG foi conhecido nacionalmente por ser totalmente inovador em sua proposta político-pedagógica. O principal diferencial estava na abertura para temáticas amplas das práticas educativas não escolares e para questões vinculadas aos conflitos sociais, ainda que na época a filiação marxista limitasse bastante o olhar do conflito – luta de classes e relações de trabalho.

Jamil Cury ingressa no programa de pós-graduação com a responsabilidade de sempre, aprendendo com alunos e com a nova estrutura. Foi professor, coordenador e orientador de várias teses. Num novo fazer como intelectual da educação, chama atenção também para os embates presentes entre os professores do programa. Na conferência de comemoração dos 25 anos de sua fundação, afirma:

> Mas este grupo, e eu vejo aqui boa parte dele reunido de novo, foi se reeducando para que obtivéssemos nesta sistemática o maior grau possível de consenso. Portanto, nosso instrumento de passagem da coesão para a contradição, e da contradição para a coesão, foi sempre um instrumento de diálogo. E nesse sentido fomos profundamente universitários, porque era o diálogo, e não a violência, era no debate, e não na repressão, que nos fizemos, até quando discutíamos a indução de um ou outro professor que não queria ingressar na metodologia proposta (CURY, 1997, p. 54).

Noutro sentido Cury também reflete sobre o ofício de orientar, um outro novo momento do intelectual. Sua primeira orientanda foi a professora e historiadora da educação Eliane Marta Teixeira Lopes com dissertação de mestrado bastante original, *A publicização da instrução no contexto histórico do século XVIII – um estudo de caso da relação educação-sociedade*,[10] defendida em 1980. Em publicação recente, Eliane (*apud* MONARCHA, 2005, p. 124-125) dá o seguinte depoimento quanto a seu ingresso no mestrado:

> Naquele momento, escolher sobre o que pesquisar e escrever, e assumir isso, iniciou minhas lições sobre a subjetividade do pesquisador [...] Cheia de coragem e embaraço, pedi a um professor recém-chegado ao Programa, Carlos Roberto Jamil Cury, que nos orientasse – o trabalho e a mim. Ele aceitou [...] Houve uma certa surpresa entre colegas e professores pela escolha do tema: *educação geral? E as questões e a história da educação brasileira?* Tive apoio e sustentação do meu orientador (para isso servem os orientadores), que me disse a frase que repeti, venho repetindo e também outros se apropriaram dela: "Para fazer um trabalho acadêmico é preciso manter uma relação erótica com ele".

Assim é Cury! Como sua ex-aluna, também ouvi esse conselho, de máxima valia, e fui passando para outros. Nesse breve percurso aqui traçado, vê-se a confirmação de que os intelectuais se fazem em redes de interdependência humana, por meio de convivências, de embates, disputas de poder, conflitos ideológicos. Portanto, para avançarmos no entendimento da produção do conhecimento, do fazer-se dos intelectuais, é preciso interrogar amplamente a elaboração da trama das redes. Neste livro sobre a trajetória de Cury, que me deu o prazer e a responsabilidade de organizá-lo, disponibilizamos alguns fios da tessitura da história da educação brasileira. Nas palavras do poeta,

> Um galo sozinho não tece uma manhã:
> ele precisará sempre de outros galos.
> De um que apanhe esse grito que ele
> e o lance a outro; de um outro galo
> que apanhe o grito que um galo antes
> e o lance a outro; e de outros galos
> que com muitos outros galos se cruzem
> os fios de sol de seus gritos de galo,
> para que a manhã, desde uma teia tênue,
> se vá tecendo, entre todos os galos.
> ("Tecendo a manhã", João Cabral de Melo Neto)

---

[10] Foi editada em livro no ano 1981 com o título *Origens da educação pública: a instrução na revolução burguesa do século XVIII*.

Referências

ANDRADE, António A. Banha de. *A reforma pombalina dos estudos secundários no Brasil*. São Paulo: Edusp; Saraiva, 1978.

BOBBIO, Norbert. *Os intelectuais e o poder: dúvidas e opções dos homens de cultura na sociedade contemporânea*. São Paulo: Unesp, 1997.

CARVALHO, Maria Alice Rezende de. Temas sobre a organização dos intelectuais no Brasil. *Revista Brasileira de Ciências Sociais*, v. 22, n. 65, p. 17-31, out. 2007.

CORRÊA, Mariza. A revolução dos normalistas. *Cadernos de Pesquisa*, São Paulo, n. 66, p. 13-24, ago. 1988.

CURY, Carlos Roberto Jamil. A educação básica como direito. *Cadernos de Pesquisa*, v. 38, n. 134, p. 293-303, 2008.

CURY, Carlos Roberto Jamil. *A educação na revisão constitucional de 1925-1926*. Bragança Paulista, SP: EDUSF, 2003.

CURY, Carlos Roberto Jamil. *Cidadania republicana e educação: governo provisório do Mal. Deodoro e congresso constituinte de 1890-1891*. Rio de Janeiro: DP&A, 2001.

CURY, Carlos Roberto Jamil (Org.) *Medo à liberdade e compromisso democrático: LDB e Plano Nacional de Educação*. São Paulo: Editora do Brasil, 1997.

CURY, Carlos Roberto Jamil. *Os conflitos ideológicos na reconstrução da educação nacional na segunda república, 1930-1934*. Dissertação (Mestrado) – Pontifícia Universidade Católica de São Paulo, São Paulo, 1977.

CURY, Carlos Roberto Jamil. O direito à diferença: um reconhecimento legal. *Educação em Revista*, n. 30, p. 7-15, dez. 1999.

CURY, Carlos Roberto Jamil. Quadragésimo ano do parecer CFE n. 977/65. *Revista Brasileira de Educação*, n. 30, p. 7-20, set./out./nov./dez. 2005.

CURY, Carlos Roberto Jamil. Reflexões sobre a pós-graduação em Educação no Brasil: a experiência da FaE. In: PAIVA, Aparecida (Org.) *Reflexões sobre a pós-graduação em Educação no Brasil: a experiência da FaE*. Belo Horizonte: Autêntica, 1997.

CURY, Maria Zilda. Intelectuais em cena. In: WALTY, Ivete; CURY, Maria Zilda (Org.) *Intelectuais e vida pública: migrações e mediações*. Belo Horizonte: FALE-UFMG, 2008.

ELIAS, Norbert. *A sociedade dos indivíduos*. Rio de Janeiro: Zahar, 1994.

MAXIMO, Antonio Carlos. *Intelectuais da educação e política partidária: entrevistas inéditas com Paulo Freire, Dermeval Saviani, Selma Garrido Pimenta, José Carlos Libâneo, Moacir Gadotti, Carlos Roberto Jamil Cury, Mario Sergio Cutela*. Brasília: Líber Livro; EdUFMT, 2008.

MONARCHA, Carlos (Org.). *História da Educação Brasileira: formação do campo*. Ijuí: Ed. Unijuí, 2005.

MORAES, Vinicius de. Poema de Natal. In: *Antologia Poética*. São Paulo: Companhia da Letras, 1992.

NOVAES, Adauto (Org.). *O silêncio dos intelectuais*. São Paulo: Companhia das Letras, 2006.

SILVA, Helenice Rodrigues da. O intelectual, entre mitos e realidades. *Espaço Acadêmico*, n. 29, out. 2003.

THOMPSON, Edward Palmer. *Tradición, revuelta y consciencia de clase: estudios sobre la crisis de la sociedad preindustrial.* Barcelona: Critica, 1979.

VEIGA, Cynthia Greive. Escola pública para os negros e os pobres no Brasil: uma invenção imperial. *Revista Brasileira de Educação*, v. 13, n. 39, set./dez. 2008.

VEIGA, Cynthia Greive. *História da Educação.* São Paulo: Ática, 2007.

WOLFF, Francis. Dilema dos intelectuais. In: NOVAES, Adauto (Org.). *O silêncio dos intelectuais.* São Paulo: Companhia das Letras, 2006.

Entrevista ■

Percursos de formAÇÃO

André Gide (1869-1951), citado pela historiadora Maria Lucia Burke (2000, p. 11), afirma sobre a função do entrevistador com o entrevistado, que "O papel de um entrevistador é o de o forçar a intimidade; é o de o levar a falar sobre o que não falaria por si mesmo".[1] Portanto o objetivo aqui é trazer informações da trajetória acadêmica de Cury e de seu trânsito pelas academias, órgãos públicos, instituições várias, mas também criar condições para a explanação de fatos que nem sempre nos é possível falar, por diferentes circunstâncias. Enfim, criar uma intimidade com os leitores sobre a tão breve e tão longa vida pessoal e profissional de Carlos Roberto Jamil Cury, que é também de todos. Organizei em dois blocos, cuja intenção é demarcar melhor o tipo de abordagem, são eles: I) Amor e reconhecimento e II) Educação e política.

Amor e reconhecimento

Compartilho com sociólogo Norbert Elias (1995)[2] ao afirmar em *Mozart, sociologia de um gênio* ser o amor e o reconhecimento duas fontes de nossa determinação de viver – ambas são fundamentais como alimento de nosso sentimento de autoestima e de nossa importância perante um grupo social. Cury, em você é visível a presença das duas fontes, seja pela maneira tranquila como relaciona com as pessoas, seja pela presença sempre marcante em diferentes eventos públicos. Neste primeiro momento da entrevista, a premissa é de que não é possível separar a obra do ser humano que a criou, então vamos lá.

---

[1] BURKE, Maria Lucia. *As muitas faces da história; nove entrevistas.* São Paulo: Unesp, 2000.

[2] ELIAS, Norbert. *Mozart: sociologia de um gênio.* São Paulo: Zahar, 1995.

■ Fale-nos brevemente sobre suas origens e, principalmente, como era o menino Carlos?

Nasci em São José do Rio Preto, interior de São Paulo, fundada pelo mineiro João Bernardino de Seixas Ribeiro e povoada pelos mineiros que para lá vieram fugindo da seca que assolava o território mineiro. Meus pais, libaneses, saíram do Líbano à cata de emprego na América. Meu pai chegou em 1912, e minha mãe, em 1923. Sou o caçula de sete irmãos, o único nascido na casa nova que meu pai construiu para abrigar os filhos e os eventuais pensionistas acolhidos por minha mãe. A pequena loja não era suficiente para o sustento de nossa família, inda mais que o que entrava na parte da manhã era destinado à mãe de meu pai no Líbano. Tive a sorte de ter feito um ano de "jardim de infância" em escola pública, após o que entrei no primário obrigatório. Lembro-me do dia em que comecei a ler e como fui elogiado por todos em casa. Acabara de ganhar a minha primeira cartilha: o *Caminho Suave*. Gostava da escola, apesar de ser considerado aluno rebelde. Detestava os castigos morais como sentar-se no fundo da sala com as meninas mais altas. E jamais me importei com os beliscões e os puxões de orelha dados pelas ótimas professoras. Adorava o recreio: era hora de chutar bola. Meu pai não me perdoou quando fugi da escola pela janela, na hora do recreio, e fui vadiar pela cidade. Mais cedo do que eu pudesse imaginar, funcionou o recado da diretora. Suspensão de três dias com deveres em casa, além de umas boas palmadas! Após a feitura da "lição de casa", eu era liberado para a rua: futebol com bola de borracha ou de pano de meia feminina era a regra junto com as brincadeiras noturnas. Sempre enturmado, convivi com uma vizinhança multicultural e de cujos espaços saíram meus colegas de escola. Uns eram negros, outros descendentes de índios, havia também filhos de japoneses. Nem todos moravam tão bem como eu. Formávamos a turma da Boa Vista (bairro). Quando retorno a Rio Preto, ainda encontro um ou outro. Tentando evitar minha dispersão, meus pais me "empregaram" na farmácia do Coronel França. Coronel da Guarda Nacional, ele me punha para buscar os fármacos e alguns remédios na Distribuidora Baruel. Ficava olhando as múltiplas balanças e me divertia, bisonhamente, com as pessoas que tomavam injeção. Depois fui "trabalhar" na loja de meu padrinho cujo forte era a venda de roupas feitas. Não me acertei em nenhum dos empregos. Filho de pais religiosos, católicos maronitas, lá fui eu ser acólito da paróquia Nossa Senhora Aparecida. Ajudei missas até, conquistei *status* com isso e me trouxe muita cobrança da professora: *como você pode ajudar a missa e ser tão turbulento na escola?* Eis que um dia chega um padre na escola na hora das chatíssimas aulas de ensino religioso. Dizendo fazer uma enquete sobre motivações e desejos de adolescentes, havia uma pergunta marota que interrogava sobre a vontade de ir a um seminário e testar a vocação. Eu e o meu amigo Isidoro resolvemos, malandramente, responder positivamente. Meses após chega o padre em casa. Virei o assunto da família. Afinal, havia a promessa de muitos colegas que dariam para montar vários times de futebol, piscina, horta, pomar e, sobretudo, eu passara a ser o novo assunto da família e da grande família.

■ Como foi a experiência no Seminário, que disciplinas cursava e que atividades desenvolviam?

Numa manhã de 31 de janeiro de 1956, acompanhado de meu pai e de meu padrinho, entrei no Seminário Nossa Senhora do Carmo dos padres do Verbo Divino em Araraquara (SP) para dois felizes anos de estudo, pois acabara de passar no *exame de admissão*, muito futebol, muito corte de cana e enxada para capinar e, de retorno de férias em casa, o centro das atenções. Em 1958, contra a vontade de minha mãe, fomos para Ponta Grossa no Paraná. Um seminário enorme que ia do primeiro ano do ginásio ao terceiro ano do colegial. Dessa vez, o encontro com a diversidade foi outro: colegas vindos do Rio Grande do Sul, Paraná e Santa Catarina, na maioria, provindos do pequeno colonato, eram descendentes de italianos, poloneses e alemães. Muitos usavam roupas da *colônia*, outros falavam um português arrastado e com um universo vocabular limitado. O seminário, após a rua, foi uma casa em que aprendi a respeitar o outro diferente, a conviver com a contradição e a saber engolir o estigma de ser *paulista e urbano*. Aprendi a tomar chimarrão, comer feijão preto, fazer chucrute e plantar, capinar e colher arroz, trigo e arar a terra. Aprendi grego clássico, latim, estudei francês, inglês e alemão, sem contar física, química e biologia em difíceis aulas de sábado o dia inteiro. No chiqueiro víamos a genética acontecer entre os porcos o que aprendíamos nas salas especializadas. Ao lado das exigências diárias do *estudo rigoroso* das 16 às 18 horas, das aulas inclusive aos sábados, iniciei-me no aprendizado do órgão e do harmônio, na escuta de música clássica, na participação no coral e na iniciação teatral. Lembro-me da apresentação dos Meninos Cantores de Viena como se fosse hoje e a incrível evolução deles interpretando a *Marcha Radetski*. Era preciso ocupar as mãos e as mentes e evitar as *más tentações*. Mesmo assim, fui reprovado na terceira série do ginásio, o que me rendeu uma enorme *bronca* de meu pai. Não havia passado em matemática, em *exames de primeira época*. Mesmo com aulas particulares, fiquei por um ponto nos *exames de segunda época*. No fim de 1963, afinal, eu deveria decidir: ir ou não ir para o Seminário Maior em São Paulo. Decidi-me arriscar. Na véspera de deixar o terno e a gravata, o padre que me atendia disse claramente: *aqui não é lugar de fuga de frustrações. O celibato é uma opção consciente e de pessoa amadurecida*. Novo encontro com a diferença: os colegas vindos de Minas Gerais e do Espírito Santo. Para nós, eles eram *os modernos*. Sabíamos que assistiam a peças no Palácio das Artes, visitavam famílias de benfeitores aos domingos (quer dizer: saíam do seminário!), eram bons leitores de poesias e de romances. Ao mesmo tempo, os colegas mais adiantados na filosofia e na teologia eram politizados, especialmente os gaúchos fãs incondicionais do discurso brizolista, das reformas de Jango e do discurso anti-imperialista. Nunca hei de esquecer a noite da Quinta-Feira Santa de março de 1964. Eu estava de plantão na portaria do seminário. Como fazia anualmente, lá estava o governador do Estado Adhemar de Barros. Era perto das 23 horas. Chega o Carlos Lacerda. As ruas laterais todas tomadas pela Polícia Militar. Chega o Comandante do II Exército o general Kruel e o chefe da polícia paulista. No Sábado Santo, o Adhemar nos disse que nós deveríamos empunhar os terços porque ele, avisado pelo Sagrado Coração de Jesus em sonhos, deveria empunhar armas contra o avanço do comunismo no Brasil. Nunca vi meus colegas gaúchos tão furiosos. No seminário maior, aprendi oratória, fui entronizado na filosofia escolástica e tive a consciência do ser político. Acompanhei avidamente o Vaticano II e os palpitantes temas de reformas litúrgicas e de abertura para o mundo moderno. Senti, entendi e compreendi o que é a modernidade. Por isso, aos domingos, íamos para a periferia *fazer pastoral*. Lá um duplo encontro com a pobreza e com o feminino. Sou grato a esses anos, por tudo que pude conhecer, estudar e experimentar. Já estava no segundo ano da filosofia, junto aos padres jesuítas cuja faculdade era reconhecida pelo Ministério da Educação (MEC), quando tomei a decisão de deixar a vida religiosa.

■ **De que modo aconteceu a aproximação com a docência e o interesse por estudos na área de educação?**

Na semana em que ia fazer seleção para a Avon, destino da maior parte dos colegas que comigo saíram do seminário (se não me engano, um católico de missa dominical no seminário era diretor da Avon. Saíra um colega nosso e passara na seleção. Em época de muito emprego, nada mal contar com uma turma disciplinada e disposta a vestir a camisa. Assim, no início de 1968, muitos, mas muitos mesmo deixaram o seminário), recebi um convite das religiosas do Colégio Sacré-Coeur de Marie para lecionar filosofia no *clássico*. Um choque estrondoso: moças da alta burguesia paulistana, colégio exclusivo de mulheres, tempos pouco favoráveis ao ensino crítico da filosofia. Apeguei-me ao Manoel Garcia Morente, acolitado pelo Leo Hubermann. Fui feliz com as respostas que tive até 1971. Atingido pela lei n. 5.692/71, tive que me refazer todo para atender ao caráter profissionalizante. Nessa época, estudei muito para preparar as aulas. Tinha curiosidade e buscava bibliografia freneticamente. Passara noites preparando as aulas. Em 1972, outra experiência seria decisiva em minha vida de docente. Fui convidado para lecionar na PUC-SP, no Ciclo Básico, conforme a lei 5.540/68. Que experiência! Trabalhávamos em equipe e em interequipe. Quatro disciplinas trabalhadas de modo conjunto e articulado com estudantes das várias áreas que tinham acabado de entrara na universidade. Queríamos partir de problemas reais para proporcionarmos uma visão humanística aos futuros profissionais. Foi aí que conheci (o que já estudara nos livros e até ensinara) o pessoal do marxismo, do behaviorismo e suas vertentes. O pessoal da disciplina da equipe a que pertencia era todo vinculado à filosofia e teologia da libertação.

■ **A maior parte de sua história profissional se confunde com a história da pós-graduação em Educação no Brasil e também com a difusão das teorias marxistas para estudos da educação. Fale-nos sobre isso, como experiência individual e social.**

Percebi logo que não poderia ficar só com a graduação. Ficara sabendo de colegas que haviam ido ao exterior, com bolsa do *governo*, para fazer mestrado. Apesar de alguma chance com a Bélgica, rumei-me para a Filosofia da [Universidade de São Paulo] USP. Queria estudar Kant. Apesar de meus rudimentos no alemão, o não domínio da língua de Kant foi decisivo para não aprovação. Queria filosofia e havia filosofia da educação na PUC-SP onde eu era docente. Conheci a fenomenologia de mais perto e me aproximei de textos marxistas (mais do que marxianos os quais conhecia por ser professor de história da filosofia) e da lógica dialética. E vim a conhecer um pouco de educação e de história da educação brasileira. No primeiro caso, Berger e Bourdieu, no segundo, Nagle. Com todo esse passado, com esse novo presente, não me foi difícil interessar-me pelo conflito entre católicos e liberais na década de 1930 despertado pelas leituras. Orientado pelo mestre Casemiro dos Reis, fui me aprofundando no assunto. Tudo me era novo: fontes primárias, fontes secundárias, elaboração de capítulos, etc. Mas minha grande descoberta (para mim!) foi a consulta aos Anais da Constituinte de 1933-1934. Mais de 20 volumes, coletar e selecionar discursos sobre educação. Fiquei encantado e desafiado. No dia de minha defesa de dissertação, sala cheia, colegas, alunos e alunos do então ensino de 2º grau, do ciclo básico, colegas de equipe, do mestrado, recebi a notícia da aprovação do divórcio no Brasil. A indissolubilidade matrimonial era uma das exigências dos católicos dos anos 1930. Para a festa em casa, convidado o professor Saviani, conversamos sobre a arguição dele (arguira-me a partir de Gramsci). Fui tomado de surpresa quando ele me convidou para a seleção do doutorado na PUC-SP.

Após alguma hesitação, eis-me na sala com Luiz Antônio Cunha (de quem conhecia o livro *Educação e desenvolvimento no Brasil*), com Guiomar Namo de Melo, com Mirian Warde e Neidson Rodrigues entre outros. Devoramos textos de Gramsci à luz de uma compreensão do jogo das classes sociais no Brasil e de uma estratégia para um outro sistema social. As aulas eram uma verdadeira interdisciplinaridade que nos obrigavam a sair de Gramsci e ir a Marx e muitas vezes a (re)conhecer o Brasil. E dá-lhe crítica ao capitalismo e dá-lhe na ditadura! Queria compreender o Brasil, seu capitalismo, seu "atraso", a educação e seu papel estratégico bem como sua precária situação. Para mim, interpretar o mundo, de modo correto e aprofundado, era fazer do campo da educação um lugar de transformação das consciências e de formação de estudantes e profissionais não avessos a possíveis reformas necessárias. Preocupava-me ser professor e ser um repassador da ideologia dominante e com isso fazer o exercício de dominação classista. A educação não poderia ser apenas isso. Abandonei o projeto de estudar a ideologia da segurança nacional ou um outro relativo à presença das universidades católicas no Brasil para uma temática mais doutrinária: o caráter emancipatório da educação. Procurei freneticamente uma fundamentação. De Snyders veio a releitura de Gramsci, Bourdieu e Stablet. Queria conceitos, categorias que me ajudassem a dizer que a educação não era só dominação. Daí o projeto da tese de doutorado na qual a educação seria lida a partir da categoria contradição a qual, por sua vez, põe em jogo ao mesmo tempo a dominação e a contradição. O professor Luiz Antônio Cunha era professor no IESAE e colaborador do programa de pós-graduação em educação da UFMG. Uma vez, ao longo do ano, convidou-me e ao professor Neidson para um almoço no qual foi claro: vocês não querem ser professores da UFMG? É convite do professor Oder dos Santos, coordenador do programa. Em vinda a São Paulo para a SBPC, o professor Miguel Arroyo almoçou em casa. Mais reforço para sair de São Paulo. Numa das viagens para Belo Horizonte, essa de ônibus, o professor Neidson convenceu minha esposa que não valia a pena fazer um teste em Belo Horizonte. Era preciso fazer algo como gesto de Abraão! Eis-me, pois, doutorando, em 1978, professor do mestrado na UFMG e imerso nas discussões específicas de uma universidade federal. Mais uma vez tive que me reconverter a novos espaços e novos ares. Tempos de se atualizar com a categoria *trabalho* como fundamental para se entender não só *a educação escolar*, mas a *educação* que se dá na empresa, na fábrica, no escritório e nos movimentos sociais. Foi a descoberta do Marx do *Capital* mais do que dos *Manuscritos*. Tanto quanto isso, o perfil de aluno que nos procurava era provindo mais da *educação* do que da *educação escolar*. Os tempos eram de anseio de participação. Não podíamos receber os alunos com um acolhimento próprio do acadêmico tradicional. E assim fomos montando uma didática e um *currículo* a partir das vivências e problemáticas trazidas pelos estudantes cujo ponto de partida era *maiêutico*: ouvir muito, colocar em discussão as propostas de investigação de modo que também os alunos fossem professores de si e dos colegas. E isso me obrigou a ler e estudar outros autores.

■ **De que modo desenvolveu as temáticas de investigação de sua tese de doutorado e tese para concurso de professor titular? Que autor lhe pareceu importante para avançar na discussão dos direitos?**

Da minha busca de categorias para fundamentar a importância da educação, nasceu a tese de doutorado e em sua rota a temática do *direito à educação*. Daí a montagem do curso de Filosofia Política com a leitura dos clássicos na sua interlocução com a educação. Foi estudando esses autores e na busca do reconhecimento do direito à educação que se deu meu encontro com o pensamento de Norberto Bobbio. Sem entender a sociedade civil, sem entender o Estado não é possível fazer a defesa da democracia tanto social como política. Esse autor me ensinou muitas coisas tais como a possibilidade de haver um acerto entre democracia e modernidade, entre democracia e socialismo e a busca de uma negociação progressista entre liberdade e igualdade. Além do mais, Bobbio é um escritor que pensa no leitor. Não abdica um momento do rigor, mas o leitor consegue compreender o que ele escreve. Esse autor me foi importante quando compreendi que o problema de uma revolução não estava na pauta da sociedade brasileira. E, quando ela viesse, se viesse, eu, certamente, não estaria mais entre os mortais. A opção pela revolução e pelo socialismo não é fruto de um progressismo fatal! À época, era eu também pró-reitor adjunto de pesquisa da UFMG, concomitante à minha condição de coordenador da área da educação junto à CAPES, onde eu participara da elaboração do 3º Plano Nacional de Pós-Graduação, das avaliações da área e de uma viagem ao exterior representando as ciências humanas com outros colegas das outras áreas a fim de abrir novos campos de investigação para a pós-graduação. Conheci o avanço da biotecnologia, dos novos materiais, da química fina e pude ver os arquivos da esquerda brasileira em Amsterdam no Instituto Social. Queria compreender o Brasil, a educação e queria um futuro mais igualitário no país. Acompanhei com avidez os debates da Constituinte de 1987 e 1988. Os temas eram os mesmos: questão federativa, recursos e financiamento, público e privado, gratuidade, obrigatoriedade, laicidade e o direito à educação. Quando apareceu o concurso de titular, optando o departamento por tese (o que era minha escolha), era preciso continuar com a preocupação de entender o Brasil e a educação e, ao mesmo tempo, encontrar uma temática *econômica* no sentido do tempo disponível. De há muito queria esclarecer (para mim) as múltiplas referências que havia visto quando do estudo da Constituinte de 1933 à primeira Constituinte Republicana. Por que a laicidade? Por que o desaparecimento da gratuidade do ensino primário? Teria sido um quase vazio a discussão sobre a educação? Qual o impacto no campo federativo? Vibrei com essa investigação. Fui à Casa de Rui Barbosa no Rio, ao Catete no Museu da Republica, a Itu no Museu Republicano, a Petrópolis, li muito sobre o Brasil por conta dos cem anos de República. Estudei, por conta, direito constitucional, teoria do Estado e direito administrativo. Para completar o quadro, investiguei a Primeira Constituinte Republicana Mineira, objeto do seminário, quesito obrigatório do concurso. Mais uma conquista para entendimento: a questão federativa é capital para se compreender o Brasil e os percalços da educação escolar. O direito, até por suas origens, não poderia ser uma mera aplicação de leis. Como ciência humana teria que recuperar um papel emancipatório que eu havia visto na tese de doutorado. Logo após a tese de titular, com bolsa do CNPq, da qual venho me valendo desde a metade dos anos 1980, creio ter completado a série histórica da educação, em termos constitucionais, da proclamação da República à Revolução de 1930 ao investigar a Revisão Constitucional de 1925 e 1926.

■ Em que contexto você decidiu realizar o pós-doutorado?

Convocado para o Conselho Estadual de Educação (CEE), a indicação do governador tinha que obter o aval da Assembleia Legislativa de Minas Gerais. Fui sabatinado pela Comissão de Educação. Assumi a função de conselheiro na Câmara de Ensino Fundamental. Mais estudos de direito e constituição, direito e administração pública para dar pareceres às questões que por lá chegavam. Eis outro campo de negociação no qual permaneci por um ano. Nessa época, já tramitava(m) o(s) projeto(s) de Lei de Diretrizes e Bases da Educação Nacional (LDB). Em razão da explicitação das normas constitucionais que essa lei demandava, mais uma vez aquelas mesmas temáticas voltavam. De um lado acompanhando e estudando as temáticas da LDB, de outro lado elaborando pareceres no CEE e fazendo pesquisa sobre o direito à educação na Argentina, entendi que era chegada a hora de dar um passo além. Chegara minha hora de fazer um pós-doc. De acordo com alta funcionária do CNPq, eu inauguraria um pós-doc em duas etapas: a nacional e a internacional. Com bolsa do CNPq, fui para as famosas "Arcadas" do Largo São Francisco, a prestigiosa faculdade de direito da USP tendo o professor Fábio Konder Comparato como contraparte. Foram seis meses de estudos: seminários do professor Comparato, levantamento sobre a Constituição de Weimar (importante texto para um Estado do Bem-Estar Social dentro de uma república federativa) e aprofundamento de conceitos como Estado de

Direito e Estado Democrático de Direito. No segundo semestre, fui para Paris junto à Sorbonne – Paris V tendo o professor Eric Plaisance como minha contraparte. Ali pude adentrar em bibliotecas, investigando o direito à educação na França, participando de seminários e aperfeiçoando o francês. Fiz um bom levantamento sobre o direito à educação na França, mas esse material adormeceria em minha estante por uns três anos.

■ **Você é uma pessoa bastante reconhecida no meio acadêmico, especialmente no campo da educação, tendo recebido títulos e prêmios, bem como no âmbito das participações em órgãos públicos. De toda a sua trajetória o que mais te orgulha?**

Na volta ao Brasil, mais acompanhamento da LDB e início da "revoada" de colegas para a aposentadoria. No início de 1996, uma grande surpresa: eu havia sido indicado por seis instituições das listadas pelo decreto governamental para a constituição do novo Conselho Nacional de Educação (CNE). Fiquei honrado com as indicações da Sociedade Brasileira para o Progresso da Ciência (SBPC), Associação Nacional de Pós-Graduação e Pesquisa em Educação (ANPEd), União Nacional dos Dirigentes Municipais de Educação (UNDIME), União Brasileira dos Estudantes Secundaristas (UBES), Conselho Geral das Instituições Metodistas de Educação (COGEIME) e Conselho Estadual de São Paulo (CEESP). A primeira coisa que me bateu à mente foi: como alguém que reconhecidamente lutou pelo projeto vencido de LDB vai agora normatizar o outro projeto? Deveria aceitar a indicação? Sei que um Conselho não é nem um partido e nem um sindicato. Um órgão colegiado é um lócus de negociação de diferenças. Por outro lado, não aceitar poderia parecer uma desobediência civil a um estatuto legal recém-aprovado por maioria. Conversei com o colegiado da pós-graduação e com o departamento. Fui instado a aceitar o desafio. No dia da posse, meus colegas da Câmara de Educação Básica me deram um voto de apoio e me fizeram presidente desta. Fiquei no CNE durante oito anos, já que fui indicado para um segundo mandato. O de que mais me recordo com satisfação é o de ter incentivado as audiências públicas quando se tinha de elaborar uma matéria de grande importância e impacto. Todas as diretrizes nacionais curriculares tiveram audiências públicas regionais e em Brasília, regra comum com a participação de especialistas e acadêmicos. Dado que se tratava de uma nova lei geral da educação e de um novo Conselho, muitas matérias eram novas e demandavam respostas consistentes. Daí que me aprofundei em estudos de direito tanto para produzir documentos com solidez doutrinária quanto para não incidir em interpretações a gosto meramente funcional dos governos. Creio que nunca viajei tanto pelo Brasil explicando os dois eixos da LDB: flexibilidade e avaliação. E mesmo para dizer que se ela não era a dos meus sonhos e de minhas lutas, ela não era um decálogo neoliberal. Pode até ser que o governo de então quisesse assim, mas era preciso explicar que o fundamento era o capítulo de educação da Constituição, um capítulo calcado no direito do cidadão e no dever do Estado, com obrigatoriedade, com recursos vinculados, com gestão democrática e tudo o mais. Embora muitas políticas tivessem um acento descentralizador até mesmo como um certo recuo do Estado, o Conselho sempre procurou dar uma interpretação mais aberta e chamando à atenção do dever do Estado. Foi caso do parecer da educação profissional que buscou contornar a ilegalidade do Decreto nº 2.208/97. Em 1998, em pleno mandato, minha esposa não poderia abrir mão de um pós-doc. Criou-se uma situação difícil: deixar de voltar à França para concluir os estudos "adormecidos" desde 1995 ou ficar no país e cumprir um mandato de conselheiro. Redigi a carta de demissão. Meus colegas conselheiros se recusaram a aceitá-la. E é com emoção que relato o ocorrido: com recursos ativados por quatro deles, eu pude vir a cada três meses entre agosto de 1998 e julho de 1999, cumprindo rigorosamente os prazos de lei e de participação em reuniões mensais. E, como já havia correio eletrônico, pude participar de modo virtual também. Elaborei muitos pareceres dos quais me sinto responsável como o das diretrizes curriculares nacionais de jovens e de adultos, o das imagens comerciais em livros didáticos, o da hora de 60 minutos, o do sistema municipal de educação e o relativo aos dias de semana na escola e confissão adventista.

■ **Você entrou para a UFMG em 1978 (ainda não tinha concluído o doutorado!), permanecendo até 1999, e depois seguiu para a PUC Minas, onde está há quase dez anos. Fale-nos sobre essa outra experiência.**

Aposentei-me no início do ano 2000, após 22 anos na UFMG e 34 anos de magistério. À época ainda vigia a aposentadoria para professores com mais de 30 anos de efetivo trabalho docente. Com mais de 12 anos anteriores de ensino médio e superior em São Paulo, cumpria o que estava previsto na legislação. Fiquei inativo durante uma semana já que o reitor da PUC Minas, padre Geraldo Magela, me chamara para cooperar com o programa de mestrado em educação daquela universidade. Nesse programa me encontro até hoje onde gozo de toda a liberdade de expressão e de reconhecimento. A PUC Minas sofre com os problemas de um autofinanciamento de seus cursos, mas é aberta à pesquisa e acolhe um bom número de docentes-mestrandos no curso voltado para a formação docente. Meus compromissos se reportam, hoje, como sempre, com as aulas, orientações e pesquisas. Levo adiante uma investigação sobre o "velho" Conselho Nacional de Educação (1931-1961). Contudo, essa história pregressa de ter tido o privilégio de passar por várias experiências inéditas, me trouxeram uma irradiação de meu nome e, assim, tenho tido muitas participações em eventos de distintas naturezas e a partir de interlocutores muito diferentes.

Educação e política

Desde Aristóteles, educação e política se apresentam como duas orientações básicas para a vida na *pólis*. O acesso ao conhecimento, à ciência apresenta-se como importante para a realização da felicidade individual, mas principalmente para a vida social. Assim afirma o filósofo, "Embora valha bem a pena atingir esse fim para um indivíduo só, é mais belo e mais divino alcançá-lo para uma nação ou para as cidades-estados" (ARISTÓTELES, 1979, p. 50).[3] Inclusive ele define a importante função da política, "[...] pois é ela que determina quais as ciências que devem ser estudadas num Estado, quais são as que cada cidadão deve aprender e até que ponto; e vemos que até as faculdades tidas em maior apreço, como a estratégia, a economia e a retórica, estão sujeitas a ela" (p. 49).

■ **Como professor de ensino superior e pesquisador você tem ocupado importantes cargos em instituições públicas. Como analisa a participação de intelectuais na política?**

Não é fácil ser intelectual ocupando funções públicas de natureza político-administrativa. Muito diferente é uma função de natureza acadêmica e gestora ao mesmo tempo. Um intelectual no poder é sempre um convidado do poder ou é sempre alguém disposto a ser cooptado pelo poder. A organização do país, um projeto para a sociedade, um sonho de avanços sociais são atraentes para quem pensa em ser útil ao país, tem no regaço do Estado a ilusão de transformar seus planos em realidade. A duras penas aprendi que o Estado é um espaço de interesses conflitantes, interesses desde os mais nobres até os mais mesquinhos. O tempo e o espaço do gestor é o *hic et nunc*. Ele tem compromisso com o resguardo do seu eleitor e com a apresentação de produtos. O intelectual e, até certo ponto, o conselheiro querem um tempo e um espaço maiores para refletir, pensar e, sem a emergência do tempo, tomar decisões em face da criticidade tornada presente. Mas sem o Estado também se deixa de fazer muita outra coisa especialmente em matéria de justiça.

---

[3] ARISTÓTELES. *Metafísica: livro 1 e livro 2; Ética a Nicômano; Poética*. São Paulo: Abril Cultural, 1979. (Os Pensadores.)

Nossa desigualdade é endêmica e ela condiciona uma série de acessos a bens sociais. Vejam-se as perdas havidas com políticas que visaram o desmonte do Estado como foi o governo Collor. Claro que a nossa sociedade civil de há muito deixou de ser gelatinosa, mas ainda demorará muito para que ela se mova de modo mais articulado, autônomo e até mesmo como nas ruas quando das Diretas-Já.

■ Como conciliar a ocupação política com pesquisa?

Um dia, no início de janeiro de 2003, assustei-me com o convite de uma colega, em nome do então novo ministro da Educação Cristovam Buarque, para que eu assumisse a CAPES. Com relutância, fui à Brasília. Na primeira conversa, percebi que eu não era o candidato do ministro, mas *como você foi indicado como representante da comunidade científica*, acabei aceitando. Foram nove meses de contínuas perturbações. Percebi que, naquele ministério, a pós-graduação não era prioridade e por isso sofri muito. A pós-graduação é tão importante quanto a educação básica. A primeira continua a representar o desafio da contemporaneidade e a autonomia científica, e a segunda, a abertura para muitos mais brasileiros de um caminho para a vida moderna e democrática, inclusive para a pós-graduação. Não querendo explicitar minhas decepções com o modo pelo qual eu e a própria CAPES éramos tratados, decidi culpabilizar meu corpo e, devido a um problema de saúde, pedi demissão. Lamento não ter podido ficar mais tempo para poder pôr em discussão alguns temas candentes como o risco de a avaliação cair num quantitativismo competitivo e uma serena discussão sobre modelos de avaliação e campos epistemológicos diferenciados. Ao assumir a CAPES, abri mão da bolsa de produtividade do CNPq, pois julgava e julgo incompatível a tarefa de pesquisador atuante e de gestor tão demandado como o de presidente da CAPES. Mesmo assim, terminei minha pesquisa sobre o direito à educação no Uruguai nos primeiros meses de 2003.

■ O que pensa da possibilidade da contribuição atual das teorias marxistas para avançar nos debates sobre os problemas da escola?

Continuo entendendo que a melhor análise do capitalismo é a de Karl Marx. Poucos, como ele, souberam descarnar essa realidade e apontar os mecanismos de sustentação da mesma. Certamente não me encontro em situação de acreditar no determinismo de uma história cujo fim estaria teleologicamente já posta. O socialismo não é um fim já dado, ainda que no futuro. O socialismo é uma opção histórica que pode não acontecer, pois, sem atravessar o "vale profundo" do desmonte do sistema econômico capitalista. Ele tem que enfrentar tanto as forças militares como uma imediata substituição das forças produtivas. Creio que é possível haver uma economia regulada de mercado sem necessariamente haver uma sociedade de mercado. E isso implica uma sociedade civil forte e, portanto, cidadã e uma presença do Estado no âmbito sociopolítico com redistribuição de renda. A realidade contraditória não deixa de existir, mas tenho dificuldade em aceitar que seu caráter ígneo vá acontecer de modo fatal. Enquanto isso, pode-se ao mesmo tempo continuar apontando a crítica ao capitalismo e postular reformas sucessivas que possam ir diminuindo as desigualdades e as discriminações.

■ Como a produção acadêmica tem interferido na produção das políticas educacionais?

Hoje o cabedal de que se dispõe na pós-graduação em matéria de diagnose da realidade brasileira é enorme. E, mais, com uma pluralidade de pontos de vista, o que torna o debate acadêmico mais rico e mais interessante. Agora, graças a esses estudos acompanhados de mobilizações junto aos poderes públicos, é que se pôde avançar em nossa educação. Os estudos sobre a diversidade estão sendo muito importantes para uma definição melhor das políticas a respeito do reconhecimento das diferenças. Também é o caso da definição da educação de jovens e adultos como titulares do direito público subjetivo. Muitos estudos e pesquisas sobre o financiamento e vinculação foram determinantes para que projetos de desvinculação não fossem adiante.

■ Em sua produção, ou mesmo em conferências e entrevistas, você é sempre confiante sobre a importância da escola, mas o que dizer das experiências de ensino realizadas em casa (*homeschooling*)?

Uma das formas de descentralização, não apoiadas em lei, é a *homeschooling*. Por ter firme convicção da importância da escola, não só como lugar de aprendizagem – coisa que andava meio esquecida –, mas também como lugar de convivialidade, de encontro e negociação de diferentes e de contrários, como lugar de socialização, defendo-a e postulo sua valorização.

■ De modo geral temos leis educacionais exemplares, desde o tempo de império. Como estudioso do assunto, de que forma avaliar historicamente as relações entre legislação e política no Brasil?

Em matéria de legislação temos quase todos os ingredientes para afirmar um caráter avançado desta. Em certos momentos, ela servia como aparato de intenções já que a política priorizava outros determinantes. Na cabeça de nossas elites, a pergunta muitas vezes feita era: para quê esse investimento em um país continental, agrário, disperso? Por que fazer o deslocamento do homem rural para a cidade? Para um emprego público que incha de dívidas o erário? Não é melhor que ele fique no campo? Noutros momentos, creio que, no fundo, há mesmo uma não vontade da criação de cidadãos ativos, sobretudo quando saídos das classes populares. Estas, quando ativas, se mobilizam e, quando tal acontece, elas atemorizam. Daí a oferta desqualificada. Oferece-se o mínimo e dos docentes busca-se cobrar o máximo. E, tem mais, as elites não abrem mão de seus privilégios e culpam o Estado ou a (pseudo)preguiça dos outros. O caso do Bolsa Família, programa compensatório, é revelador: o ranço de classe a tem como populista ou como demagógica. Mas reconheço que, se ela é importante como porta de entrada para determinados bens sociais, ela tem dificuldades em abrir uma porta de saída consistente sem uma redistribuição de renda e inserção profissional.

■ **No Brasil há bastante resistência quanto a políticas de avaliação, como podemos acompanhar a reação de alunos e professores a cada implementação de um novo tipo de avaliação. Por sua vez os pais vêm criticando bastante a política de algumas escolas em não avaliar a aprendizagem das crianças. Como você considera a proposição de avaliação educacional no atual contexto político?**

A avaliação é resultante de um processo. Nesse sentido, ela expressa o retrato de um momento do processo. Ela é como que um termômetro. Portanto, conhecer o processo e o produto é fundamental para o caráter legítimo de uma cultura de avaliação. E essa resultante deve propiciar aos gestores a oportunidade de rever todo o processo para que o produto se revele melhor. O problema está em querer, de modo direto ou indireto, culpabilizar ora o aluno, ora o professor por esse produto sem levar em conta o processo de produção desse produto. É notável ser esse produto ruim mesmo! Mas as condições gerais das escolas, dos sistemas, o afastamento dos gestores do cotidiano das escolas, a rotatividade de gestores, a descontinuidade das políticas, os salários pouco atraentes e a má formação ajudam a entender as causas de um corporativismo avesso à cultura da avaliação. Os pais têm horror ao absenteísmo, em parte causado por doenças profissionais e estresse, e mais ainda com relação aos momentos de greve. Para eles, a escola é a oportunidade dos filhos terem uma via melhor de vida. Perdê-la é mais uma porta que se fecha. Daí que quando eles veem os filhos com aprendizagem ruim e ouvem o noticiário com resultados de avaliação tendem a culpabilizar o primeiro na ordem de sua visão: o professor.

■ Na sua análise por que ainda no Brasil não se conseguiu ter um ação política eficaz para a educação?

Uma política eficaz de educação supõe, em primeiro lugar, a diminuição da desigualdade social. Supõe também o apoio à permanência na escola por meio de ações compensatórias como merenda, livro, transporte e o registro de uma infra adequada como salas espaçosas, bibliotecas, mídia e novos meios de comunicação e de informação. Isso posto há que se entrar na escola. Nesse último caso, ou se valoriza o professor com condições de trabalho e salários competitivos e então se pode fazer cobranças mediante avaliação de desempenho (aliás, tão presente na legislação quanto à necessidade de planos de carreira e salários valorizados) ou continuaremos com a precariedade de uma profissão pouco atraente.

Textos selecionados

A educação e a nova ordem constitucional[1]

A nova Constituição abre espaço significativo para a educação como parte de um processo de democratização sociopolítico? A partir dessa indagação o autor analisa o significado da educação no texto da Carta Constitucional. Identifica as interfaces do capítulo da Educação com os demais capítulos e aponta o posicionamento da Carta no que se refere: às instituições, às ideias, aos agentes, aos materiais e rituais pedagógicos.

A análise global e dos elementos especificados permite ao autor designar os avanços, os anacronismos e os pontos que merecem maior vigilância por parte dos educadores, seja durante os trabalhos de formulação das leis complementares (Lei de Diretrizes e Bases da Educação Nacional, Plano Nacional de Educação e Constituições Estaduais), seja na sua prática concreta.

Uma nova ordem constitucional representa sempre a projeção de uma expectativa de virem a se realizar alguns de seus princípios e traz a esperança de que possamos chegar a um regime democrático com o funcionamento pleno das instituições democráticas.

Se a nova Constituição saiu melhor do que se esperava, só a prática social, através da mobilização consciente da sociedade civil, poderá confirmá-lo.

Talvez seja um truísmo afirmar que, nos seus avanços e recuos, ela expressa a própria sociedade em suas contradições. Mas, de qualquer modo, o seu processo de elaboração teve uma participação da sociedade através de propostas e emendas subscritas por milhões de brasileiros os quais puderam, também, ver e ouvir *flashes* cotidianos sobre o seu andamento na TV e no rádio.

A Constituição expressa tudo isso, e, por isso mesmo, nenhum grupo social terá conseguido colocar, de modo integral e absoluto, os princípios almejados. Chegou-se a um princípio possível, cuja efetivação e direção continuarão dependendo de força de pressão articulada à negociação política.

---

[1] Publicado originalmente em: *ANDE – Revista da Associação Nacional de Educação*, São Paulo, ano 8, n. 14, p. 5-11, 1989.

Ela contém elementos "anacrônicos", resíduos do "passado", presentes de modo explícito e formal. O jogo democrático não só libera forças democráticas dormentes sob a ditadura. Ele também torna possível a reentrada de forças oligárquicas e corporativas, estas também, em parte, anteriormente controladas.

A reforma agrária, tal como foi aprovada na Constituição (cf. Título VII, Capítulo II), especialmente o entendimento que vier a ter a noção de "propriedade produtiva", representa tal "anacronismo" até mesmo ante o Estatuto da Terra existente sob o Governo Castelo Branco.

Outro ponto que indica isso foi a insuficiente discussão em torno do papel das Forças Armadas e que resultou num texto (cf. Título V, Capítulo II) possibilitador de uma militarização do poder civil sem golpes, já que a noção de "ordem" parece ser superior à de "lei" ou a prática da tutela militar sobre a sociedade civil parece estar formalizada.

Não se pode ignorar que, embora conjuntural, o modo de atribuição ao atual governo de mais um ano nos sairá muito caro e no fundo significou mais um gesto de desconfiança quanto a um projeto de democratização do Estado que parta da sociedade civil.

Outro ponto de retrocesso é a continuidade da desproporcionalidade população/representação (cf. Título IV, Capítulo I, Seção I) pela qual os Estados mais populosos (e no caso mais industrializados e urbanizados) saem penalizados.

Mas há conquistas que ganharam formalização na Nova Carta, ombreando-nos com os países mais contemporâneos.

Assim, os direitos e garantias fundamentais que expressam direitos e deveres individuais e coletivos (cf. Título II, Capítulo I) fazem-nos retornar ao sentido atual de cidadania: a igualdade jurídica entre homem e mulher, a condenação da tortura, a liberdade de consciência e expressão, a liberdade de associação, a garantia do consumidor, o racismo como crime inafiançável, entre outros. E inova com o mandato de injunção a fim de que se garanta a qualquer cidadão o exercício de um direito fundamental ainda não regulado em lei; inova com o "habeas-data" a fim de que qualquer cidadão tenha conhecimento de informações armazenadas a seu respeito em bancos de dados ou registros públicos; inova com o mandato de segurança coletivo solicitado através de partido ou entidade civil organizada e reconhecida; enfim, inova com a ação popular de inconstitucionalidade a fim de se evitar abuso ou mau uso do poder.

Os direitos sociais mostram algumas conquistas importantes (cf. Título II, Capítulo II). A educação, junto com a saúde, o trabalho, o lazer, entre outros, é reconhecida como direito social; o direito de greve como direito social de luta dos trabalhadores; a sindicalização menos controlada; o delegado de fábrica; o fim da inferiorização da mulher na sociedade conjugal e no artigo 7º, inciso XXV: "A assistência gratuita aos filhos e dependentes desde o nascimento até os seis anos de idade em creche e pré-escolas".

Os direitos políticos (cf. Título II, Capítulo IV) trazem exemplos de conquistas. Eles consagram, ao lado da democracia representativa, instrumentos de democracia direta, como plebiscito, referendo e iniciativa popular.

A ordem econômico-financeira (cf. Título VII, Capítulo I) consagra princípios atenuadores do exercício desenfreado da livre iniciativa. A função social da propriedade, a defesa do consumidor e do meio ambiente são expressão disso.

A insistência na função social reaparece no capítulo referente à política urbana que, se seriamente efetivada, permitirá resgatar o planejamento de sua prisão tecnicista, através de um plano diretor e do uso social do solo urbano.

Parece que a Constituição expressa uma tendência à modernidade na política urbana e ao anacronismo na política rural, onde continuarão os processos migratórios e o controle coronelístico.

Pode-se acentuar outros pontos como a reforma tributária (Título VI, Capítulo I, esp. Seção VI), recuperação de poderes da Câmara e do Senado (Título IV, Capítulo I, Seção III, IV e Seção IX), sobretudo o fim dos decretos-leis e a importância na política econômica, e o capítulo sobre o meio ambiente (Título VIII, Capítulo VI) em que se valoriza a tecnologia nacional e se investe contra a degradação ambiental.

Merecem menção específica os novos direitos do funcionalismo público (Título III, Capítulo VII, Seção I e II), em especial o direito à sindicalização e a obrigatoriedade do concurso para ingresso.

Muito caminho se tem pela frente. Uma Constituição, segundo metáfora dos constitucionalistas, é uma pirâmide cujo topo tem sua expressão garantida. Mas até que a parte central e as bases (leiam-se: leis complementares, ordinárias e efetividade prática) se façam congruente com o topo, muita luta deve se processar.

Nesta congruência, uma nova ordem constitucional em andamento se nutre de ambiguidades que se querem explicitar a partir dos mesmos atores em conflito. Logo, cada qual quer a desconstrução da ambiguidade, a partir do seu lugar social, em vista da inserção de seu ponto de vista nas leis ordinárias, complementares, decretos, resoluções e pareceres.

Enquanto há este processo que, segundo os mesmos constitucionalistas, trata-se de uma "transição adaptativa", fica o judiciário como intérprete do texto, além da anterior adequação das leis ordinárias ao anterior texto constitucional.

Portanto, a eficácia da nova Constituição depende da explicitação do texto e da prática social dos sujeitos interessados em não deixá-lo "letra morta", utilizando-se para isto os instrumentos consagrados nela.

A educação na Constituição: uma classificação

Ressalvados os parâmetros mais amplos que até agora nortearam a trajetória da educação no Brasil, deve-se considerar os momentos da nova Constituição em que a questão educacional aparece.

A parte anterior foi colocada a fim de revelar a educação no contexto de outros capítulos, cujo conteúdo ela medeia ou faz interface. Estas mediações ou pontes são fundamentais para que nós, educadores, possamos ter uma compreensão global e crítica.

Deste modo, o tema da educação transcende o que lhe foi reservado como específico na Seção I (Da Educação) do Capítulo III (Da Educação, Da Cultura e do Desporto) do Título VIII (Da Ordem Social).

De certo modo, o que foi colocado antes tem relação com essas mediações e interfaces.

As "instituições pedagógicas" na Constituição

Foram consagradas como *instituições pedagógicas* promotoras da educação o Estado, a sociedade e a família.

O Estado é tomado como tal e em diferentes instâncias administrativas. Genericamente chamado de Poder Público ou Oficial, ele será especificado como União, Unidade Federada ou Município. É dentro dessa hierarquia que se falará em descentralização, democratização, ou prestação de assistência ou sobre quem incidirá a reforma tributária ou a redivisão proposta de tarefas e funções. O Estado aparece já no Capítulo II (Da União), Título III (Da Organização do Estado), artigo 22, inciso XXIV, onde se lê ser *competência privativa da União* legislar sobre as "diretrizes e bases da educação".

Como *competência comum* das três instâncias administrativas estatais, o artigo 23, no inciso V do mesmo capítulo, aponta como tal "proporcionar os meios de acesso à cultura, à educação e à ciência".

Por seu lado, o artigo 24, inciso IX, nesse capítulo, afirma que cabe às três instâncias "legislar *concorrentemente* [grifo nosso] sobre educação, cultura, ensino e desporto". Entendo que o termo "concorrente" aqui deve ser tomado. Duplo sentido de sujeitos que concorrem entre si visando o mesmo alvo, e de sujeitos que *afluem* e caminham *paralelamente* um com o outro.

Não há menção explícita, no Capítulo III, deste título, que trata dos Estados Federados, à educação, a não ser o preceito do artigo 25 que se refere às Constituições Estaduais. Estas, quando forem elaboradas, não poderão contraditar os preceitos da Constituição Federal, mas poderão nelas incluir pontos "que não lhes sejam vedadas por esta Constituição".

O Capítulo IV deste título, ao tratar dos Municípios, estabelece, no artigo 30, inciso II, que é da *competência municipal* "suplementar a legislação federal e a estadual no que lhe couber", e no inciso VI: "Manter, com a cooperação técnica e financeira da União e do Estado, programas de educação pré-escolar e do ensino fundamental".

Já o artigo 211 anuncia o "regime de colaboração" entre as instâncias públicas para gestão dos seus sistemas de ensino. Cabe à União a organização e o financiamento do "sistema federal de ensino" com assistência técnica e financeira prestada às outras instâncias, especialmente no que se refere à "escolaridade obrigatória". O parágrafo 2º desse artigo é claro: a atuação prioritária do Município é no terreno da pré-escola e do ensino fundamental.

Os incisos do Capítulo IV (Título III), articulados tanto com os dispositivos do artigo 211 da seção própria que versa sobre a Educação, quanto com o *ardiloso* artigo 60 das Disposições Transitórias, insistem enfaticamente na necessária resolução dos problemas relativos ao ensino fundamental.

Não se pode deixar de ver uma hierarquização nas funções circunscritas às instâncias públicas de educação. Veja-se o artigo 214 que trata do Plano Nacional e Educação e o artigo 208, parágrafo 3º. O teor desse último implica o poder público no zelo junto aos pais pela frequência à escola.

É do poder público que se exige o dever de atender o direito do cidadão à educação escolar. Primeiramente, e pela primeira vez na história da Educação Brasileira, a Constituição Federal reza pela "gratuidade do ensino público em estabelecimentos oficiais" (art. 206, inciso IV). Desapareceu a ressalva de ensino gratuito após o 1º grau só a quantos atestem estado de pobreza. Por isso, doravante o ensino público é gratuito, quer no 1º grau, quer no ensino superior. E "o não-oferecimento do ensino obrigatório pelo poder público, ou sua oferta irregular, importa responsabilidade da autoridade competente" (art. 206, § 2º).

É verdade que o artigo 242 do Título IX (Das Disposições Constitucionais Gerais) parece estender o "oficial" aos estabelecimentos criados por lei estadual ou municipal que sejam "total ou *preponderantemente* mantidos com recursos públicos" (grifo nosso).

O artigo 212 vincula constitucionalmente os percentuais de recursos para a educação. "Da receita resultante de impostos, compreendida a proveniente de transferência", cabe à União aplicar pelo menos 18%, e aos Estados, Municípios e Distrito Federal pelo menos 25%, "na manutenção e desenvolvimento do ensino".

O que a União transferir para o Estado e este para o Município não será considerado receita para a instância que a transferir (§ 1º).

Entretanto, deste total, é legal, pelo parágrafo 2º, repassar recursos públicos para escolas comunitárias, filantrópicas ou confessionais.

Há prioridade para o ensino obrigatório, "nos termos do Plano Nacional de Educação" (§ 3º).

Os programas suplementares de *alimentação* e *saúde* terão outras fontes de recursos que não os específicos de "manutenção do ensino" (§ 4º).

O parágrafo 5º fala dos recursos adicionais provindos do salário-educação, cujo valor pago a "empregados e dependentes" é dedutível no imposto de renda.

A outra "instituição pedagógica" imbuída do dever de educar, ora é a genérica expressão *sociedade* que aparece no artigo 205 da seção que versa sobre educação, ora é *empresa*, como aparece explicitamente no artigo 212, parágrafo 5º, implicitamente no Capítulo II (Direitos Sociais) do Título II, artigo 7º, inciso XXV, ora são as "instituições privadas de ensino" (cf. artigo 206, inciso III) nas suas diferentes versões: tipicamente privadas e comunitárias, filantrópicas e confessionais (cf. artigo 213).

Mas não há dúvida de que esta responsabilidade societária se faz a partir da sociedade civil policêntrica. A liberdade de associação, conjugada ao mandato de injunção, e este com o direito público subjetivo referido à educação fundamental, mais a responsabilização do Estado quando da não oferta de vagas e condições, dão um peso considerável à consciência e à prática social da cidadania. É o reconhecimento do *movimento social* como lugar educativo.

Finalmente, a *família* foi mantida como "instituição pedagógica" ao lado do Estado e outras organizações da sociedade civil como responsável pela educação.

O artigo 227, do Capítulo VII, do Título VIII, recoloca, após a seção dedicada à educação, que "é dever da família, da sociedade e do Estado assegurar à criança e ao adolescente, com absoluta prioridade o direito à vida, à alimentação, à educação, ao lazer...".

E como o capítulo é sobre família, mas também sobre a criança, o adolescente e o idoso, o mesmo artigo 227 no inciso III garante o acesso do "trabalhador adolescente à escola".

Mas é no artigo 205 que a família aparece taxativamente, ao lado do Estado, como promotora do dever da educação e com a colaboração da sociedade.

Obviamente transpassa em todo texto, de modo explícito, o sistema escolar de ensino como instituição pedagógica. E, ao lado do destaque dado ao *ensino fundamental*, o *ensino médio* (interessante notar que o novo texto usa, em vez de ensino de 1º e 2º graus, como na Lei 5.692/71, os termos fundamental e médio) teve apenas uma referência no artigo 207, inciso II à "progressiva extensão da obrigatoriedade e gratuidade ao ensino médio". Obrigatoriedade de oferta progressiva acompanhada de gratuidade.

Já a universidade entrou com a ênfase de um artigo específico. Todo o artigo 207 consagra a universidade e sua autonomia didático-científica, administrativa e gerencial junto com o "princípio da indissociabilidade entre ensino, pesquisas e extensão".

Não resta dúvida quanto ao caráter de "sociedade política" implicada em toda a referência ao ensino escolar, sobretudo pela importância do artigo 208; é difusa a noção de "sociedade civil" implícita nas referências à sociedade e deve-se supor a família como "entidade familiar" ou "sociedade conjugal" como um espaço privado, conquanto protegido pelo Estado (cf. art. 226).

As "ideias pedagógicas" na Constituição

Surgem também, no texto constitucional, expressões de *ideias pedagógicas* que refletem concepções gerais da realidade.

É forte e incisiva a presença da noção de *cidadania* pela qual se postula a correlação direito/dever. Direito de todos e dever do *Estado*. Veja-se o artigo 205 da Seção I (Da Educação), do Capítulo III (Da Educação, da Cultura e do Desporto), do Título VIII (Da Ordem Social). Esta correlação é recorrente em outros pontos: artigo 196 (Saúde), artigo 6 (Direitos Sociais), artigo 194 (Seguridade Social).

A educação é reconhecida, pois, como direito social fundante da cidadania a tal ponto que *todos* que se sentirem lesados na posse de tal prerrogativa poderão não só fazer uso do *mandato de injunção*, quando do seu não cumprimento por parte do sujeito do dever (cf. Capítulo I do Título II, art. 5º, inciso LXXI), quanto da sua reiteração específica no artigo 208, parágrafo 1º, em que o "acesso ao ensino obrigatório e gratuito é *direito público subjetivo*" (grifo nosso).

Direito público subjetivo é aquele pelo qual o titular de um direito pode exigir o cumprimento de um dever cuja efetivação mune-se de uma lei que visa a satisfação de um interesse fundamental do cidadão.

Note-se que o significado do termo direito, neste caso, procede do latim *jus, juris* e expressa sempre uma relação de obrigação frente ao outro. É o Estado, reconhecidamente, o sujeito do dever de efetivar o direito público subjetivo da educação, cabendo ao titular do direito a faculdade de acionar ou não a injunção a este.

Nesta Constituição, e neste caso, além do indivíduo como titular do direito, reconhece-se o uso desta faculdade às organizações coletivas, como já foi visto.

Outro ponto importante é o reconhecimento do "desenvolvimento pleno da pessoa, seu preparo para o exercício da cidadania e sua qualificação para o trabalho" (art. 205).

Pessoa, cidadania e trabalho: três expressões que sintetizam os fins da educação e até mesmo da ordem social. O artigo 193, que é tanto o Capítulo I como a Disposição Geral de todo o Título VIII, diz: "A Ordem Social tem como base o primado do trabalho, e como objetivo o bem-estar e a justiça sociais".

Considera-se primado do trabalho não só as disposições específicas sobre este, como também o inciso XXXII do artigo 7º, pelo qual se estabelece "a proibição de distinção entre trabalho manual, técnico e intelectual...".

A noção de pessoa (ver art. 1º, inciso III), como sujeito de direito, não me parece referir-se aqui à pessoa jurídica, mas sim a uma composição entre o indivíduo singular e sua originalidade racional, afetiva e societária.

Nesta noção de pessoa inclui-se a igualdade de condições (art. 206, inciso I) para acesso à escola, articulado à igualdade jurídica (cf. art. 5º e muitos dos seus incisos como o I, XLI, XLII, por exemplo) e aos direitos sociais (cf. art. 3º, incisos I a IV).

O inciso II do artigo 206, "liberdade de aprender, ensinar, pesquisar e divulgar o pensamento, a arte e o saber", expressa a *liberdade* frente à censura (cf. art. 5º, incisos IV e IX), a liberdade de fazer o que não é proibido em lei (art. 5º, inciso II) logo é ausência de coerção, mas pode expressar também a criação de estruturas sociais capazes de possibilitar a todos o uso e o exercício dos direitos até mesmo para fazer opções.

A liberdade como ausência de coerções sociais que impeçam o exercício da cidadania e como possibilidade de opções expressa-se no *pluralismo* (cf. inciso III do art. 206).

O pluralismo também se expressa tanto negativamente como positivamente. Ele não é a monocultura ou a redução do múltiplo ao único, é o reconhecimento do diverso e o direito de conflito entre os diferentes, já que o plural é o reconhecimento de que nem todas as concepções são iguais e nem partem do mesmo lugar social.

O *pluralismo* manifesta-se também na "coexistência de instituições públicas e privadas de ensino". Esta coexistência procede pelo fato de que o artigo 213, ao reconhecer uma nova modalidade de privatismo na educação, uma espécie de propriedade privada não capitalista, reconhece então a presença da escola tipicamente capitalista, congruente com a livre iniciativa do artigo 1º, inciso IV, e artigo 5º, incisos IV e XXII. Reconhece-se, pois, a educação assim gerida como mercadoria, especificamente no artigo 209, desde que satisfeitas as normas gerais da educação nacional e a avaliação de qualidade pelo poder público.

O "material pedagógico" na Constituição

Não faltam referências ao *material pedagógico*. Primeiramente o artigo 210 trata dos "conteúdos mínimos para o ensino fundamental" a fim de garantir formação básica em todo território nacional e regional.

Garante-se, então, que o princípio da unificação nacional não pode ficar ao sabor de uma costura *a posteriori* das diferentes culturas regionais e locais. Por outro lado, evita-se o unitarismo enquadrador segundo o dispositivo do Capítulo V (Da Comunicação Social), artigo 221, inciso III, de "regionalização da produção cultural".

Este direito à diferença está presente no mesmo artigo, parágrafo 2º, quando se reconhece a legitimidade da cultura indígena e sua transmissão dentro de padrões culturais próprios.

O parágrafo 1º do artigo 242 do Título IX diz textualmente: "O ensino de História do Brasil levará em conta as constituições das diferentes culturas e etnias para a formação do povo brasileiro". Essa consideração pode ser articulada à Seção II (Da Cultura), do Capítulo II (Título VIII), onde os artigos 215 e 216 expressam a valorização das diferentes manifestações culturais.

Já o ponto de vista da educação para o meio ambiente, o artigo 225 do Capítulo VI (Do Meio Ambiente), inciso VI, incumbe o poder de "promover a educação ambiental em todos os níveis de ensino [...]".

O parágrafo 1º deste artigo faculta o ensino religioso no horário normal das escolas públicas. Trata-se de uma concessão política que se choca com a noção moderna de Estado e com a tendência das igrejas em encontrar seus próprios caminhos de legítima difusão religiosa.

Além disso, o artigo 208, ao proclamar de quais deveres o Estado tem que se desincumbir para patrocinar a efetivação democrática na educação, coloca, no inciso VII, a necessidade da oferta de "programas suplementares de material didático-escolar, transporte, alimentação e assistência à saúde".

Os "agentes pedagógicos" na Constituição

Não faltam referências aos *agentes pedagógicos*. O artigo 206 propõe princípios para ministrar o ensino. Assim, o inciso V é claro: a valorização do profissional do ensino *público* se fará através de uma plano de carreira, piso salarial profissional e ingresso por concurso público de títulos e provas.

Enfim, o *professor é profissional* e em todo o território nacional. O plano de carreira e ingresso por concurso tendem a colocar um ponto final nos clientelismos que tornaram a escola um lugar de favor. Já o piso profissional, provável campo aberto às Constituintes Estaduais, pode normatizar o fim da indignidade salarial dos professores.

Obviamente, o "padrão de qualidade", inciso VII do artigo 206, supõe condições de trabalho propícias à reciclagem e atualização dos profissionais de ensino. Só assim a "melhoria da qualidade de ensino" (art. 214, inciso III) terá condições de efetivação.

E dadas as óbvias condições atuais de deterioração deste profissional é que se confirmaram medidas corporativas já anteriormente escritas: aposentadoria aos 25 anos para professoras e aos 30 para professores (cf. art. 202, inciso III e art. 40, inciso III, letra b). Nesse último artigo garante-se "proventos integrais".

Já no Capítulo VII (Da Administração Pública) do Título III (Da Organização do Estado), Seção I (Disposições Gerais), o artigo 37, nos incisos VI e VII, garante respectivamente "o direito à livre associação sindical" e o "direito de greve" regulado por lei complementar.

Coerente com a definição do professor como profissional, este conjunto o identifica com os outros trabalhadores.

O "ritual pedagógico" na Constituição

O *ritual pedagógico* merecerá alguns destaques. O poder público deve "zelar, junto aos pais ou responsáveis, pela freqüência à escola" (cf. art. 208, parágrafo 3º). Ao zelo do Estado se contrapõe o dever público de oferta nos limites da demanda (art. 208, parágrafo 2º), e à "liberdade de aprender" (art. 206, inciso II) corresponde a faculdade do sujeito em poder exercer o seu direito público subjetivo.

É verdade que o artigo 208 garante, no inciso I, o ensino obrigatório. Creio que não conflita com o anterior, pois o Estado deve oferecer *obrigatória* e *regularmente* ensino público de boa qualidade. Mas compete ao sujeito ou aos seus pais efetivar ou não a desejabilidade deste direito.

Mas não se pode omitir o inciso II do artigo 5º, pelo qual "ninguém será submetido à tortura e nem a tratamento desumano ou degradante". Trata-se de uma penalização dos castigos físicos ainda remanescentes entre nós.

A esta disciplinarização desumana se contrapõe o princípio da "gestão democrática do ensino público, na forma da lei", segundo o artigo 206, inciso VI. Eis aí outro espaço para a lei complementar e/ou Constituição Estadual. Pode-se, quem sabe, recorrer ao Capítulo II, deste mesmo título, Seção IV (Da Assistência Social) para ver o espírito deste princípio. Aí se lê, no artigo 204, incisos I e II, que a Assistência Social se organizará pelas diretrizes de descentralização político-administrativa (coordenação federal e execução estadual e municipal) e de "participação da população, por meio de organizações representativas, na formação de políticas e no controle das ações em todos os níveis".

Esta temática descentralização/participação como expressão da gestão democrática aparece noutros lugares. Veja-se Capítulo II, Seção I (Título VIII), artigo 194, parágrafo único, inciso VII, e artigo 196, inciso III.

Conclusões

Considerando-se agora este conjunto de informações, pode-se dizer que a *Nova Constituição* abre espaço significativo para a educação como parte de um processo de *democratização* sociopolítica?

Considerando-se democratização como um espaço cada vez mais vasto de participação política nos destinos nacionais e como suporte de uma "concepção processual" de alargamento da cidadania, considerando-se a educação como parte deste processo em cuja especificidade o acesso, a permanência e a progressão na escola tornam-se fundamentais como prerrogativa do sujeito social, deve-se afirmar que esta Constituição avançou frente às outras já havidas.

Isso significa tomar o real como um jogo de permanências, avanços e recuos os quais se contrapõem, se mesclam e por vezes se superam. Deste modo, há espaços de manutenção que educadores identificados com o relevante papel do Estado na garantia de uma democratização sociopolítica gostariam de ver suprimidos, deslocados ou redefinidos.

A nova Carta Constitucional toma a democratização da educação como princípio regulador da seção: o dever do Estado, pela primeira vez expresso em Constituição promulgada, o direito de todos, a extensão progressiva da obrigatoriedade do ensino médio, gratuidade e o direito público subjetivo.

Além disto, a introdução do princípio da gestão democrática da escola pública junto com os princípios da valorização dos profissionais da educação representam outros pontos de destaque. A Universidade, enfim, obteve a desejada autonomia bem como a manutenção do liame entre ensino, pesquisa e extensão.

Conteúdos mínimos para todo o território nacional e o Plano Nacional de Educação passado pelo Congresso representam um passo importante na defesa de uma posição mais universalista.

No plano do financiamento deve-se destacar a vinculação constitucional de percentuais para educação bem como a proveniência de recursos para alimentação, material didático, transporte e saúde vindos de outras fontes que não da educação.

Mas há pontos que mereceriam mais discussão ou até mesmo redefinição: o ensino aceito como uma atividade capitalista qualquer, a *incongruência* entre o acesso a recursos públicos por parte da escola privada e esta ficar fora da injunção constitucional de valorização do professor e da gestão democrática, e, no caso das instituições de ensino superior, a não exigência do princípio da indissociabilidade entre ensino-pesquisa-extensão. É incongruente o princípio de mercado e o acesso aos recursos públicos como tais e não como empréstimos. Aqui não se pode esquecer o artigo 150, inciso VI, letra c do Título VI (Da Tribulação e do Orçamento), pelo qual se veda "instituir impostos sobre patrimônio, renda ou serviços [...] das instituições de educação, sem fins lucrativos, atendidos os requisitos da lei". A isenção fiscal merece uma discussão mais crítica sobre sua justeza e adequação.

Mas há pontos que os educadores sentiram como um retrocesso frente aos inúmeros problemas da escola pública. E neste rol há que incluir a destinação, condicionada é verdade, de recursos públicos à nova categoria de escola particular. Este é um ponto a ser considerado tanto na Lei de Diretrizes e Bases da Educação Nacional (LDB) como no Plano Nacional de Educação.

A presença de horário específico para ensino de religião na escola pública vista como anacrônica deve ser considerada como tal não pelo seu conteúdo, mas por um deslocamento do lugar adequado para isso.

Finalmente, dois pontos para encerrarmos estas considerações.

Nas últimas décadas, a espoliação que atingiu os educadores e a realidade da "decadência" da escola pública forçaram os profissionais da educação a lutar pela recomposição salarial e por maior participação nas diretrizes. Longo e rude processo, no qual deve ser inserido o gesto de organizar associações e entidades a fim de tornar a luta mais forte e mais ampla.

Boa parte dos avanços deve ser creditada a estes modos de se organizar, os quais correram paralela ou completamente aos seus similares junto ao que se convencionou chamar de "movimentos sociais" urbanos e/ou rurais.

Talvez a força desses movimentos, que também se posicionaram em termos de diminuir a rudeza da espoliação urbana, tenha sido o móvel da afirmação mais taxativa da educação como direito e dever. Além disso, tanto as organizações populares mais amplas quanto as de profissionais da educação, ao lutarem por melhorias e princípios, tornaram-se críticas de um modelo excludente de sociedade e de um modelo tecnoburocrático de planejamento.

Estes novos espaços de atuação societária, como espaços atuantes de micropoderes, incluem a vontade de participar nos planos e diretrizes e o desejo de controlar as iniciativas estatais. Por força desses movimentos organizados é que boa parte dos princípios de democratização e participação foram incluídos na nova ordem constitucional. Com certeza, então, reside aqui um método de atuação frente ao "resto da pirâmide" por ser construída (leis ordinárias e complementares) como frente às propostas constituintes dos Estados e às orgânicas dos Municípios.

Só mesmo com a chegada a níveis mais plenos de satisfação dos direitos, pela expansão da "face pública do Estado" e pela participação da sociedade civil, é que um projeto mais democrático de sociedade poderá acontecer. E no bojo da construção desta nova sociedade o envolvimento desde já da educação poderá contribuir com sua parte.

Nesta participação a efetivação dos princípios constitucionais e seu aperfeiçoamento cumprem significativo papel pela valorização da democracia e ampliação de espaços da educação pública.

O público e o privado na educação brasileira contemporânea: posições e tendências[1]

Em outubro de 1988, o Brasil conheceu mais uma Constituição Federal. Promulgada solenemente, ela se caracteriza por uma forte inflexão nos direitos sociais, tendo sido elaborada através de uma série de novidades no âmbito de seu processo parlamentar constituinte.

E, como ocorria desde a Constituição de 1934, a educação foi privilegiada com um capítulo próprio, além de várias referências em outros capítulos.

Com efeito, a Constituição Imperial indicava apenas dois parágrafos (art. 179, § 32 e 33) relativos à Educação e nossa primeira Constituição Republicana, de 1891 (a que foi promulgada) também não foi muito pródiga (art. 34, par. 30; art. 35, § 2º, 3º e 4º; art. 72, § 6º e 24). Ao Contrário, a Constituição de 1946 também consagrava um capítulo próprio ao terreno educacional.

A atual Constituição Federal, fruto de intensos debates que manifestaram diferentes demandas e reivindicações de diversos sujeitos, expressa com clareza, no capítulo sobre a Educação, esta pluralidade conflitiva de posições.

Se o conflito de posições perpassou toda a construção do texto constitucional, a *fortiori* a questão do público e do privado não seria menos polêmica, quer em aspectos financeiros, quer em aspectos doutrinários. Afinal, não é de hoje que este problema vem atravessando nossa história republicana.

Nos debates constituintes de 1890 e 1891, o problema já estava claramente posto. De um lado, os católicos, atemorizados com a perda do *status* de religião oficial, defendem a manutenção da possibilidade da rede privada, a possibilidade da manutenção do ensino religioso em todas as escolas. De outro lado, os positivistas, avessos a um ensino oficial por princípio e propugnadores do ensino laico, defendem a associação entre ensino laico e livre. Segundo eles, não deveria haver ensino oficial. Liberais e constituintes de

---

[1] Publicado originalmente em: *Cadernos de Pesquisa*, São Paulo: Fundação Carlos Chagas, n. 81, p. 33-43, maio 1992.

variadas posições defenderão o ensino oficial (através de escolas próprias e do diploma reconhecido), aí incluído o ensino laico, mas com a alternativa do ensino livre sem caráter oficial.

Desse modo, a Constituição de 1891 incorporará o ensino laico (art. 72, § 6º) nos estabelecimentos públicos de ensino, os quais expediriam diplomas oficiais (isto é, reconhecidos pelo Estado); resguardará também no ensino a correlação liberdade/propriedade (art. 72, § 24), mas não encerrará dentro de si, ao contrário da Constituição Imperial, o princípio da gratuidade, sequer em escolas primárias (CURY, 1991).

Esta tensão entre o público/oficial, como parâmetro para a equiparação, e o privado como livre (mas sem reconhecimento estatal, a menos que se equiparasse) atravessará toda a Primeira República como uma polarização entre liberais, positivistas e intervencionistas (MARQUES JÚNIOR, 1967).

Ainda na Velha República, quando da revisão constitucional de 1926, a Igreja Católica mobilizará sua capacidade de pressão em torno do ensino religioso, como matéria obrigatória e de matrícula facultativa, nos estabelecimentos públicos. Só não conseguiu seu intento porque o quórum exigido para a emenda constitucional era muito alto e faltaram poucos votos para tal.

Os debates a respeito da Constituinte de 1933, no terreno educacional, giraram em torno da laicidade, sem que se questionasse o direito liberal de se associar propriedade/ensino/liberdade (CURY, 1988).

Parece que de igual teor foram os debates na Constituinte de 1946, sem que o princípio da liberdade de ensino fosse questionado como direito. As discussões ficaram, então, fortemente marcadas pelos princípios doutrinários em torno da laicidade (OLIVEIRA, 1990).

Entretanto, não se pode negar que o papel do Estado foi crescendo no interior educacional, sobretudo a partir de 1926 e mais ainda após 1930. Mas, curiosamente, como esta intervenção rompia com as exigências da oficialização através de exames, de vez que a Reforma Campos de 1931 estatuía um currículo básico unificado para as escolas públicas e privadas, isto possibilitou politicamente o crescimento da rede privada e sua diversificação em grupos religiosos (católicos e evangélicos) e grupos empresariais (ROCHA, 1990).

Não se pode negar que o conflito entre essas tendências se realizou também no interior das discussões das diferentes Leis de Diretrizes e Bases da Educação Nacional (SAVIANI, 1973; BUFFA, 1979; HORTA, 1989; BRITTO, 1991).

E não faltaram estudos que retomam essas discussões em torno da liberdade de ensino, laicidade, papel do Estado e financiamento, quando da tramitação da atual Constituição (GADOTTI, 1990). Neste sentido, a

Constituição promulgada em 6 de outubro de 1998 voltou a mobilizar atores, quer do lado público, quer do lado privado (Pinheiro, 1991).

A nova Constituição, marcada pela presença intensa dos direitos sociais, trará novidades no terreno da educação.

Ela enfatiza a relação dever do Estado/direito do cidadão, estabelece a gestão democrática como princípio de administração das escolas públicas e impõe alguns critérios para a carreira docente em todo o país. E, sobretudo, a gratuidade plena em todo o ensino público e em todos os níveis, que deixa de ser um elemento residual (art. 206, IV).

Mas ela marcará também continuidade com outras Constituições.

A educação, se "direito de todos e dever do Estado", continua dever da "família". E o ensino é livre à iniciativa privada (art. 209), desde que atendendo determinadas condições. Também o ensino religioso é mantido como disciplina obrigatória e de matrícula facultativa (art. 210, § 1º) e recursos públicos poderão ser destinados (e aqui uma modulação) a determinado *modo de ser* da iniciativa privada.

O público e o privado na legislação educacional recente

Articulando os artigos 205, 209 e 213 entre si, entendo que a Nova Constituição estabelece dois gêneros de escolas: as públicas e as privadas. Já essas últimas se subdividem em duas espécies: as lucrativas e as não lucrativas. Finalmente, as escolas privadas não lucrativas se diferenciam em comunitárias, filantrópicas e confessionais.

Esta divisão e definição permitem-nos indicar aqui uma inovação. Desde a Lei de Diretrizes e Bases – LBD 2.047/62 (ou até mesmo antes), a educação escolar é, sob qualquer modalidade, tida como alheia ao lucro. Neste sentido, todas as iniciativas educacionais escolares seriam "sem fins lucrativos".

Ora, a nova Constituição redefine a situação e diferencia: aquele ensino privado (art. 209), voltado para o lucro (por oposição à letra do art. 213), o é, em seu teor, tipicamente capitalista. Enquanto isso, as outras modalidades indicadas (art. 213 e 150, VI) teriam uma presença não tipicamente capitalista dentro de uma economia de mercado.

Também a atual proposta de Lei de Diretrizes e Bases (Brasil, 1990), já aprovada pela Comissão de Educação, em junho de 1990, e pela Comissão de Finanças e Tributação, em dezembro de 1990, em tramitação no plenário do Congresso, mantém essas divisões e diferenciações de modo mais nítido e esmiuçado (cf. art. 7º, 8º, 18, 20, 105 e 106).

A proposta de Lei de Diretrizes e Bases da Educação Nacional (LDB) indica que a escola privada é toda aquela mantida por "pessoas físicas ou jurídicas de direito privado". E todas possuem o direito à "liberdade de ensino", desde que cumpram as normas gerais do sistema brasileiro de educação e as normas constitucionais e legais. Mas, quando lucrativas, não pode depender de verbas públicas e deve se sustentar apenas com recursos advindos de sua presença no mercado.

Tal formulação, enunciada pela primeira vez, como já se disse, implica a aceitação não apenas tácita, mas explícita, de uma escola privada que vise fazer da atividade educacional uma opção lucrativa de mercado.

Antes é preciso dizer que considero um avanço, dentro de uma atividade de função social, a explicitação clara e distinta de uma separação entre o público e o privado, inédita no terreno educacional.

Mas será que essa formulação apareceu apenas por pressão dos grupos ligados ao ensino público, que sempre criticaram o mascaramento do lucro acobertado por um discurso de finalidades genéricas, ou se deve à própria existência do lucro na educação?

Creio que essa definição divisiva entre diferentes modalidades de escola privada se deve também a uma divisão (conquanto não contraditória) no interior dos próprios grupos ligados a este gênero de escola.

De fato, até os anos 1960, pode-se dizer que o argumento-chave para a manutenção não só da "liberdade de ensino", mas da destinação de recursos públicos para escolas particulares baseava-se nos pressupostos do tomismo e do neotomismo.

Mas, já na década de 1970, este argumento vem corroborado de um outro, expressando a emergência mais visível de um novo perfil do grupo privado: trata-se do argumento em torno da relação custo/benefício. Por ele, o custo do aluno em escolas particulares (porque melhor administradas) seria inferior ao custo das escolas públicas. Logo recursos devem ser repassados a quem, com menor custo, produz mais (NOGUEIRA, 1985).

Coexistem, pois, no interior dos grupos privados, pelo menos até os anos 1970, duas modalidades de discurso: aquele que repõe o argumento da família como *celula-mater* das relações societárias (daí o direito de escolha) e aquele que põe o argumento da relação custo/benefício.

E, ao que me parece, a hegemonia, no interior dos grupos voltados para essa atividade, não é mais detida pelos grupos confessionais católicos, mas por grupos empresarias presentes na Federação Nacional dos Estabelecimentos do Ensino (FENEN) ou fora dela, e expressa no jornal desta (*Educação*), nos congressos da FENEN (Congresso Nacional dos Estabelecimentos

Particulares de Ensino, CONEPE), em artigos de jornais da grande imprensa e, mais recentemente, através de um importante livro do professor Roberto Dornas (1989), presidente da FENEN.

Fiz uma pesquisa preliminar a esse respeito, cujos resultados coloco ao debate público. Além do caráter exploratório do assunto, advirto que não se deve ver neste ensaio, coerente com a noção gramsciana de hegemonia, uma sequência obrigatoriamente cronológica no interior dos discursos. Vejamos, pois, algumas modulações desses discursos.

A manutenção do discurso organicista

Embora revestida de novos argumentos, a premissa da família como elemento básico e constituinte da sociedade permanece sobretudo através da Conferência Nacional dos Bispos do Brasil (CNBB) e da Associação de Educação Católica (AEC): "Os grupos ligados ao setor particular, leigo e confessional mobilizaram-se para defender o ensino privado, mas não constituíram um fórum único e nem sempre se posicionaram conjuntamente. A FENEN congrega instituições privadas leigas e confessionais, mas as escolas católicas assumiram posições próprias [...]" (PINHEIRO, 1991, p. 116).

Quanto a isso, cumpre ouvir a CNBB em documento preparado na Assembleia de abril/maio de 1990:

> As escolas comunitárias, confessionais e filantrópicas, constitucional-mente reconhecidas [...], têm direito aos recursos públicos, assegurada a correta aplicação deles e a adequada qualidade dos serviços escolares. As de ensino fundamental devem ser financiadas pelo poder público, para que possam ser gratuitas. Essas são condições para que as famílias, que já pagam impostos, e os próprios jovens possam ter garantido o direito de eleger o tipo de educação de sua livre escolha. Para milhares de escolas e instituições da Igreja Católica, essa é também uma condição para que possam abrir-se aos alunos pobres, delas, hoje, parcialmente excluídos. As várias instâncias da Sociedade devem mobilizar-se para que isso aconteça.

À parte a ambiguidade da frase que diz deverem ser financiadas as escolas "de ensino fundamental [...] para ser gratuitas", a Igreja Católica vem defendendo, coerentemente com os princípios do tomismo, que sendo o Estado uma espécie de síntese das famílias, aquelas que não podem pagar a escola privada confessional, mas nelas estão interessadas, devem "ter garantido o direito de eleger o tipo de educação de sua livre escolha" (cf. PINHEIRO, 1991, p. 167).

Esta também é uma posição do CONEPE (FENEN, 1985), na Declaração de Florianópolis: "Cabe ao Estado assegurar à família todas as condições para que o processo educativo percorra suas diversas fases [...]. À família

[...] é que cabe a responsabilidade, reconhecida na Declaração Universal dos Direitos do Homem, de dar aos filhos o gênero de educação que escolher. Proporcionar os meios é que é dever do Estado".

O documento conjunto da Associação Brasileira de Escolas Superiores Católicas (ABESC) e AEC (1988), encaminhado como contribuição ao Congresso Constituinte, associa a "liberdade de escolha do tipo de escola que se deseje" com "garantia de bolsas de estudo" dadas pelo poder público aos economicamente carentes, com preferência para as "escolas sem fins lucrativos". Esse documento é exatamente similar ao enviado ao Congresso Constituinte, em 1987, pelo CONEPE (FENEN, 1987), que defende e define a educação como um direito da família.

Já um autorizado religioso da AEC, um tanto descrente do sistema de mercado, diz que as escolas confessionais querem "subsídios de 100% do governo federal e estadual para funcionar". E o caminho que ele encontra é também o constitucional: trata-se de transformar escolas confessionais em escolas comunitárias, a fim de atender um outro grupo social: os carentes."E quem quiser continuar na escola pode, mas nossos atuais alunos vão continuar indo para a iniciativa privada" (RUFFIER, 1990).

Também aqui importa assinalar menos o mérito da opção pelos pobres e mais a distinção assumida já, entre a "iniciativa privada" (onde funciona o mercado) e a "escola comunitária" (para carentes, subsidiada pelo Estado), não dirigida pelo poder público.

Retornando ao supracitado documento da CNBB (1990), registre-se que, neste caso, ele silencia sobre as escolas privadas *tout court*, trazendo inclusive um trecho do seguinte teor: "É particularmente importante defender sejam mais numerosas e de melhor qualidade as escolas mantidas diretamente pelo Poder Público, em especial creches, pré-escolas e escolas de 1º e 2º [*sic*] graus. Pois serão elas que irão atender à maioria da população e têm sido relegadas ao abandono [...]".

Este não é, historicamente falando, um pronunciamento muito comum no âmbito eclesiástico, sempre desconfiado do Estado, mas representa de todo modo uma defesa das escolas públicas.

Ao menos na Constituinte, o então presidente da AEC, diferindo da FENEN e da ABESC em tempo de cobrança de taxas, defendeu que as escolas públicas estatais e as públicas "não estatais" não devem cobrar nada de seus usuários. Recusando-se a concordar com a cobrança de taxas, "ele defendeu que se deve cobrar mais imposto daquele que tem mais" (PINHEIRO, 1991, p. 169).

Não era bem esta a posição dos estabelecimentos católicos de Minas Gerais em 1987:

Nossa esperança era que os constituintes eleitos por nós, sabedores dos desmandos da ditadura, lutassem por nós. Decepção pior não pode ter ocorrido: juraram em praça pública um novo Brasil, uma terra de liberdade e de democracia. No entanto, ao escreverem a constituinte, a maioria significativa está aprovando o enterro da escola particular e, com maior naturalidade, também o da escola católica.

Preconizam apenas a escola pública e laica, traindo promessas feitas ainda ontem, antes das eleições, de uma sociedade pluralista e democrática. Não somente não nos devolveram a autonomia administrativa. Estão enterrando de vez a escola confessional, roubando, de milhões e milhões de famílias católicas, o direito inalienável de educar os filhos à luz dos valores do Evangelho.

Em vez de termos, na Constituinte, representantes da família, encontramos coveiros da liberdade e da democracia, que não temem lesar os sentimentos mais profundos da religiosidade de nosso povo. É fato histórico comprovado: somente ditaduras idolatram escolas únicas, públicas e laicas. E se não se sabem, fiquem sabendo: *nós, mineiros, abominamos a ditadura. Libertas Quae Sera Tamem* (Manifesto, 1987).

Já o mesmo documento da CNBB (1990), ao lado da defesa de recursos para a escola não estatal, afirma juntar-se à indignação geral da sociedade face "à escassez de recursos para a escola estatal".

Mas há setores da Igreja que, incomodados com o preceito constitucional da gratuidade, sobretudo a que se estendeu ao ensino superior público, apoiam as teses dos que veem tal extensão como injusta:

Ensino gratuito para todos é um princípio correto e legítimo. Mas, num país como o Brasil, onde há fila à porta fechada da escola primária [...] dar ensino superior a um que pode pagar, à custa de deixar 20 ou 30 (sem condições de pagar) privados de instrução primária, é certamente uma iniqüidade. Tratar o rico e o pobre como iguais é, para o Estado, fugir à sua ação moderadora (Prado, 1991).

Para tanto, o articulista distingue a igualdade da equidade e aponta o artigo 206, IV, como uma meta e não como um preceito: "Enquanto, porém, não há recursos para a gratuidade universal, a gratuidade para todos só pode ser entendida como um objetivo a ser alcançado com o favor do tempo e do processo" (Prado, 1991).

Esse argumento igualdade/equidade e justiça social tem sido utilizado também por setores que não se identificam com posições religiosas como tais, embora descrentes de que este seja o problema nuclear da universidade e do ensino superior (cf. Schwartzman, 1991; Silva, 1991).

Mas voltemos à questão geral da gratuidade, na formação de autores ligados à iniciativa privada.

Em busca de novos argumentos

A relação entre gratuidade e opção de escolha encontra, no presente da FENEN, um outro fundamento, complementar ao da associação família-opção: "[...] o carente, justamente o pobre, não tem direito de opção, simplesmente lhe cabendo a alternativa única da escola pública [...] sendo ou não de sua escolha. [...] E tudo isto porque, de modo simplista, se confunde propositadamente obrigação constitucional de propiciar ensino gratuito com obrigatoriedade de construir e manter a escola oficial de custo mais elevado" (DORNAS, 1989, p. 10).

Outras vezes, o discurso do direito da família, sobretudo a pobre, a uma escolha subsidiada pelo Estado ganha outra modulação: "Se todo mundo paga, todo mundo tem direito a uma vaga no ensino público. Se o Governo não pode garanti-la, é obrigado a dar uma bolsa para cada aluno sem escola" (DORNAS, 1990).

Nesta mesma direção, a Declaração de Florianópolis (FENEN, 1985) é taxativa quando afirma: "Dinheiro público não pertence ao Estado, mas sim ao POVO [...] [assim], constitui um ato discriminatório reservá-lo exclusivamente ao financiamento da escola que o próprio Estado define como a mais conveniente aos seus propósitos políticos e ideológicos".

Já na Constituinte de 1988, a relatora-auxiliar da Comissão Temática que incluía a educação, deputada Sandra Cavalcanti, do Partido da Frente Liberal (PFL), assim se expressou ao se colocar contra a exclusividade das verbas públicas para escolas públicas:

> Chamar de escola pública apenas a escola oficial, a escola estatal, é cometer um erro [...] Não há verba pública. Isso é uma ficção. O que há é o dinheiro do povo que sai do bolso de cada um. É uma constituição tirada [...] de todas as pessoas que possam ter acesso a esses serviços. Educação pública é prestação de serviços; este serviço pode ser prestado ou por entidades oficiais da rede estadual ou por entidades sem fins lucrativos [...] (*apud* PINHEIRO, 1991, p. 252).

Há, pois, nítida analogia entre ambos os discursos.

Às vezes o discurso oscila entre o organicismo tomista e o neoliberalismo, acentuando tanto o "direito ao ensino de qualidade" quanto o "respeito ao direito de escolha da família", associado ao princípio da gratuidade.

E, no mesmo manifesto, defende-se "a inteira liberdade ao ensino privado" associada à liberdade de "fixação dos preços dos serviços em educação em função dos seus custos reais" (DORNAS, 1990). Diga-se de passagem, que a polêmica aqui é contra a resolução do governo Collor que prevê a "livre negociação" amparada em detalhes de controle.

A emersão explícita do argumento neoliberal

Em 1979, segundo ele próprio relata, Dornas (1989, p. 56) estimulava como estratégia aos associados da FENEN: "Menor dependência possível de fatores externos (bolsas de estudo, subvenções, auxílios, financiamento, proteção política, isenções, imunidades e outros), para se tornar unidade auto-suficiente".

Já em 1980 este líder argumentava que não era mais o caso de tentar fazer cumprir "o preceito constitucional de fornecer amparo técnico-financeiro" ao ensino privado, mas meramente o de "não molestá-lo" (DORNAS, 1989, p. 26).

Por seu lado, José Aurélio de Camargo (1990) afirma ser contrário à busca de subsídio, já que, em um sistema contratual de mercado, este é um contrassenso: "quando o governo paga, quer mandar na escola", o que inviabiliza a autogestão das escolas privadas.

Contudo este argumento coexiste com a tradição constitucional, desde 1934, de abrir espaço para que a iniciativa privada tenha possibilidade de receber financiamento público.

E a manutenção deste dispositivo teve na FENEN um apoio, tanto quanto recebeu outros. Em 1987, o Conselho Federal de Educação (CFE), em documento enviado ao Congresso Constituinte, é claro: "É obrigação do Estado criar condições para o exercício do direito à educação, inclusive pelo oferecimento de meios à iniciativa privada".

Se é consensual a legitimidade de grupos de pressão sobre o Congresso, desde que feita à luz do dia, vale a pena indicar como a FENEN passa a se ver como membro da comunidade de empresários. Há a emersão de uma autoconsciência explícita e reveladora.

Em texto fotocopiado distribuído entre seus membros, a FENEN já se coloca como um grupo de empresários entre outros e destaca que as propostas constantes na discussão sobre Educação na Subcomissão de Educação (da Constituinte), sob a presidência do deputado Arthur da Távola, foram derrotadas porque a FENEN cresceu "diante de outros grupos de empresários, diante dos constituintes, diante das empresas de comunicação" cresceu diante da "aliança com o poderoso grupo da comunicação" (FENEN, s.d.).

Vale a pena continuar ouvindo Dornas (1989, p. 31), uma vez que a referência ao carente, ao pobre em vez de à família, cede o passo a um outro tipo de fundamentação: "O homem precede o Estado, que só surgiu e se justifica como delegado da sociedade, *como delegado de cada indivíduo*, para [...], tendo em vista a multiplicidade de tarefas a serem desenvolvidas pelo indivíduo, coordenar e promover a realização de cada um e a organização do todo" (grifos meus).

Ao organicismo da família vai se impondo o discurso do liberalismo e mesmo do jusnaturalismo, em que a relação indivíduo-mercado se insere dentro do sistema contratual de mercado.

Essa posição de defesa do sistema contratual de mercado teve em Bezerra de Mello, constituinte e proprietário de instituições privadas, um defensor. Ele advogou a liberdade de a escola privada típica cobrar as anuidades convenientes de modo livre e de modo a oferecer ensino de qualidade. "A manutenção da escola privada parece-me que deva ser da exclusiva responsabilidade da escola privada, e aí estou de acordo até com a exclusividade de verbas para o ensino público" (*apud* Pinheiro, 1991, p. 123).

Em outubro de 1988, após a promulgação da Carta Constitucional, diz Dornas (1989, p. 169): "Nasceu a Nova Constituição. Mudará a educação e, com ela, a escola particular. O ensino privado esteve, durante todo o tempo de elaboração da nova carta, ameaçado, principalmente pela ala chamada de progressista. Afinal, foi mantido o direito à liberdade de ensino [...]. O ensino privado conseguiu o seu direito de existir ao lado do ensino público".

No elogio ao artigo 209, ele comenta que, por esta mesma Lei Maior, a escola particular não sendo inerente à própria organização do Estado de Direito e nem a escola sendo monopólio, segue-se que ela não é uma atividade permitida, concedida ou delegada, já que a expressão que a institui fala em "coexistência" entre duas modalidades de instituições. E assim, conclui Dornas (1989, p. 106): "[...] o preço das mensalidades, taxas e contribuições devem ser fixados livremente pelos estabelecimentos de ensino, com base em seus custos e margem de lucro, cabendo ao Estado impedir, pelo exame casuístico, que este último seja aumentado arbitrariamente".

Essas falas convergem com o artigo 18 da proposta de LDB: a escola privada, desde que não aumente *arbitrariamente* suas margens de lucro e desde que cumpra as normas gerais do sistema constitucional e educacional, negociará livremente seus custos com professores e pais.

O governo Collor, que havia sequestrado ativos da população, em especial dos que podem fazer poupanças voluntárias, queria ficar bem com a classe média. E o controle das mensalidades será uma dessas estratégias. Nesse contexto, vários líderes das escolas privadas saem a público e manifestam-se.

Basile Anastassaki (1990), superintendente da FENEN, em entrevista a um órgão de imprensa, criticando a "livre negociação" com interferência de lei diz: "Vamos fazer uso do nosso direito constitucional. Caso contrário, preferimos fechar as portas no 2º semestre".

Aqui importa menos, no caso, a justeza ou não da crítica, mas a assunção da educação escolar sob a modalidade capitalista típica.

E é este mesmo superintendente que afirma o caráter empresarial do ensino privado: "Hoje, o ensino particular é um péssimo negócio e se o governo federal quer colocar as escolas em uma camisa de força, elas não resistirão e a maioria quebrará [...]" (ANASTASSAKI, 1989).

Mas como não fazer da educação um "negócio" qualquer? Como justificar a destinação universal do saber e sua mercadorização?

Vejamos como se busca legitimar este paradoxo.

Qualidade e modernidade no discurso neoliberal

Aos poucos, o discurso neoliberal vai buscando se afirmar, no interior dos grupos privatistas, com uma modulação que foge aos argumentos organicistas, aos da "opção pelos pobres" e até mesmo deixando na penumbra o dispositivo constitucional que permite o *transfert* de recursos.

E já que existe um segmento que não é comunitário, nem filantrópico, nem confessional, e já que este segmento é tipicamente privado e não pode fazer uso de recursos governamentais, o recurso ao discurso neoliberal incorporará como uma de suas tônicas a correlação produtividade/modernidade/qualidade, a partir do sistema contratual de mercado.

Nesse sentido, parece delinear-se uma tendência privada típica, às vezes até à margem da FENEN, de vez que esta, por sua extensão, abriga as várias vertentes do segmento privado.

Essa tendência não só buscará justificar-se, mas oferecer-se como paradigma modelar positivo a quaisquer outros sistemas de administração e gerenciamento da educação.

A FENEN, em 24 de novembro 1989, afirma, em nota, que "entidades e educadores exigem que o Estado deixe de tumultuar a escola para poderem trabalhar".

Na mesma ocasião, a FENEN aponta que é um fato que "[...] a qualidade do ensino, como em qualquer outro serviço ou produto, se estabelece também pela exigência de quem paga. Na escola de livre iniciativa este vínculo se constitui diretamente".

O que se destaca aqui é a solidariedade entre "qualidade" e "vínculo" direto com as opções de mercado. O que pode ser lido pelo contrário: o que é inteiramente gratuito não será jamais tão bom quanto aquilo que contém a "exigência" de moeda.

Em torno desse eixo é que virá a crítica massiva e pesada ao ensino superior oficial gratuito. A crítica articula a acusação de ineficiência com injustiça, em contraposição á qualidade e equidade que deveriam viger neste nível e que, de certo modo, algumas instituições privadas já estariam praticando.

O tema do CONEPE de Salvador tem o seguinte título: "Escola particular: investimento em qualidade", tendo como subtemas, entre outros, visão mercadológica e administração gerencial.

Vejamos o parecer de um membro do Conselho Estadual de Minas Gerais, que expressa a correlação entre ensino privado típico e modernidade.

> [...] opção democrática que nos resta, de perseguir padrões de qualidade de ensino, está na preservação da escola de livre iniciativa com a sua desejável competição do saber, que torna transparente o trabalho que o Estado está a realizar na escola pública.
>
> Os parâmetros comparativos da educação estão na manutenção da oposição escola pública e escola privada, onde a competição põe a descoberto as mazelas do ensino público e onde a escola privada se impõe com padrões de qualidade (VIEIRA, 1989).

O argumento é cristalino: se a competição é saudável, quem pode dizer qual dos competidores é o melhor? O autor é claro: só pode ser o melhor aquele competidor que, por oferecer o melhor padrão de qualidade, pode "pôr a descoberto as mazelas do ensino público". Logo, é da escola privada, qualificada por seu padrão de qualidade, que se faz a leitura crítica da escola pública.

Em manifesto do Sindicato dos Estabelecimentos de Ensino do Estado de São Paulo, polemizando contra as consequências do plano Cruzado, lê-se: "[...] lamentamos ter que optar: entre a qualidade dos equipamentos modernos de auxílio do ensino racional e a dignidade insubstituível dos professores" (MANIFESTO, 1986).

Vale dizer: a mais-valia embutida no conhecimento, que pode se materializar em "equipamentos modernos do ensino racional", poderá também ser a opção em face da impossibilidade de ter uma força de trabalho humano dentro dos mesmos parâmetros. Ainda que o signatário o lamente!

Interessa dizer que esse trecho do manifesto se segue a uma crítica em que se reverbera a alto custo do ensino público.

Um vice-diretor de escola confessional e membro do Conselho Estadual do Estado de São Paulo comenta, em artigo, a posse de um Secretário da Educação.

Nela, o secretário, em discurso de posse, afirmara que não se deve atribuir a decadência do ensino público ao "enriquecimento de mantenedoras da rede privada".

O articulista concorda com esse ponto de vista e mais este outro, que teria sido assim expresso pelo secretário, ao afirmar que: "refletiu sobre a incapacidade do Estado de atender a essa demanda [de serviços sociais junto ao Estado] e sobre a superação dos problemas atuais à luz de conceitos de modernidade" (MAGALHÃES, 1990).

A partir daí o articulista pondera que:

> O secretário bem sabe que, buscando essa modernidade, muitas escolas particulares já atingem o estágio de modernização: possuem bibliotecas, audiovisuais para ensino de língua estrangeira, laboratórios de Física, Química, Biologia e até de Informática. Tudo isso custa e tem de ser pago e torna-se patrimônio cultural da Nação. Os ministros "federais" da Educação e da Economia também se aperceberão disso. A elite intelectual brasileira de amanhã será mais ampla do que a de outrora (quando o bom ensino só era ministrado no exterior), se não se desmantelar a escola particular, pelo menos até a recuperação do ensino público. Recuperado este, aquela sobreviverá em respeito à liberdade (MAGALHÃES, 1990).

Além disso, continua o articulista, a imposição de controles financeiros deverá ir ficando cada vez mais tão residual que, em futuro bem próximo, levaria a "que o mercado soberano puna exemplarmente os que pretendem cobrar valores inadequados à qualidade de seus serviços".

Vê-se, pois, que o ensino privado é posto como modelo exatamente porque chegou à modernidade e é nele que o ensino público deve se mirar a fim de se recuperar.

De outro lado, "o mercado soberano" fará o jogo de custo/benefício/ qualidade.

Isso também não quer dizer que esse segmento privado tenha se esquecido dos planos privatizantes propostos quando da discussão da Lei nº 4.024/61.

Após criticar a situação da escola pública, um empresário do ensino não deixa por menos: "[...] o retorno da dignidade à escola pública é possível. Mas não com soluções paliativas. A reforma exige uma administração empresarial, gerencial e autônoma da escola, seus responsáveis poderiam encurtar o caminho. A própria empresa administraria diretamente a escola, pagaria melhor professores e funcionários, por conta e a crédito do imposto de sua responsabilidade" (CAMARGO, 1991).

Conquanto se possa dizer que o autor talvez estivesse se referindo ao salário-educação, deve-se registrar a tônica assumida de uma visão romântica do modelo empresarial.

Isso também não significa que o segmento confessional católico não defenda a "qualidade". A diferença reside na ênfase sobre a família. No grupo católico, a família precede o indivíduo e, no grupo privado típico, o indivíduo ganha mais a ênfase por ser o elemento fundante da sociedade.

Algumas conclusões preliminares

O desenvolvimento anterior, fruto de um estudo exploratório, não teve como objetivo senão o de estimular investigações mais sistemáticas e abrangentes e provocar a discussão em torno de um assunto que merece cada vez mais novos enfoques.

Se tal é a premissa, não se deve espera destas conclusões o que as premissas não tenham contido dentro de si. Mas é sempre útil apontar alguns núcleos e ver se nos abrem novas perspectivas.

É o que se fará a seguir.

Com raízes históricas no Brasil, a iniciativa privada sempre contou com o reconhecimento oficial. Basta passar os olhos pelas Constituições Federais Brasileiras para comprovar a marcada correlação propriedade/liberdade, sua decorrência para a educação escolar e a consignação da liberdade como prerrogativa dos direitos individuais do cidadão.

Com fundas raízes na história brasileira, a iniciativa educacional da religião católica, oficial no império e livre na República, também foi sempre legalmente reconhecida. Com exceção da Constituição de 1891, sempre ganhou alguma referência explícita positiva: o reconhecimento explícito da Santa Fé como Estado na revisão constitucional de 1926, a recorrente faculdade de oferta do ensino religioso no horário do currículo formal e o recebimento de recursos dos cofres oficiais para bolsas de estudo.

Estas recorrências não deixam de refletir a relação de reciprocidade contraditória entre o público e o privado, em que "o direito de propriedade (se) opõe à ingerência do poder soberano" (BOBBIO, 1987, p. 23), exatamente porque na sociedade já ocorreu "a diferenciação entre aquilo que pertence ao grupo enquanto tal, à coletividade, e aquilo que pertence aos singulares [...]" (p. 14).

Mas é só na Constituição de 1988 e na proposta de uma nova LDB que se faz uma diferenciação explícita, no setor privado, entre aquela educação que seria privada na qualidade de produto de relações "pré-capitalistas" – quase que corporativas – por não visarem uma diferença significativa entre o custo da educação e sua absorção pelos interessados.

Se, no primeiro caso, a situação é clara, nem tanto o é no segundo, isto é, no que se refere às escolas comunitárias, filantrópicas e confessionais.[2]

No primeiro caso, trata-se da escola capitalista típica como parte da *Bürgergesellschaft* e da "teoria do Estado Mínimo". De recente reconhecimento explícito, concomitante ao avanço da economia de mercado e à diferenciação

---

[2] Cf. a crítica de Cunha (1991) ao conceito de "escola comunitária pública não estatal".

interna entre os grupos privados, ela é regulada por acordos bilaterais baseados no sistema contratual de mercado, desde que se respeitem as normas gerais da Constituição e as específicas da educação nacional.

Aqui estamos em um terreno próprio da concepção neoliberal do Estado.

No segundo caso, posta a distinção interna entre a escola privada típica da economia de mercado e a escola comunitária, fica mais fácil tentar clarear o sentido dessa última.

Ela não é estatal, já que não faz parte do aparelho de Estado. Também não é pública, porque nela não há uma precedência reconhecida do todo sobre as partes; embora se reconheça o bem comum, o que há é uma dinâmica em que a parte privilegiada – movida pelo princípio da harmonia social hierarquizada –, para atender outra parte "desassistida" do todo, teria o dever de compensar necessidades não atendidas. Com isso, a parte "desassistida" reintegra-se ao todo e recupera-se a integração geral, ao mesmo tempo hierárquica e harmônica. Daí decorre a postulação da escola comunitária, filantrópica e confessional aos cofres públicos. Essa postulação foi constitucionalmente aceita. Com isso, implicitamente a Lei Maior passou a reconhecer a duplicidade de escolas privadas, trazendo abertura para o repasse a tal escola de recursos públicos. Esses recursos ser-lhe-iam doados, seja porque não lucrativa, seja porque ela se abre ao controle público do recurso oficial repassado. Mas, sobretudo, porque a escola comunitária funcionaria como uma assistência, compensando, de modo *ersatz*, a não implementação da educação escolar como "dever do Estado e direito do cidadão".

Por aí se deve entender a assunção do conceito de "comunitário" em vez do de público. Voltaremos a esse ponto ao considerarmos a "educação como dever da família".

O discurso destes atores nos remete a outros pontos capazes de trazer novas considerações explicativas.

Do lado da escola capitalista típica, o discurso ainda oscila entre o acordo bilateral entre contratantes (consequência do "Estado Mínimo") e o discurso sobre o Estado ora como extensão da família, ora como lugar das comunidades populares. Vê-se que, no segundo movimento da oscilação, se abre caminho para acesso ao conceito de "público não estatal".

O discurso da escola capitalista típica parte da premissa do indivíduo como fonte do social; é o discurso da necessária ampliação do espaço de manobra dos empresários e é muito forte o questionamento da dimensão do controle público, visto apenas em sua vertente burocrática. Seria um discurso liberal típico, onde a diferença é paga. Isto é, paga-se para uma escola que ofereça algo a mais que a escola pública não oferece (CUNHA, 1981).

Mas este discurso só agora começa a se explicitar.

No caso da escola comunitária, o privado funda-se ora na família, ora na relação desassistido/opção.

Na primeira vertente, o Estado continua sendo visto como extensão do homem social, cuja base é a família, considerada como o lugar da identificação entre o natural e o social; toma-se o Estado como subsidiário do poder familiar. Logo, as opções familiares, por serem hierarquicamente fundantes, devem ser respeitadas pelo Estado. E, como as famílias seriam o lugar da não exploração e as escolas a mediação entre o Estado e as próprias famílias, as escolas não podem ser lugar do lucro, mais da realização da opção diferencial dos pais. Daí a rejeição a, ou a desconfiança para com expressões como "escola única" ou mesmo "escola unificada".

Trata-se, pois, da manutenção de um discurso organicista e corporativo, baseado na presença do privado não capitalista em uma economia de mercado. De fato, a propriedade privada não se identifica exclusiva e unicamente com a propriedade privada capitalista. É exemplo disso a propriedade privada familiar no campo do comércio, por exemplo.

Na segunda vertente, caso do comunitário defendido como "público não estatal", a fundamentação é levemente diferenciada. A escola privada confessional, sobretudo aquela voltada para a "opção preferencial pelos pobres", visaria as parcelas do povo marginalizado pelo Estado (isto é, "os pobres" no sentido bíblico); nelas confluem o direito à diferença (já que a escola oficial não a oportunizaria, e pela qual teriam então que pagar) e a impossibilidade de pagar e, com isso, de ter acesso àquela diferença.

Aqui, o discurso da parte é daquele que se autodelegam poderes para se afirmar como voz de um todo sem vez e voz, mas um todo fora do âmbito estatal. O discurso pretende ser o do representante de uma outra totalidade, onde o lucro não seria a base da sociedade.

Por vezes, diria eu, há uma espécie de discurso quase que anarquista, pelo qual o Estado banca recursos, a comunidade gerencia a escola e, porque esta é comunitária, a gestão da mesma implicaria a prestação aberta de contas. É nesse sentido que ela se autodenomina "pública não estatal": pela abstenção do lucro e pela transparência nas contas e participação dos interessados.

Aqui, o desejo do bem como bem de todos faz com que se tenha como o todo precedendo as partes aquele tomado a partir dos considerados núcleos básicos da sociedade: família, grupos intermediários (escola, sindicatos, por exemplo) e Estado.

A assistência à parte considerada "comunidade marginalizada" numa perspectiva emancipatória coloca o "assistente" e o "assistido" na dimensão do bem comum. Logo, aquilo que se busca não é a utilidade privada do assistido, mas sim a "justiça distributiva", pela qual a inserção do mesmo no todo orgânico conduz à cidade "boa e justa".

Uma palavra ainda sobre a laicidade.

O direito público moderno nasce do confronto entre o poder temporal como poder secular e o poder espiritual como proveniente do poder divino.

Desse confronto nasce a separação de poderes, distintos e voltados para campos diferentes a partir de lógicas distintas. A recorrente presença do ensino religioso nas escolas públicas representa uma negociação política, cujas raízes se assentam na correlação de forças e não na coerência com as doutrinas de Estado que, por postularem a liberdade religiosa e de consciência, defendem a isonomia do Estado ante toda e qualquer religião.

Esse discurso ainda é predominante no interior dos grupos privados. Mas o fato de sê-lo não significa que seja hegemônico.

A hegemonia não significa necessariamente maioria numérica. Ela é a capacidade tendencial de dirigir, de imprimir uma intencionalidade a um campo de interesse, traduzindo uma certa concepção de mundo.

A defesa da escola capitalista típica, recessiva durante longos anos, vem se mostrando capaz de tornar-se hegemônico no interior dos grupos privados e, por isso mesmo, capaz de postular uma hegemonia para fora de si e de seu âmbito. Falo de uma tendência que parece até estar se deslocando das posições conciliatórias *ad intra* da FENEN. Trata-se das posições de um grupo empresarial liberal e defensor da modernidade.

Este segmento, em várias oportunidades, tem se manifestado de modo a dizer que recusa as verbas públicas e mesmo que é contrário ao repasse de recursos públicos para escolas comunitárias. Busca ele legitimar o privado e legitimar-se como moderno, de vez que se apresenta como usuário de tecnologias, como administrador eficiente, detentor de infraestrutura e capaz de incorporar ao processo ensino-aprendizagem os mais atuais avanços científicos.

Numa palavra: apresenta-se como "contemporâneo" ao mais contemporâneo e por isso postula uma "função dirigente", a um ponto de já estar produzindo material pedagógico e didático bem avançado.

E é desse patamar que fará a crítica à ineficiência, inchaço e "atraso" do Estado. Este, apresentado como superado em várias iniciativas e funções, tem de se mirar no espelho destes novos dirigentes necessários à modernidade.

Logo, a questão da hegemonia como direção cultural de um grupo ou de uma sociedade impõe à polêmica do público *versus* privado algo que, para além, das formas jurídicas, indique o sentido da área educacional.

Um grupo restrito de empresários do ensino, exatamente pela posse de um novo conteúdo econômico (posse do *know-how* moderno), torna-se "irradiador de prestígio", na expressão de Gramsci (1978) e, por isso, postula um novo conteúdo político (direção cultural), acoimando o Estado como incapaz de trilhar leira.

Tornam-se hegemônicos não porque possam ter acesso a recursos estatais, mas porque passam a ser "irradiados de prestígios" capazes até de vender ao Estado os produtos pedagógicos que passaram a dominar.

Inverte-se a polarização de 1930 ou, em mais profundidade, a hegemonia republicana do Colégio Pedro II na Velha República.

Lá, por serem portadores de uma novidade moderna capaz de "irradiar" suas características e até de se impor como paradigma de oficialização, os professores do Pedro II ou os "Pioneiros" foram criticados de "modistas" e até mesmo de "comunistas".

Hoje, parece que há novos "pioneiros", dispostos a se organizar menos em torno de recursos públicos e muito mais a vender ao público "atrasado" o "passaporte" da modernidade. E o fazem porque vão se apropriando do conhecimento e da tecnologia de ponta aplicados à educação.

Eis, no meu modo de ver, o grande desafio para o Estado, para os que ainda não desistiram de ver no Estado um instrumento de democratização educacional.

E esse desafio é tão mais urgente quanto esta nova tendência que vai se hegemonizando tem uma proposta de efetivação, enquanto as correntes públicas não têm conseguido furar o bloqueio, por vezes até vindo do próprio governo, preposto às suas alternativas.

Nesse sentido, essa última modalidade de discurso aproveita-se da omissão do Estado em tornar realidade a política educacional expressa na Constituição e o aponta como atrasado, inerte, pesado, burocrático, centralizado, apontando a incorporação do moderno mais moderno junto a si.

Afora a autodemonstração como paradigma, isto é, o privado moderno como modelo do público, não se pode deixar de considerar as possibilidades de uso do mercado como fonte, não de captação de recursos, mas de venda de produtos educacionais. Afinal, justificam-se, produzimos o melhor, o mais avançado e a um custo inferior que o custo propiciado pelo Estado.

Em que pese a legitimidade de crítica a um Estado centralizador e opressivo, em que pese a generalização de modernidade à rede privada, já houve tempo em que a busca do melhor não era só no exterior. Lembremonos do Colégio Pedro II, ao qual se atribuía e se reconhecia o melhor ensino do país.

Nesse sentido, a recuperação da escola pública como paradigma não passa mais e somente pela democratização da rede física e da gestão. Passa também pela incorporação, produção e domínio, no próprio ato da transmissão, daquilo que muitos produzem e poucos consomem.

Ora, o desmantelamento do Estado, uma força propulsora da própria modernização em países como o nosso, e a difusão do neoliberalismo como justificativa da inegável crise pela qual passa o Estado terminam por consagrar de vez desigualdades sociais que, na educação, se manifestam de modo cada vez mais profundo.

A tarefa da democratização escolar, no Brasil, como tarefa de educadores identificados com a escola pública, não será tão só a negação e a crítica da situação existente. Agora, mais um desafio se levanta: como introduzir a educação escolar pública no espaço da modernidade e dominar com compromisso e competência os recursos que a tecnologia vai disseminando na área da produção e do consumo.

Finalmente, gostaria de advertir que a crise pela qual vêm passando os diferentes modos de ser do Estado nos impõe a tarefa de tornar a crítica, vê-la em suas dimensões reais e elaborar um discurso que implique a presença do Estado e sua necessária redefinição, em termos de valorização de políticos educacionais cujo efeito seja a própria democratização do Estado.

Referências

ASSOCIAÇÃO BRASILEIRA DE ESCOLAS SUPERIORES CATÓLICAS (ABESC). ASSOCIAÇÃO CATÓLICA (AEC). Para uma sociedade participativa: novas diretrizes da Educação. Brasília, 1988. Mimeografado.

ANASTASSAKI, Basile. Declaração à imprensa. *Estado de Minas*, Belo Horizonte, 5 set. 1989.

ANASTASSAKI, Basile. Declaração à imprensa. *Jornal do Brasil*, Rio de Janeiro, 26 jul. 1990.

BOBBIO, Norberto. *Estado, governo, sociedade: para uma teoria geral da política*. 2. ed. Rio de Janeiro: Paz e Terra, 1987.

BRASIL. Conselho Federal de Educação. Subsídios à Assembléia Nacional Constituinte: propostas e reivindicações dos educadores. Brasília: MEC, 1987. Mimeografado. Capítulo: Esboço de normas para a Constituição.

BRASIL. Congresso Nacional. Lei de Diretrizes e Bases da Educação Nacional: texto aprovado na Comissão de Finanças e tributação. Brasília, 1990. Mimeografado.

BRASIL. Leis, Decretos. Constituição da República Federativa do Brasil – 1988. Brasília: MEC, 1989.

BRASIL. Lei n° 4.024/61. In: SCHUCH, Victor F. (Org.). Legislação mínima da Educação no Brasil. Porto Alegre: Sagra, 1986.

BRASIL. Lei n° 5.692/71. In: SCHUCH, Victor F. (Org.). Legislação mínima da Educação no Brasil. Porto Alegre: Sagra, 1986.

BRITTO, Vera L. F. A. de. Propostas para a Lei de Diretrizes e Bases. Dissertação (Mestrado) – Faculdade de Educação, Universidade Federal de Minas Gerais, Belo Horizonte, 1991.

BUFFA, Esther. Ideologias em conflito: escola pública e escola privada. São Paulo: Cortez e Morais, 1979.

CAMARGO, José Aurélio. Declaração à imprensa. *Folha de São Paulo*, São Paulo, 5 jul. 1990.

CAMARGO, José Aurélio. Declaração à imprensa. *Folha de São Paulo*, São Paulo, 4 ago. 1991.

CONFERÊNCIA NACIONAL DOS BISPOS DO BRASIL (CNBB). Educação no Brasil: uma urgência. *Revista de Educação AEC*, Brasília, v. 19 n.75 [encarte], abr./jun. 1990.

CUNHA, Luiz Antônio. *As esferas públicas e privada como temas indutores da pesquisa educacional*. Rio de Janeiro, s.d. Mimeografado.

CUNHA, Luiz Antônio. *Cidadania republicana e educação: uma questão democrática no Governo Provisório do marechal Deodoro e no congresso Constituinte de 1890-1891*. Belo Horizonte, 1991.

CUNHA, Luiz Antônio. Escola particular x escola pública. *Revista ANDE*, São Paulo, v. 1, n. 2, p. 30-34, 1981.

CUNHA, Luiz Antônio. *Ideologia e educação brasileira: católica e liberais, 1930-1935*. 4. ed. São Paulo: Cortez; Autores Associados, 1988.

CURY, Carlos Roberto J. *Cidadania Republicana e Educação: governo provisório do Mal. Deodoro e o Congresso Constituinte de 1890-1891*. Rio de Janeiro: DP&A, 2001

CURY, Carlos Roberto J. O atual discurso dos protagonistas das redes de ensino. In: CUNHA, Luiz Antônio (Org.). *Escola pública, escola particular e a democratização do ensino*. São Paulo: Cortez: Associados, 1985.

DORNAS, Roberto. Declaração à imprensa. *Estado de Minas*, Belo Horizonte, 14 ago. 1990.

DORNAS, Roberto. *Escola particular. Necessidade política, social e filosófica*. Salvador: Sindicato dos Estabelecimentos Particulares de ensino da Bahia, 1989.

FEDERAÇÃO NACIONAL DOS ESTABELECIMENTOS DO ENSINO (FENEN). Constituintes e FENEN Belo Horizonte. [s.d.].

FEDERAÇÃO NACIONAL DOS ESTABELECIMENTOS DO ENSINO (FENEN). Declaração à imprensa. *Estado de Minas*, Belo Horizonte, 26 out. 1986.

FEDERAÇÃO NACIONAL DOS ESTABELECIMENTOS DO ENSINO (FENEN). Declaração de Brasília, 1987. Mimeografado. [texto final do XXI Congresso Nacional dos Estabelecimentos Particulares de Ensino, CONEPE].

FEDERAÇÃO NACIONAL DOS ESTABELECIMENTOS DO ENSINO (FENEN). Declaração de Florianópolis. Florianópolis, 1985. Mimeografado [texto final do XX CONEPE – Congresso Nacional dos Estabelecimentos Particulares de Ensino]

FEDERAÇÃO NACIONAL DOS ESTABELECIMENTOS DO ENSINO (FENEN). Nota à imprensa. *Estado de Minas*, Belo Horizonte, 24 nov. 1989.

GADOTTI. Moacir. *Uma só escola para todos: caminhos da autonomia escolar*. Petrópolis: Vozes, 1990.

GRAMSCI, Antonio. *Literatura e vida nacional*. Rio de Janeiro: Civilização Brasileira, 1978.

HORTA, José Silvério B. As diferentes concepções de "diretrizes e bases" e a questão nacional na história da educação brasileira. *Cadernos ANPED*, Rio de Janeiro, n. 2, p. 5-14, abr. 1989.

MANIFESTO do Sindicato dos Estabelecimentos de Ensino do Estado de São Paulo. *Estado de Minas*, Belo Horizonte, 2 out. 1986.

MANIFESTO dos colégios católicos mineiros. *Jornal de Casa*, Belo Horizonte, set. 1987.

MAGALHÃES, Luiz Eduardo C. Ainda a antiga questão do preço das mensalidades escolares. *Gazeta Mercantil*, São Paulo, 1990. [Reprog.]

MARQUES JÚNIOR, Rivadávia. *Política educacional republicana: o ciclo da desoficialização do ensino.* Tese (Doutorado) – Faculdade de Filosofia, Ciências e Letras, Universidade Estadual Paulista, Araraquara, 1967.

NACCARATO, Miguel. Argumentando em favor da escola pública e gratuita. *Revista de Educação AEC*, v. 15, n. 59, jan./mar. 1986.

NOGUEIRA, Maria Alice. O atual discurso dos protagonistas da rede de ensino. In: CUNHA Luiz A. *Escola pública, escola particular e a democratização do ensino.* São Paulo: Cortez; Autores Associados, 1985.

OLIVEIRA, Romualdo L. P. *Educação e sociedade na Assembléia Constituinte de 1946.* Mestrado (Dissertação) – São Paulo, 1990.

PINHEIRO, Maria Francisca S. *O público e o privado na educação brasileira: um conflito na constituinte (1987-1988).* Brasília, 1991.

PRADO, D. L. de Almeida. Ensino público pago. *Jornal do Brasil*, Rio de Janeiro, 30 abr. 1991.

RHODEN, João Cláudio. *A escola particular no Brasil de 1935 a 1980: suas possibilidades e limites de atuação hoje frente à necessidade da democratização do ensino.* Porto Alegre, 1985. Dissertação (Mestrado) – Faculdade de Educação, Universidade Federal do Rio Grande do Sul, Porto Alegre, 1985.

ROCHA Marcos. B. M. *Educação conformada: a política pública de educação: 1930-1945.* Dissertação (Mestrado) – Instituto de Filosofia e Ciências Humanas, Universidade Estadual de Campinas, Campinas, 1990.

RUFFIER, Guy. Declaração à imprensa. *Folha de São Paulo*, São Paulo, 5 jul. 1990.

SAVIANI, Dermeval. *Educação brasileira: estrutura e sistema.* São Paulo: Saraiva, 1973.

SCHWARTZMAN, Simon. O fantasma do ensino pago. *Folha de São Paulo*, São Paulo, 26 abr. 1991.

SILVA, Eurides B da. Faculdades pagas. *Jornal do Brasil*, Rio de Janeiro, 23 mar. 1991.

VIERA, Layton B. M. Parecer. Minas Gerais, Belo Horizonte, 6 out. 1989. [D.O.E.].

VIEIRA, Sofia. *O público, o privado e o comunitário na Educação.* Fortaleza, 1988. Mimeografado.

Educação e normas jurídicas pós-Constituição Federal de 1998[1]

> *O problema que temos diante de nós não é filosófico, mas jurídico, e, num sentido mais amplo, político. Não se trata de saber quais e quantos são esses direitos, qual é a sua natureza e seu fundamento, se são direitos naturais ou históricos, absolutos ou relativos, mas sim qual é o modo mais seguro de garanti-los, para impedir que, apesar das solenes declarações, eles sejam continuamente violados.*
>
> NORBERTO BOBBIO, *A era dos direitos*

Este pequeno artigo visa tão somente trazer alguns elementos para que o exercício da cidadania, em face da educação, se aproprie dos instrumentos postos à disposição dos interessados pela própria Constituição.

Tal é o caso do mandado de injunção (art. 5º, LXXI) a ser acionado sempre que a falta de norma reguladora torne inviável o exercício de direitos e garantias fundamentais. Também pode vir a ser o caso das formas de participação política através de mecanismos diretos de exercício da soberania popular. Veja-se o caso do referendo, do plebiscito e da iniciativa popular (art. 14, I, II, III).

Indivíduos e organizações podem se conscientizar dessas possibilidades e assim ampliar os espaços de participação política. Muitos desses instrumentos tiveram, no momento da Constituinte, o decidido apoio de múltiplas organizações da sociedade civil e de indivíduos estudiosos do assunto. Trata-se agora de não os esquecer, de torná-los prática efetiva sempre que condições objetivas os façam necessários.

---

[1] Publicado originalmente em: *Revista Universidade e Sociedade – ANDES*, Brasília, v. 4, n. 7, p. 33-35, jun. 1994.

Por outro lado, é necessário que a defesa da universidade, até mesmo como mecanismo de autodefesa, se associe à luta pela plena universalização do ensino fundamental.

No Brasil, país herdeiro de uma tradição escravocrata, de uma mentalidade empresarial patrimonialista e de um passado religioso contrarreformista, a educação serviu muito mais como discurso ideológico do que como prática política emancipatória (ainda que dentro dos padrões consensuais do Iluminismo).

Isso impediu tanto a efetivação da educação básica, proclamada desde a Constituição de 1934, como suporte de cidadania, quanto sua presença como fator de qualificação para o trabalho.

Se desde meados da década de 1970 o pensamento crítico vem marcado pela educação como instrumento de cidadania, data da década de 1980 a aceleração da consciência do papel estratégico da educação em face dos processos de globalização econômica e à introdução da informática e da robótica nos processos produtivos.

Hoje, a tarefa de assumir com responsabilidade os papéis emancipatórios da educação se defronta com a necessidade da efetivação do direito ao saber.

E, dentre os múltiplos mecanismos capazes de tornar efetivos os direitos proclamados e assumidos constitucionalmente, se incluem aqueles trazidos pela área do Direito.

O conhecimento de tais mecanismos é hoje instrumento assaz importante para a democratização escolar.

Ou, como nos diz Comparato (1989, p. 99):

> Observamos que, se o poder do Estado serve, utilmente, para a defesa da pessoa humana, notadamente pela ação do Judiciário, não é menos exato que a violação desses direitos tem sido praticada, largamente, por agentes estatais. Donde a necessidade de estabelecer mecanismos eficazes de controle do poder do Estado, em todos os níveis. Essa foi a idéia central de Montesquieu. Para ele, o único antídoto eficaz ao abuso do poder é a instituição de contrapoderes adequados. Só poder controla o poder, nem a moral e nem o direito.

Do ponto de vista constitucional, uma série de princípios fundamentais foi assumida em função de uma coesão social equitativa, como é o caso do artigo 3º, III.

Em nome desse artigo e de muitos outros (ainda que fora do capítulo próprio da educação), pode-se fundamentar uma luta coerente em prol da universalização da educação escolar. Tal é também o caso dos artigos 1º, 6º e 227. São prescrições de prestações positivas, nelas concluída a educação, que visam à equidade social.

Mas é no capítulo específico sobre a educação que se pode amealhar orientações para uma efetividade tida como realização de direitos expressos.

A associação entre o artigo 205, *caput*, e o artigo 208, I, talvez seja uma das únicas que enfaticamente se singulariza por indicar um direito (a educação) como direito subjetivo e como direito público ao mesmo tempo, sem deixar de prever um dever jurídico, exigível do Estado, que garante que o titular do direito o desfrute imediatamente (cf. parágrafos 1º e 2º do art. 208). É evidente que essa associação entre declaração e sanção põe à mão do titular instrumentos maiores de defesa do seu direito.

Ora, por efeito do princípio de recepção, pode-se então invocar complementarmente a Lei nº 1.079 de 10 de abril de 1950, que recentemente se tornou famosa por ter possibilitado o processo de *impeachment* do então presidente Fernando Collor.

Assinada durante o mandato do marechal Dutra, ela define os crimes de responsabilidade política e regula o respectivo processo de julgamento. No caso específico, o artigo 4º define como crime de responsabilidade aquele em que a autoridade venha a atentar contra "o exercício dos direitos políticos, individuais e sociais". Já o artigo 14 da mesma lei permite a qualquer cidadão denunciar as autoridades por crime de responsabilidade perante a Câmara dos Deputados.

Desta maneira, o dispositivo constitucional ganha especificidade e tem em uma lei de 1950 o instrumento jurídico capaz de mediar a clareza com que o constituinte definiu a exigibilidade imediata do direito à educação fundamental.

Mas poder-se-ia invocar o artigo 5, LXXI. Através dele, constatada a falta de uma norma reguladora que especifique o exercício de um direito líquido e certo, cabe a concessão do mandato de injunção. Mas parece não ser esse o caso da educação escolar básica.

Ora, isso é uma grande novidade em nosso ordenamento jurídico-constitucional, de vez que até agora (e desde as propostas de reformas educacionais do Império) a família era responsabilidade no caso de manter os filhos, em idade própria, fora da escola, como também a Constituição de 1969 previa a possibilidade de intervenção em municípios que não aplicassem 20% do orçamento em educação. Note-se que o artigo 35, II, da atual Constituição mantém idêntico dispositivo.

A conclusão é muito simples: o Estado (no caso, as unidades federadas e os municípios) tem o dever de garantir um direito meridianamente expresso, e nada obsta que cidadãos lesados movam contra ele uma ação judicial tendente a preencher um direito público subjetivo.

Com efeito, se o artigo 205 implica a família no dever de educar, e se o artigo 229 o reforça, isso só vem confirmar uma tradição jurídica no país.

Antes da Constituição de 1988, o Código Penal de 1940, através do artigo 246, só incriminava a família através da figura do "crime de abandono intelectual". Em reforço a tal dispositivo pode-se acrescentar a leitura do artigo 384 do Código Civil e os artigos 53 a 56 do Estatuto da Criança e do Adolescente.

Proclamado solenemente o direito à educação, colocados à disposição dos titulares do direito os meios para sua realização, vejamos como a Constituição prevê a ordenação sistemática, a fim de que o cumprimento de tal dever não se faça aleatoriamente.

Em primeiro lugar, a Constituição define prioridades urgentes na efetivação da educação (cf. art. 208 e art. 212, parágrafo 3º). Se a educação escolar obrigatória é o dever mais urgente, isso não significa que tudo o mais deixa de ter importância para o desenvolvimento do país.

A Constituição prevê domínios de atuação para as diferentes esferas do Estado. Por exemplo, a elaboração da Lei de Diretrizes e Bases da Educação Nacional (LDB) é de competência privativa da União (art. 22, XXIV). Isso quer dizer que há dimensões da educação que são de abrangência nacional, um momento em que a questão federativa se rege mais pela União do que pelas unidades federadas. E o mesmo se pode dizer de regulamentações expressas que especifiquem, como por exemplo, o artigo 207 (autonomia universitária).

Se os meios de acesso à educação devem envolver Estados, municípios e União (cf. art. 23, V), a legislação concorrencial (isto é, Lei de Diretrizes e Bases) pode e deve ser elaborada pelos Estados (mas não pelos municípios) e pela União (cf. art. 24, IX). E é por isso mesmo que o artigo 211 impõe o regime de colaboração entre as três esferas de governo, ressalvadas suas competências básicas.

Se à União cabe a manutenção de uma rede própria (tradicionalmente o conjunto das universidades federais e escolas técnicas federais), cujo âmbito só será posto pela legislação infraconstitucional, cabe aos municípios a atuação prioritária no ensino fundamental e pré-escolar.

Os Estados, no caso de sua autonomia, se regem pelo artigo 25 e atuam no sentido da oferta do ensino fundamental e médio.

Mas a Constituição prevê meios financeiros que possam dar suporte material à determinação legal (cf. art. 212), mas esses recursos também não podem ser gastos aleatoriamente. Se o Estado interfere (cf. o dispositivo da obrigatoriedade, por exemplo), deve contrapor a isso a organicidade (ao lado, evidentemente, da gratuidade).

E o Plano Nacional de Educação (art. 214) é o meio estratégico capaz de dar essa organicidade e articulação necessárias ao cumprimento dos dispositivos constitucionais relativos aos deveres do Estado para com a educação. A desvinculação de recursos constitucionalmente postos a serviço da educação, quando havida (todo o Império, toda a Velha República, todo o Estado Novo e de 1967 a 1983), não nos permite dizer de um passado confiável. Por isso a defesa da vinculação deve vir acompanhada sempre da exigência de um plano nacional democraticamente discutido, controlado e avaliado.

Esse conjunto de princípios, finalidades, garantias, diretrizes e meios definem o compromisso do Estado em face da educação. Não resta dúvida de que a garantia do acesso universal à educação fundamental é um dever fundante. Mas ampliar a democratização do ensino médio, possibilitar o acesso à educação superior (agora ampliado pela gratuidade em todas as instituições oficiais) constituem outros tantos deveres.

E a Constituição Federal de 1988 faz acompanhar tal conjunto de mecanismos jurídicos que o viabilize ora imediata, ora mediatamente.

Entre outros já citados, cumpre assinalar o controle do Estado, na área educacional através da gestão democrática da educação como princípio de administração pública (cf. art. 206, VI e art. 198, III, por similitude).

Entretanto, desse conjunto de dispositivos, de diferentes ordens, uns são rigorosamente autoaplicáveis, com mecanismos jurídicos asseguradores e sancionáveis de direitos que devem ser prontamente desfrutados pelos seus titulares. E entre esses mecanismos pode-se assinalar a existência de meios operacionais e financeiros.

Tal é a importância do acesso ao ensino básico e da gratuidade nas instituições públicas.

Outros, conquanto claros e até mesmo sancionáveis, dependem de fatores econômicos e políticos, como é o caso da progressiva oferta de ensino médio (hoje cada vez mais necessário e urgente em decorrência dos novos processos produtivos e da ampliação da participação política).

Há dispositivos que certamente contemplam interesses (por exemplo, das instâncias de administração pública), mas cuja satisfação padece de normas infraconstitucionais, como é o caso da operacionalização da organização da educação nacional.

Outros são normas programáticas, que indicam fins e princípios que devem ser considerados quando se fixarem programas concretos de ação.

Se as exigências trazidas pelas novas tendências põem em questão o papel omninclusivo assumido pelo Estado como alavanca única de um desenvolvimento assentado na substituição das importações, torna-se absolutamente preocupante a ausência do Estado em áreas onde ele já deveria estar há muito tempo.

Entretanto, o abandono do princípio keynesiano de intervenção do Estado também nas áreas clássicas torna-se perverso, por aprofundar desigualdades sociais e disparidades regionais.

Ao insistir exclusivamente no desafio do ensino fundamental, mas opondo-se à educação superior pública como tarefa do Estado, o discurso neoliberal pode reduzir ainda mais o parque científico-universitário, e com ele a própria autonomia nacional.

De todo modo, torna-se importante conhecer estes novos mecanismos postos à disposição dos sujeitos titulares de direitos relativos à educação a fim de que, no seu exercício, se pratique a dimensão democrática da gestão pública da educação.

REFERÊNCIAS

BARROSO, Luís Roberto. *O direito constitucional e a efetividade de suas normas*. Rio de Janeiro: Renovar, 1990.

BENEVIDES SOARES, Mari Victória Mesquita. *A cidadania ativa*. São Paulo: Ática, 1991.

BOBBIO, Norberto. *A era dos direitos*. Rio de Janeiro: Campus, 1992.

CÓDIGO CIVIL BRASILEIRO. São Paulo: Saraiva, 1986.

CÓDIGO PENAL BRASILEIRO. Decreto-Lei nº 2848, de 7 de dezembro de 1940.

CONSTITUIÇÃO DA REPÚBLICA FEDERATIVA DO BRASIL. 1988. Brasília, MEC, 1989.

COMPARATO, Fábio Konder. Direitos humanos e Estado. In: RIBEIRO FESTER, A. C. *Direitos humanos e ...*. São Paulo: Brasiliense, 1989.

CUNHA, Luiz Antônio. *Educação, Estado e democracia no Brasil*. São Paulo: Cortez, 1991.

CURY, Carlos Roberto Jamil. A educação e a nova ordem constitucional. *ANDE – Revista da Associação Nacional de Educação*, São Paulo, n. 14, 1998, p. 5-11.

FREITAG. Bárbara. *Escola, Estado e sociedade*. São Paulo: Edart, 1977.

MELCHIOR, J. C. A. *A política de vinculação de recursos públicos e o financiamento da educação no Brasil*. São Paulo: FEUSP, 1981. (Série Estudos e Documentos.)

MELCHIOR, J. C. A.; VELLOSO, J.; SOUZA, A. M. *O financiamento da educação no Brasil e o en sino de primeiro grau*. Brasília: SEB-MEC-BIRD, 1988.

PAIVA, Vanilda. Produção e qualificação para o trabalho. In: FRANCO, M. L.; ZIBAS, D. *Final de século: desafios da educação na América Latina*. São Paulo: Cortez; Brasília: CLACSO, 1990.

PINHEIRO, Maria Francisca. *O público e o privado na educação brasileira: um conflito na Constituinte de 1987-88*. Tese (Doutorado em Sociologia) – Universidade de Brasília, Brasília, 1991.

SISTEMA educacional e novas tecnologias. *Tempo Brasileiro*, Rio de Janeiro, abr./jun. 1991.

SOARES, Renato Viana. *A educação na Constituição de 1988*. Dissertação (Mestrado) – Programa de Pós-Graduação em Educação, Universidade Federal Espírito Santo, Vitória, 1990.

Lei de Diretrizes e Bases e perspectivas da educação nacional[1]

> *Aquela criança era, certo, um aleijão estupendo. Mas um ensinamento. Repontava, bandido feito, à tona da luta, tendo sobre os ombros pequeninos um legado formidável de erros. Nove anos de vida em que se adensavam três séculos de barbárie. Decididamente era indispensável que a campanha de Canudos tivesse um objetivo superior à função estúpida e bem pouco gloriosa de destruir um povoado dos sertões. Havia um inimigo mais sério a combater, em guerra mais demorada e digna. Toda aquela campanha seria crime inútil e bárbaro, se não se aproveitassem os caminhos abertos à artilharia para uma propaganda tenaz, contínua e persistente, visando trazer para o nosso tempo e incorporar à nossa existência aqueles rudes compatriotas retardatários.*
>
> EUCLIDES DA CUNHA, *Os sertões*

À guisa de introdução

A retrospectiva a um momento em que Euclides da Cunha expressa sua restrição à barbárie que foi a "missão de Canudos" e sua posição em favor da incorporação dos "rudes retardatários" ao estado positivo de uma civilização que, para sobreviver, se julgava ainda no direito de "destruir", deve ser um

---

[1] Publicado originalmente em: *Revista Brasileira de Educação*, Rio de Janeiro, n. 8, p. 72-85, maio/ago. 1998.

motivo de reflexão de nossa parte. Também, há cem anos, as elites mineiras criavam uma capital feita para incluir funcionários, artesãos e operários, ainda que no seu traçado a expressão da lógica interna da separação entre "uns" e "outros" seja manifesta. A incorporação tem seu contraste ora no que hoje se chama exclusão, ora na famosa aversão de nossas elites ao conflito social. O modo assinalado por Euclides da Cunha para fazer essa incorporação é um retrato fiel da maneira pedagógica como as elites brasileiras vieram tratando da educação básica: caráter excludente, autoritário ou então seletivo e controlador.

Será que a nova Lei de Diretrizes e Bases nos dá novas perspectivas?

Para ensaiar algumas tentativas de resposta, é preciso entender o texto aprovado, em primeiro lugar, como texto que objetiva dizer algo. Algo que está no horizonte de uma certa intencionalidade. Nesse caso há que se tentar um certo grau de despimento de intencionalidades próprias, a fim de apreender aquela outra intencionalidade.

É o que tentarei fazer, sem ignorar que este texto é um intertexto na medida em que é cruzado por diversas intencionalidades, das quais umas são recessivas, outras abafadas em face da intencionalidade dominante que lhe dá o perfil. Pode ser que, neste cruzamento de intencionalidades, não só se possa ver-se numa delas, como descobrir em outras aspectos nem sempre vislumbrados.

1

Uma lei, *quando discutida*, põe em campo um embate de forças e traz portanto consigo uma série de expectativas e até mesmo de esperanças válidas para todos os sujeitos interessados.

Se aprovada, gera adesão imediata nos que apostaram em tais expectativas. Para os que não apostaram nestas, resta o caminho de uma crítica que se ofereça como alternativa criadora sob a qual está posta a possibilidade de uma mudança para o futuro a partir do presente.

Em ambos os casos, o caminho, por sinal íngreme, se inicia com o estudo minucioso do (inter)texto da lei.

Uma lei, *quando aprovada*, tem um "poder fático". Ela é um fato que se impõe, pela democracia representativa, em um estado democrático de direito. Nessa medida, ela institui-se como um campo de referência, de significação e de obrigação.

Instala-se, então, um processo ascético para quem teve suas expectativas frustradas. Para estes, a imperatividade da lei se impõe como conformidade crítica. Há uma diferença substancial entre conformar-se e oferecer adesão.

Na adesão o sujeito e o objeto interagem, por assim dizer, no mesmo diapasão. Já a conformidade crítica, diferentemente de uma postura imobilista ou iconoclasta, exige, entre outras coisas, uma comunhão menor entre o sujeito e o objeto. Pela imperatividade legal o sujeito se conforma dentro das regras do jogo democrático, mas pela criticidade ele se distancia para ver o objeto em planos diferentes. Como regra, a conformidade crítica, superando maniqueísmos, leva a sério o corpo da lei, distinguindo seus pontos virtuosos e viciosos. A lei torna-se um desafio.

O desafio inerente à efetivação de qualquer lei, no caso da Lei de Diretrizes e Bases da Educação Nacional (LDB), se potencializa pelos rumos diferentes e divergentes que tomaram os dois projetos parlamentares que buscaram consubstanciá-la desde as origens de cada qual.

2

A LDB, através de suas expressões legais diferenciadas, ao longo de momentos histórica e politicamente diversos, sempre expressou problemas complexos, dos quais podemos, entre outros, apontar os seguintes núcleos:

2.1

O caráter nacional da lei em face da autonomia real ou presumida dos estados-membros da Federação. O Brasil como República Federativa, embora tenha optado em 1988 por uma república por cooperação entre outros membros federativos, sofre as consequências de um modelo tradicionalmente hierárquico ou dual em que a Federação serve de disfarce para o caráter imperial do Executivo, seja no aspecto político, seja no fiscal e tributário. O campo dos limites mútuos é problemático.

2.2

O caráter nacional como questão político-antropológica. De alguma maneira, uma lei nacional nos coloca diante de temas polêmicos como o da integração em face das diferentes matrizes étnicas que compõem a nossa formação histórica, como o de uma base curricular nacional.

2.3

O caráter polêmico das fronteiras entre o ensino público e o privado. Tratando-se de uma lei nacional e do fato de a escola regular ser a que está *sub lege*, impõe-se a questão dos limites da liberdade de ensino em face do poder (hoje) autorizatário ou mesmo (ontem) concedente do Estado nessa matéria. A situação atual torna-se mais complexa em razão da temática posta por organizações não governamentais, sem fins lucrativos e outras denominações postulantes de um *tertius datur*.

2.4

O caráter provocativo da temática da igualdade. A igualdade perante a lei, a igualdade de oportunidades, a de condições, a de resultados se choca com um país marcado historicamente pelo profundo grau de desigualdade social. Assinalar a democratização na qualidade de acesso é pôr em evidência o quanto se tem a caminhar no âmbito das políticas educacionais.

Em um país como o nosso, nenhuma LDB aprovada fugiria do enfrentamento, mais ou menos abrangente, desses núcleos problemáticos. A história da nossa educação o comprova, ressalvados os respectivos contextos.

A trajetória dos dois projetos, pouco convergentes entre si em suas matrizes básicas, quando se viram frente a frente, acelerou o caráter ígneo desses quatro núcleos, forçando obrigatoriamente a uma comparação entre ambos. A marca tendencialmente analítica de um (Câmara) e a tendencialmente sintética de outro (Senado) traduzem concepções diferenciadas no modo de compreender e de efetivar políticas educacionais.

3

A LDB aprovada não é – como também as outras não foram – um texto, mas um intertexto. Ao final, a lei aprovada acabou por conjugar diferentes vozes com distintas potências. As vozes dominantes, as recessivas, as abafadas e as ausentes que a constituem continuam sendo uma "rede intertextual" a ser lida e reconstruída. De seu movimento correlativo participam diferentes intencionalidades presentes na prática social e nas referências legais identificadoras de cada projeto. A voz da ausência é também um modo de se fazer presente e de se fazer ouvir em outra dimensão.

O texto aprovado, cumpre vê-lo como um intertexto cujo jogo de vozes não chega a compor uma melodia harmônica. Nele há como que uma contenda que se expressa nas vozes circulantes e contraditórias do intertexto. Afinal, essas vozes cantam valores diferentes, e os sons por elas emitidos não são uníssonos.

Fica, pois, em aberto a possibilidade de múltiplos sons e vários cantares a partir das várias vozes na LDB.

4

O dispositivo que encerra a LDB é muito expressivo. A escritura do artigo 92,[2] ao revogar tudo quanto se lhe antecedeu em matéria de educação, é antes de tudo um símbolo. Não se trata de avaliar o instituto jurídico da recepção. Modesto ou imodesto, o dispositivo parece apontar a lei como o início de um novo espaço sob um novo tempo. A lei estaria se propondo a ser uma espécie de marco zero da história?

Não há dúvida de que estamos diante de uma lei extremamente mudancista, restando avaliar em que medida estas e quais mudanças são inovadoras.

5

Apesar de possuir um texto cuja redação contém, do ponto de vista da técnica jurídica, expressões discutíveis e, do ponto de vista do vernáculo, outras tantas, a LDB tem eixos muito claros e coerentes. São pontos marcantes e tipificadores da Lei, mas que não podem ser vistos sem os seus contrapontos.

5.1

O eixo da *flexibilidade* é o primeiro ponto e pode ser visto nas seguintes direções:

5.1.1

descentralização das competências: artigos 9º + 16; 10 + 17; 11 + 18;

5.1.2

desregulamentação de controles cartoriais: artigos 11, 12 e 13; e autonomia das instituições, proposta pedagógica e registro de diplomas, fim de currículos mínimos, entre outros;

5.1.3

desescolarização: artigo 24, II, c; 1º; 42; 38, § 2º.

O contraponto da flexibilidade é dado pela *regulamentação* a cargo dos órgãos normativos e das instâncias competentes pela interpretação dos artigos. A lei prevê campos e setores de regulamentação mínima indispensável

---

[2] Todas as seções citadas da Lei de Diretrizes e Bases encontram-se reproduzidas em Anexo ao final do presente artigo. (N. E.)

abaixo da qual não se pode falar nem em lei e muito menos em lei nacional. É o caso dos duzentos dias letivos mínimos e as oitocentas horas. Essa regulamentação, tal como se pode ver, por exemplo, nos artigos 4º, 5º, 24, 26, 27, 46, 55, além de todo o título VII (recursos financeiros). Essa regulamentação não se opõe à desregulamentação burocrática citada anteriormente. Mas a lei repousa em uma vaguidão genérica, exigindo um competente apoio jurídico como intérprete da lei e a ousadia da autonomia. A flexibilidade não pode ser confundida nem como desregulamentação do direito à educação, nem com a vaguidão assinalada. A flexibilidade desburocratizante é positiva e efetivada pela autonomia institucional. Mas a vaguidão pode ser um convite para a oclusão dos vácuos através de medidas oficiais, nem sempre tramitadas pelos órgãos colegiados e normativos ou mesmo estabelecidas por estes, que acabam por reduzir a própria flexibilidade ou retornar a esquemas engessadores.

A dialética da flexibilidade é a coexistência de contrários. Ela é convite à criatividade que alça o voo liberto da desregulamentação cartorial e burocrática, através da autonomia escolar e sua respectiva proposta pedagógica. Afirmativa, essa vertente da flexibilidade como princípio da desconstrução da heteronomia deve ser vista como positiva e não pode significar um medo à liberdade. Mas ela é também vertigem na medida em que pode se tornar um risco de descompromisso. A descentralização "para baixo" é também possibilidade de acobertamento da *precariedade* dos sistemas. A precariedade como ausência de condições objetivas e adequadas para um salto de qualidade permite, através da fraseologia "moderna" ou "pós-moderna", a ocultação e o aprofundamento do fosso entre escolas de "primeiro mundo". Essas últimas, situadas em áreas e zonas onde a pobreza se cruza com a inorganização, compõem-se de pauperizados, excluídos e marginalizados. Na última hipótese, o deslocamento de responsabilidades "para baixo" e o descompromisso de dever do Estado provocam o risco de manutenção da dualidade e de seu aprofundamento. A precariedade, no Brasil, tem existência histórica e produz consequências efetivas. Ela não pode ser tomada nem como um "álibi estrutural" destinado a justificar a ausência da função específica da escola, nem como um modo de deslocar a responsabilidade de fracassos exclusivamente para o interior da escola. A desconstrução da precariedade não pode ser imputada, por exemplo, aos municípios, ignorando-se a história da produção da própria precariedade. Essa forma de se entender a flexibilidade rarefaz ainda mais o que já era precário e abre espaço para deslocar em direção das comunidades e dos indivíduos a responsabilidade das mazelas educacionais e por consequência (desviante) sua superação.

Resta ainda saber se, além da precariedade, não será lícito perguntar sobre uma possível *improvisação*. Não é incomum que, em reformas consentidas ou não, sejam educacionais ou de outra área, a figura da improvisação apareça quer sob a forma de despreparo, quer sob a forma de ausência de condições objetivas e subjetivas, quer sob a forma da pressa. A improvisação produz resultados dramáticos. Nesse caso, não será impróprio afirmar que a magnitude da mudança postulada pela flexibilidade acabe por significar a manutenção do estabelecido sob outras formas.

5.2

O eixo da *avaliação* é o segundo ponto. Ele vai da negação de um sistema nacional de educação à afirmação de um sistema nacional de *avaliação*. Esse sistema está literalmente assim nominado no artigo 87, § 3º, IV. A avaliação é o eixo nodal da LDB. Os artigos 8º, § 1º; 9º, VI, VII e VIII; e 67 colocam nas mãos da União um poder tão grande que jamais governo algum o deteve.

Trata-se de um poder inaudito posto nas mãos da União, através de uma avaliação sistêmica, sistemática e externa: do rendimento escolar, das instituições de ensino superior e do desempenho do docente. A LDB fala explicitamente em sistema nacional de avaliação do rendimento escolar do ensino fundamental no artigo 87, § 3º, IV. Trata-se, pois, de algo sistemático e que faz parte da organização da educação nacional. E, ainda que se deva esperar a efetivação do regime de colaboração como um modo de ser da gestão democrática, haverá a presença de avaliadores de um outro ente federativo.

A avaliação do rendimento escolar tem a ver basicamente com os currículos e repõe uma grande importância para estes e com as formas de montá-los.

A avaliação institucional se relaciona com a diplomação possibilitada pelos estabelecimentos credenciados de ensino superior, sua classificação e as condições materiais e culturais exigíveis para tal. Isso quer dizer que essa avaliação atinge o grau de maturidade institucional dos que oferecem esse nível de ensino. A titulação e a qualificação dos professores, sua dedicação ao trabalho, sua produtividade, a presença qualificada e atualizada de bibliotecas, laboratórios, espaços adequados deverão ser submetidos à avaliação, a qual deverá ser publicizada.

A avaliação do desempenho dos docentes será feita pelos entes federativos, de acordo com o artigo 67 da lei. Ela repõe a figura do mérito profissional como caminho de ascensão na carreira, respeitado o princípio do piso profissional constitucionalmente garantido. Mas insinua-se como meio de avaliar resultados obtidos pela prática profissional dos docentes. Tal dispositivo deve ser visto, agora, também pelos encaminhamentos consequentes à emenda já aprovada da reforma administrativa.

O risco possível de um sistema nacional de avaliação associado a uma visão hierárquica de federação é o surgimento de uma avaliação *única, uniforme, centralizada* e *quantitativa*. Ela reengessaria a educação, mas do fim para o começo. Nesse sentido, a avaliação não seria o contraponto da flexibilidade, mas negação desta, na medida em que a superposição daquela sobre esta retiraria dessa última a sua identidade.

O contraponto legal da avaliação é reiteradamente posto na lei: trata-se da *nova qualidade da federação*. Os artigos 1º, 18 e 29/30 da Constituição Federal de 1988, ao darem um novo perfil para a estrutura federativa do país, acarretam consigo a noção de colaboração dos entes federativos entre si e de participação dos interessados. Se essa determinação for seguida, o contraponto do risco assinalado anteriormente possibilitaria a emersão de uma avaliação *única, pluriforme, descentralizada, cooperada* e *qualitativa*.

A favor do risco da primeira modalidade de avaliação se tem a tradição imperial do Executivo, a perda relativa de poderes do Conselho Nacional de Educação e a ausência de competências organizadas e articuladas na área pública no que se refere a um centro de estudos, pesquisas e execução de avaliação da educação.

Se o risco se efetiva, terá surgido um novo controle centralizador só que da ponta para o início. À inversão histórica propiciada pela lei se sobreporia uma mudança do lugar de controle.

A favor do contraponto já há um sem-número de experiências exitosas, sobretudo municipais, que adotaram o regime de flexibilidade com participação da população e qualificação dos professores.

A avaliação tomará rumos diferenciados em um ou outro caso. Mas é preciso destacar que a avaliação não é um fundo colorido dos sistemas de ensino. Ela aparece como seu aspecto mais essencial na LDB. Seria ingênuo, pois, pensar uma avaliação sem consequências. No mínimo a divulgação de resultados acarretará maior ou menor (des)prestígio do estabelecimento ou da instituição. E se a essa dimensão se associar uma premiação ou punição financeiras, então abrir-se-ão as portas para uma competitividade, a qual, se inspirada no jogo de mercado, se traduzirá na traição aos grandes objetivos proclamados da lei.

6

Junto com a afirmação de um sistema nacional de avaliação, há, na lei, pressupostos importantes a se considerar:

6.1

Uma inversão histórica do (não atingido) sistema nacional de educação ao sistema nacional de avaliação. Mudança significativa que flexibiliza a base e o processo da socialização escolar e avalia a saída como novo método de controle. Mas é mudança inovadora? Dá para ignorar a correlação precariedade *versus* flexibilidade e suas previsíveis consequências?

6.2

A mudança no papel do Estado, que, de sujeito direto da função docente na qualidade de lugar da igualdade, passa para um sujeito indireto. Nesse último caso, a chamada não é enfaticamente pela igualdade, mas pela equidade em que o dever do Estado se focaliza em setores eleitos prioritários e estratégicos. E o dever do Estado se acopla com o dever da sociedade. A polissemia do termo sociedade pode ensejar as múltiplas noções de sociedade civil, as organizações não governamentais, bem como as empresas sob sistema contratual de mercado. Também há uma multiplicidade de assinalações da figura do cidadão. Mas não resta dúvida sobre o aparecimento do cidadão como *singulus*. Nesse caso corre-se o risco de fazer preponderar apenas a face do consumidor e do cliente. A falsa oposição entre o *socius* e o *singulus*, sobretudo se considerada a situação de precariedade, desigualdade e disparidade entre regiões e grupos, pode levar ao Estado mínimo lá onde o Estado sequer chegou como Estado. Considerações pragmáticas de ordem econômica sujeitariam a si as funções clássicas do Estado que deveriam ser plenamente preservadas como dever.

A associação entre o cidadão (*civis* e *socius*) e o cliente (*idiós*), sem o recuo do Estado na garantia da educação pública, pode ensejar uma retomada da participação *civil* e relações adultas entre Estado e sociedade nas quais a tônica será a democratização do primeiro, sua consequente desprivatização e a participação da segunda através dos mecanismos da fiscalização e da visibilidade. Por sua vez, a mútua dissociação entre o cidadão e o cliente não só pode ensejar a privatização do Estado e o abandono dos direitos sociais nos grandes centros como também o reforço do clientelismo tradicional nas áreas interioranas.

7

Essas questões evidenciam uma mudança substantiva no papel do Estado. Desde a Revolução Francesa, o Estado se põe na educação como sujeito direto da ação docente, vista esta como serviço público. Melhor: ele é o sujeito docente tendo em vista a integração nacional e a coesão social pelo dever de Estado como *locus* da igualdade e da igualdade de oportunidades, de condições e de resultados. Nesse sentido caminha todo o equipamento relativo à escola única ou mesmo à escola unificada e a prestação universal do serviço.

O que se vê na nova LDB é, em primeiro lugar, uma mudança de concepção: há um relativo afastamento dessa concepção vinda da Revolução Francesa em favor de uma outra visada do Estado em que a noção de igualdade e cidadania cede espaço para a noção de equidade e de idiossincrasia. O impacto de uma visada ou de outra sobre o cotidiano escolar é enorme. A escola democrática, no primeiro caso, tende à escola universalmente garantida para todos em que se destacam a obrigatoriedade, a gratuidade e o regime disciplinar. No segundo caso, trata-se de acolher desigualmente os desiguais. Políticas setoriais ganham relevo sobre as de caráter universalizante. Daí também a dimensão atenuada do controle inicial e processual em favor da flexibilidade na qual o poder controlador do Estado se desloca para a avaliação de resultados e de fins.

Em segundo lugar, no interior dos poderes públicos, há uma espécie de "descida para baixo" na função do dever do Estado. Trata-se da dinâmica descentralizadora. A União redefine suas funções e as repassa para os Estados e estes para os municípios. Essa dinâmica pode-se projetar para a comunidade. A chamada à comunidade é ambivalente: pode expressar tanto a desejável participação e a necessária fiscalização como pode justificar o afastamento da noção de dever do Estado. O cidadão como cliente/consumidor não esgota as dimensões clássicas da cidadania. A dimensão do cliente e do consumidor, novidade trazida pela ênfase na qualidade do produto, não pode ser entronizada do ponto de vista de uma competividade mercadocêntrica de vez que ela é incongruente com a lógica do serviço público.

Há, pois, um retorno ao princípio da subsidiaridade. Um ente hierarquicamente superior ou mesmo diferenciado não deve ocupar as atribuições próprias de um outro diferente ou de um hierarquicamente inferior a ele. É evidente que a subsidiaridade será dirigida pela concepção e pelos termos legais que a definem e daí a assunção dos contornos efetivos.

Pode-se falar em conclusões?

Considerando-se o texto e a simbologia trazida pelo artigo 92, a LDB se vê portadora de uma concepção mudada a propósito da estrutura e funcionamento da educação escolar. Deseja-se um tempo novo, mudam-se muitas coisas e pretende-se a revogação do precedente. O risco está na desconsideração de tudo o que veio antes como se tudo fosse velho e devesse "ir para a lata do lixo". Cairíamos na já denunciada continuidade da descontinuidade administrativa.

Não cabe o apedrejamento da lei da parte dos que viram suas expectativas frustradas. E os que propugnaram pelo texto que se tornou vitorioso não podem idolatrá-lo. A LDB não se encerra em si, pois ela não é tudo na educação escolar.

Há que se considerar antes dela, não só cronológica, mas ontologicamente a Constituição Federal de 1988 e o capítulo de Educação.

Há que se considerar depois dela o dispositivo relativo ao Plano Nacional de Educação e há que se considerar no interior dela as dimensões educacionais cabíveis aos sistemas estaduais e municipais de educação.

Há que se considerá-la como desafio. Desafio é o oposto de fio, fiar (ser fiel), abonar, afiançar e de fiar-se (confiar).

O desafio é uma provocação ao outro, provocação em que o outro é convidado e chamado a uma cantoria em diálogo e em disputa. No desafio, a sucessiva recomposição do tema, em ato e na voz de cada qual, acaba por tomar o tema inicial como ponto de partida para sucessivas mudanças. O desafio não deixa de ser um intertexto e um jogo de vozes.

O desafio, como nas cantorias populares do país, é a perda de fé no outro como alguém absolutamente maior do que eu, como alguém que quer se pôr hierarquicamente acima de mim. O desafio é a chamada prática que, nela mesma, altera o campo do real e dentro dele a própria lei.

A lei aprovada é uma provocação pela possibilidade de recuo do Estado e é uma prova tida como desafio dentro de uma criatividade crítica.

Entretanto, a possibilidade de uma lei de educação "pegar" é diretamente proporcional ao grau de conformação (aceitação sem adesão) e de adesão (aceitação assentida) dado pelo corpo docente. Essa conformação e adesão não serão possíveis sem uma disposição de diálogo entre as autoridades educacionais, as autoridades pedagógicas, comunidade científica e comunidade docente.

Diálogo exige cuidado. Cuidado provém de *cogitare* (*pensar*), que é pensar com zelo ante uma situação que exige cautela. A responsabilidade pela implementação de uma lei exige tudo isso e, em uma expressão, pode ser resumida em corresponsabilidade civil e responsabilização estatal. O passado de reformas educacionais, desse ponto de vista, não recomenda. Logo, é preciso cuidado também no outro sentido de pensar como curar. Curar do peso que ficou nas costas dos docentes de leis que os obrigaram a um fardo que eles não ajudaram a montar, mas que foram obrigados a transportar. No caso da nova lei, a cura deve ser vista como remédio do que veio antes e prevenção para o presente que ora se inicia. Dentro desse desafio há que apontar a formação de docentes.

É preciso haver e acontecer formação. E que essa formação dê conta efetiva das exigências que a nova LDB põe para a educação nacional. Ignorar o passado omisso a esse respeito, ignorar que tal formação não pode ser aligeirada só poderá conduzir a uma nova modalidade de insucesso.

A verdade é que o desafio da educação nacional estava posto, há muito, antes mesmo da guerra de Canudos ou da construção de Belo Horizonte. A "guerra do fim do mundo" e a "urbanização excludente" continuam a ser um sinal de alerta para que a vontade política de democratização da educação à luz do direito se efetive com modernidade, participação e crítica.

Direito à educação:
direito à igualdade, direito à diferença[1]

Num momento em que a cidadania enfrenta novos desafios, busca novos espaços de atuação e abre novas áreas por meio das grandes transformações pelas quais passa o mundo contemporâneo, é importante ter o conhecimento de realidades que, no passado, significaram e, no presente, ainda significam passos relevantes no sentido da garantia de um futuro melhor para todos.

O direito à educação escolar é um destes espaços que não perdeu e nem perderá sua atualidade.

Hoje, praticamente, não há país no mundo que não garanta, em seus textos legais, o acesso de seus cidadãos à educação básica. Afinal, a educação escolar é uma dimensão fundante da cidadania e tal princípio é indispensável para políticas que visam a participação de todos nos espaços sociais e políticos e mesmo para (re)inserção no mundo profissional.

Não são poucos os documentos de caráter internacional, assinados por países da Organização das Nações Unidas (ONU), que reconhecem e garantem esse acesso a seus cidadãos. Tal é o caso do artigo XXVI da Declaração Universal dos Direitos do Homem de 1948. Do mesmo assunto se ocupa a Convenção Relativa à Luta contra a Discriminação no Campo do Ensino de 1960 e o artigo 13 do Pacto Internacional dos Direitos Econômicos, Sociais e Culturais de 1966.

Mais recentemente temos o documento de Jomtien, que abrange os países mais populosos do mundo. São inegáveis os esforços levados adiante pela Organização das Nações Unidas para a Educação, a Ciência e a Cultura (UNESCO) no sentido da universalização do ensino fundamental para todos e para todos os países.

Mas, como se trata de um direito reconhecido, é preciso que ele seja garantido e para isso a primeira garantia é que ele esteja inscrito em lei de caráter nacional.

---

[1] Publicado originalmente em: *Cadernos de Pesquisa da Fundação Carlos Chagas*, São Paulo, n. 116, p. 245-262, jul. 2002.

O contorno legal indica os direitos, os deveres, as proibições, as possibilidades e os limites de atuação, enfim: regras. Tudo isso possui enorme impacto no cotidiano das pessoas, mesmo que nem sempre elas estejam conscientes de todas as suas implicações e consequências.

Segundo Bobbio (1992, p. 79-80), a existência de um direito, seja em sentido forte ou fraco, implica sempre a existência de um sistema normativo, onde por "existência" deve entender-se tanto o mero fator exterior de um direito histórico ou vigente quanto o reconhecimento de um conjunto de normas como guia da própria ação. A figura do direito tem como correlato a figura da obrigação.

Certamente que, em muitos casos, a realização dessas expectativas e do próprio sentido expresso da lei entra em choque com as adversas condições sociais de funcionamento da sociedade em face dos estatutos de igualdade política por ela reconhecidos. É inegável também a dificuldade de, em face da desigualdade social, instaurar um regime em que a igualdade política vá acontecendo no sentido da diminuição das discriminações. Além disso, muitos governos proclamam sua (in)capacidade administrativa de expansão da oferta em face da obrigação jurídica expressa.

É por estas razões que a importância da lei não é identificada e reconhecida como um instrumento linear ou mecânico de realização de direitos sociais. Ela acompanha o desenvolvimento contextuado da cidadania em todos os países. A sua importância nasce do caráter contraditório que a acompanha: nela sempre reside uma dimensão de luta. Luta por inscrições mais democráticas, luta por efetivações mais realistas, luta contra descaracterizações mutiladoras, luta por sonhos de justiça. Todo o avanço da educação escolar além do ensino primário foi fruto de lutas conduzidas por uma concepção democrática da sociedade em que se postula ou a igualdade de oportunidades ou mesmo a igualdade de condições sociais.

Hoje cresceu, enfim, a importância reconhecida da lei junto aos educadores, porque, como cidadãos, eles se deram conta de que, apesar de tudo, ela é um instrumento viável de luta porque com ela pode-se criar condições mais propícias não só para a democratização da educação, mas também para a socialização de gerações mais iguais e menos injustas.

É preciso considerar que a inscrição de um direito no código legal de um país não acontece da noite para o dia. Trata-se da história da produção de um direito e que tem sua clara presença a partir da era moderna. Segundo Bobbio (1992, p. 75):

> Não existe atualmente nenhuma carta de direitos que não reconheça o direito à instrução — crescente, de resto, de sociedade para sociedade — primeiro, elementar, depois secundária, e pouco a pouco, até mesmo,

universitária. Não me consta que, nas mais conhecidas descrições do estado de natureza, esse direito fosse mencionado. A verdade é que esse direito não fora posto no estado de natureza porque não emergira na sociedade da época em que nasceram as doutrinas jusnaturalistas, quando as exigências fundamentais que partiam daquelas sociedades para chegarem aos poderosos da Terra eram principalmente exigências de liberdade em face das Igrejas e dos Estados, e não ainda de outros bens, como o da instrução, que somente uma sociedade mais evoluída econômica e socialmente poderia expressar.

Apesar deste direito não constar do estado de natureza ou mesmo entre os chamados direitos naturais, será no contexto da aceitação ou da recusa a esta forma de encarar o nascimento da sociedade moderna que a instrução lentamente ganhará destaque. Ora ela é o caminho para que as Luzes (Universais) se acendam em cada indivíduo a fim de que todos possam usufruir da igualdade de oportunidades e avançar diferencialmente no sentido do mérito, ora ela é uma função do Estado a fim de que o direito individual não disciplinado não viesse a se tornar privilégio de poucos.

Com efeito, as luzes da razão com suas leis racionais supõem a atualização destas nos seres racionais de modo a poder realizar o interesse de todos em cada qual. A realização do interesse de cada um, interesse este racional e oposto ao universo passional, é tido como um valor que impulsiona a ação do indivíduo tendo em vista o princípio da responsabilidade individual.

De acordo com esse princípio, cada pessoa, cada cidadão deveria ser capaz de garantir-se a si mesmo e a seus dependentes, não cabendo a intervenção do Estado (Ribeiro Oliveira, 2000, p. 160).

E uma das condições para o advento desta "racionalidade iluminada" e interessada, própria da sociedade civil na qualidade de universo do privado, é a instrução na medida em que ela abre espaço para a garantia dos direitos subjetivos de cada um. E como nem sempre o indivíduo pode sistematizar esse impulso, como nem sempre ele é, desde logo, consciente desse valor, cabe a quem representa o interesse de todos sem representar o interesse específico de ninguém dar a oportunidade de acesso a esse valor que desenvolve e potencializa a razão individual. Mas, segundo John Locke, esta é uma possibilidade a ser construída. "[...] Locke adverte, o caminho que leva à construção desta sociedade implica um processo gigantesco de educação, e não apenas a educação entendida no sentido da transmissão do conhecimento mas no sentido da formação da cidadania" (Ribeiro Oliveira, 2000, p. 181).

Daí a instrução se tornar pública como função do Estado e mais explicitamente como dever do Estado a fim de que, após o impulso interventor inicial, o indivíduo pudesse se autogovernar como ente dotado de liberdade e capaz de participar de uma sociedade de pessoas livres.

A importância do ensino primário tornado um direito imprescindível do cidadão e um dever do Estado impôs a gratuidade como modo de torná-lo acessível a todos. Por isso, o direito à educação escolar primária se inscreve dentro de uma perspectiva mais ampla dos direitos civis dos cidadãos.

Tais direitos vão sendo concebidos, lentamente, como uma herança dos tesouros da civilização humana e por isso não é cabível que alguém não possa herdá-los. Ao oferecer a educação escolar primária gratuita, o próprio Estado liberal assegura uma condição universal para o próprio usufruto dos direitos civis.

Em todo o caso, a ligação entre o direito à educação escolar e a democracia terá a legislação como um de seus suportes e invocará o Estado como provedor desse bem seja para garantir a igualdade de oportunidades, seja para – mantido esse objetivo – intervir no domínio das desigualdades que nascem do conflito da distribuição capitalista da riqueza e progressivamente reduzir as desigualdades. Essa intervenção tornar-se-á mais concreta quando da associação entre gratuidade e obrigatoriedade já que a obrigatoriedade é um modo de sobrepor uma função social relevante e imprescindível de uma democracia a um direito civil. Essa intervenção, posteriormente, se fará no âmbito da liberdade de presença da iniciativa privada na educação escolar de modo a autorizar seu funcionamento e pô-la *sub lege*.

Essa ligação entre a educação e a escolaridade como forma de mobilidade social e de garantia de direitos tem uma história atrás de si e que é variável de país para país considerados os determinantes socioculturais de cada um.

Uma análise magistral que invoca a trajetória dos direitos, seja para classificá-los, seja para mostrar sua progressiva evolução, é aquela oferecida por um célebre texto de Thomas Marshall (1967). Ele se debruça sobre a experiência da Inglaterra e a partir daí ele diferencia os direitos e os periodiza. Desse modo, os direitos civis se estabeleceriam no século XVIII, os políticos no século XIX e os sociais no século XX. Nessa trajetória o autor fará referências à educação e à instrução escolar.

Para esse autor, a história do direito à educação escolar é semelhante à luta por uma legislação protetora dos trabalhadores da indústria nascente, pois, em ambos os casos, foi no século XIX que se lançaram as bases para os direitos sociais como integrantes da cidadania. Segundo Marshall, "a educação é um pré-requisito necessário da liberdade civil", e como tal um pré-requisito do exercício de outros direitos. O Estado, neste caso, ao interferir no contrato social, não estava conflitando com os direitos civis. Afinal, esses direitos devem ser utilizados por pessoas inteligentes e de bom senso e para tanto, segundo o autor, o ler e o escrever são indispensáveis.

> A educação das crianças está diretamente relacionada com a cidadania, e, quando o Estado garante que todas as crianças serão educadas,

este tem em mente, sem sombra de dúvida, as exigências e a natureza da cidadania. Está tentando estimular o desenvolvimento de cidadãos em formação. O direito à educação é um direito social de cidadania genuíno porque o objetivo da educação durante a infância é moldar o adulto em perspectiva. Basicamente, deveria ser considerado não como o direito da criança freqüentar a escola, mas como o direito do cidadão adulto ter sido educado (MARSHALL, 1967, p. 73).

Em outro momento de sua análise, ele reforça a tese iluminista que, no caso da instrução, ela deve ser objeto da coerção estatal já que o ignorante perde as condições reais de apreciar e escolher livremente as coisas. Afinal, a marca do homem burguês é a autonomia com relação a poderes estranhos e cuja concepção teórica básica se expressa em normas legais que instituem a igualdade entre os indivíduos e nas suas relações com as coisas.

O final do século XIX demonstra que, na experiência europeia, a educação primária era gratuita e obrigatória. A obrigatoriedade não só não era uma exceção ao *laissez-faire*, como era justificada no sentido de a sociedade produzir pessoas com mentes maduras, minimamente "iluminadas", capazes de se constituir em um eleitorado esclarecido e em trabalhadores qualificados. Thomas Marshall (1967, p. 60; 63), comentando e citando o pensamento do economista liberal neoclássico Alfred Marshall, diz:

> [...] o Estado teria de fazer algum uso de sua força de coerção, caso seus ideais devessem ser realizados. Deve obrigar as crianças a frequentarem a escola porque o ignorante não pode apreciar e, portanto, escolher livremente as boas coisas que diferenciam a vida de cavalheiros daquela das classes operárias. [...] Ele reconheceu somente um direito incontestável, o direito das crianças serem educadas, e neste único caso ele aprovou o uso de poderes coercivos pelo Estado [...].

A ativação desta "luz" que cada um traz consigo e que amplia a capacidade de escolha não poderia ser nem objeto de uma ação assistemática e nem produto de um acaso bem-sucedido.

Como diz Bobbio (1986, p. 83): "O problema mais difícil para uma teoria racional (ou que pretende ser racional) do Estado é o de conciliar dois bens a que ninguém está disposto a renunciar e que são (como todos os bens últimos) incompatíveis: a obediência e a liberdade".

Mas, se o Estado, como ente racional, deve seguir a razão e seus ditames, cabe a ele assegurar condições para que seus cidadãos ajam segundo o seu próprio arbítrio para o que são necessárias "as luzes da razão".

Avançando no tempo, mas com uma acuidade teórico-metodológica exemplar, Bobbio (1987, p. 23) deixa claro um dos sentidos que presidiu a imposição da obrigatoriedade escolar:

> Esta tentativa de escolher as reformas que são ao mesmo tempo liberadoras e igualitárias deriva da constatação de que há reformas liberadoras que não são igualitárias, como seria o caso de qualquer reforma de tipo neoliberal, que oferece ampla margem de manobra aos empresários para se desvencilharem dos vínculos que advêm da existência de sindicatos e comitês de empresa, ao mesmo tempo em que se destina a aumentar a distância entre ricos e pobres; por outro lado, existem reformas igualitárias que não são liberadoras, como toda a reforma que introduz uma obrigação escolar, forçando todas as crianças a ir à escola, colocando a todos, ricos e pobres, no mesmo plano, mas por meio de uma diminuição da liberdade.

Marshall (1967, p. 99), ao apontar a educação primária pública como obrigatória e gratuita torna a justificá-la:

> No período inicial da educação pública na Inglaterra, os direitos eram mínimos e iguais. Mas, como já observamos, ao direito veio corresponder uma obrigação, não apenas porque o cidadão tenha uma obrigação para consigo mesmo, assim como um direito de desenvolver o que se encontra latente dentro de si – um dever que nem a criança, nem o pai podem apreciar em toda a sua extensão – mas porque a sociedade reconheceu que ela necessitava de uma população educada.

Esta ruptura com uma concepção individualista de liberdade da sociedade também contém uma base liberal na medida em que essa forma de sociedade vai afirmando a relação política não mais como algo *ex parte principis*, mas como *ex parte civium*.

> [...] característica da formação do Estado moderno, ocorrida na relação entre Estado e cidadãos: passou-se da prioridade dos deveres dos súditos à prioridade dos direitos do cidadão, emergindo um modo diferente de encarar a relação política, não mais predominantemente do ângulo do soberano, e sim daquele do cidadão, em correspondência com a afirmação da teoria individualista da sociedade em contraposição à concepção organicista tradicional (Bobbio, 1992, p. 3).

Para participar livremente das tomadas de decisões, era preciso ser cidadão e este não se constitui sem o desenvolvimento de sua marca registrada: a razão. A propriedade de si se expressa na efetivação da razão. Seria, pois, preciso desenvolvê-la e estimulá-la, no mínimo combatendo a ignorância.

Desse modo, até com a justificativa de impulsionar o indivíduo na busca da educação, muitos países farão da educação primária uma condição para o exercício dos direitos políticos em especial o do voto. Por seu lado, muitos movimentos operários assumirão a bandeira da educação escolar como forma de obter ganhos sociais através da representação parlamentar cuja base operária estaria presente com o voto dos trabalhadores. Tal perspectiva é desenvolvida por Przeworski (1989).

Assim, voltando-se à análise de Marshall, ele examina a educação escolar primária como um serviço extra e de tipo único para o indivíduo. Para ele o desenvolvimento da educação primária pública durante o século XIX constituiu o primeiro passo decisivo em prol do restabelecimento dos direitos sociais da cidadania no século XX (MARSHALL, 1967, p. 74).

Desse modo, mesmo o Estado Liberal do século XIX aceita intervenção do Estado em matéria de educação. A educação primária é vista como uma atividade pertencente ao interesse geral e que, portanto, como Adam Smith já havia dito, o Estado pode facilitar, pode encorajar a aquisição de adquirir as partes essenciais da educação, mesmo que seja em doses homeopáticas. Karl Marx, no capítulo XII do livro I de *O capital*, refere-se a Adam Smith, que recomendava a instrução primária a fim de evitar a degeneração completa da massa do povo, originada pela divisão do trabalho. Neste sentido, o próprio Adam Smith se colocava contra as propostas do francês G. Garnier, para quem a instrução primária contraria as leis da divisão do trabalho. Também Stuart Mill havia apontado que a educação primária é algo que o governo deve dar ao povo, é um caso no qual os motivos da regra da não intervenção não se aplicam necessariamente...

Assim, tanto a Inglaterra, como a França, a Alemanha e outros países europeus, no século XIX, farão reformas educativas em que se cruzam as ideias do pensamento liberal com a ação intervencionista do Estado e com o controle inicial do trabalho infantil. Acreditava-se que a instrução primária seria uma vacina contra o despotismo já vivido por muitos países tanto quanto uma forma de questionar a dominância do trabalho manual entre os adultos e a presença de crianças no regime fabril.

Na verdade, para as classes dirigentes europeias, colocar o Estado como provedor de determinados bens próprios da cidadania, como a educação primária e a assistência social, representava a necessidade da passagem progressiva da autoproteção contra calamidades e incertezas para a solução coletiva de problemas sociais. Para contar com as classes populares no sentido da solução de muitos problemas, não era mais possível nem deixar de satisfazer algumas de suas exigências e nem ser um privilégio o que, a rigor, era direito de todos e não só de uma minoria.

Muito instigante também são as reflexões de Bobbio (1992), que, de certa maneira, retoma a análise histórica dos direitos na busca de uma perspectiva histórica de longo alcance.

Certamente, cada país, dentro de sua situação histórica, conhecerá peculiaridades próprias que não o reduzem ao caminho de um outro. Mas, de todo modo, a divisão periódica proposta por Marshall e as reflexões de Bobbio (1992) sobre a Era dos Direitos, sua gênese, evolução e perspectivas são muito úteis para classificar no campo dos direitos e diferenciá-los entre si. No caso, é importante destacar que ambos se referem à educação escolar como um direito imprescindível para a cidadania e para o exercício profissional.

O direito à educação, como direito declarado em lei, é recente e remonta ao final do século XIX e início do século XX. Mas seria pouco realista considerá-lo como independente do jogo das forças sociais em conflito.

Tanto a ampliação dos direitos civis e políticos como a inserção de direitos sociais não são apenas uma estratégia das classes dirigentes que aí teriam descoberto, na solução coletiva, diversas vantagens que o anterior sistema de autoproteção não continha.

Esses direitos são também um produto dos processos sociais levados adiante pelos segmentos da classe trabalhadora que viram nele um meio de participação na vida econômica, social e política. Algumas tendências afirmam a educação como um momento de reforma social em cujo horizonte estaria a sociedade socialista. Para outras tendências, a educação própria da classe operária e conduzida por ela já era uma contestação da sociedade capitalista e antecipação da nova sociedade.

A história da classe trabalhadora, contada por vários historiadores como E.P. Thompson ou Eric Hobsbawm, aponta como a educação se colocava como uma bandeira de luta de vários partidos, movimentos radicais populares e de vários programas políticos de governo. Por exemplo, Thompson (1987a, p. 176), relatando um movimento societário em prol dos direitos do homem, escreve que na defesa destes se incluíam "um direito à parcela do produto [...] proporcional aos lucros do patrão e o direito à educação, pela qual o filho do trabalhador poderia ascender ao nível mais elevado da sociedade".

Esta também é a direção de muitos trabalhos de Adam Przeworski (1989). Esse autor trata das lutas dos vários partidos europeus de esquerda e que, nos diferentes países desse continente, se empenharam na busca de vitórias eleitorais acenando bandeiras de reformas. Muitas tendências dos diferentes partidos socialistas que se formaram ao longo do século XIX e início do século XX, desejosos de transformações sociais radicais pelo caminho de maiorias eleitorais, não só lutaram pela escola primária gratuita e obrigatória como também pela sua extensão a níveis mais elevados. Este foi o caso da França em torno da gratuidade do ensino médio e sua obrigatoriedade progressiva. No caso específico da França, a defesa da escola laica era um outro modo de dizer da importância e da responsabilidade do Estado no assunto. Todo um capítulo dedicado à questão da alfabetização no século XIX na Inglaterra e sua imperiosa necessidade por parte dos trabalhadores será levado adiante por E. P. Thompson (1987b, p. 303).

Assim, seja por razões políticas, seja por razões ligadas ao indivíduo, a educação era vista como um canal de acesso aos bens sociais e à luta política e como tal um caminho também de emancipação do indivíduo frente à ignorância. Dado esse leque de campos atingidos pela educação, ela foi considerada, segundo o ponto de vista dos diferentes grupos sociais, ora como síntese dos três direitos assinalados, os civis, os políticos e os sociais, ora como fazendo parte de cada qual dos três.

A magnitude da importância da educação é assim reconhecida por envolver todas as dimensões do ser humano: o *singulus*, o *civis* e o *socius*. O *singulus* por pertencer ao indivíduo como tal, o *civis* por envolver a participação nos destinos de sua comunidade e o *socius* por significar a igualdade básica entre todos os homens. Essa conjunção dos três direitos na educação escolar será uma das características do século XX.

Em muitos casos, como nas Constituições da Alemanha (Constituição de Weimar), da então União Soviética e da Espanha Republicana, esse direito do cidadão é também declarado, reconhecido como dever dos poderes públicos e inscrito em lei. A garantia do Estado visava diminuir o risco de que as desigualdades já existentes viessem a se transformar em novas modalidades de privilégios. Do mesmo modo como se invocou o poder do Estado para regular as relações de trabalho, esse poder se fez presente na educação escolar, sobretudo pela imposição da obrigatoriedade e consequente gratuidade.

Muitos dos países, como o caso da França, reconheceram a educação como serviço público e a inseriram no princípio da laicidade. As lutas pela laicidade e por governos civis dependentes do contrato social deram oportunidade para que a escola pública para todos se constituísse em verdadeiro apoio da construção da nacionalidade e do acesso ao sistema eleitoral.

Hoje, em boa parte dos países europeus e mesmo latino-americanos, a discussão do direito à educação escolar já se coloca do ponto de vista do que Bobbio (1992) chama de especificação. Na verdade, trata-se do direito à diferença onde se mesclam as questões de gênero com as de etnia e credo, entre outras. A presença de imigrantes provindos em boa parte das ex-colônias da Europa repõe não só tema da tolerância como o da submissão dos cidadãos ao conjunto das leis nacionais.

A dialética entre o direito à igualdade e o direito à diferença na educação escolar como dever do Estado e direito do cidadão não é uma relação simples. De um lado, é preciso fazer a defesa da igualdade como princípio de cidadania, da modernidade e do republicanismo. A igualdade é o princípio tanto da não discriminação, quanto ela é o foco pelo qual homens lutaram para eliminar os privilégios de sangue, de etnia, de religião ou de crença. Ela ainda é o norte pelo qual as pessoas lutam para ir reduzindo as desigualdades e eliminando as diferenças discriminatórias. Mas isso não é fácil já que a heterogeneidade é visível, é sensível e imediatamente perceptível, o que não ocorre com a igualdade. Logo, a relação entre a diferença e a heterogeneidade é mais direta e imediata do que a que se estabelece entre a igualdade e a diferença.

O pensamento "único" ou empirista não aprecia a abstração, preferindo o manifesto, o visível, o palpável. O empírico é necessário e mesmo "porta" de entrada para uma realidade ontológica mais ampla. Essa realidade é o gênero humano da qual procede o reconhecimento da igualdade básica de todos os seres humanos, fundamento da dignidade de toda e qualquer pessoa humana. É do reconhecimento da igualdade essencial de todas as pessoas do gênero humano que se nutriram todas as teses da cidadania e da democracia. Sem esse reconhecimento e respeito por ele, estão abertas portas e janelas para a entrada de todas as formas de racismo e correlatos de que o século XX deu trágicas provas.

A defesa das diferenças, hoje tornada atual, não subsiste se levada adiante em prejuízo ou sob a negação da igualdade. Estamos assim diante do homem como pessoa humana em quem o princípio de igualdade se aplica sem discriminações ou distinções, mas estamos também ante o homem concreto cuja situação deve ser considerada no momento da aplicação da norma universal.

Por isso, os Estados Democráticos de Direito zelam em assinalar as discriminações que devem ser sempre proibidas: origem, raça, sexo, religião, cor, crença. Ao mesmo tempo, seria absurdo pensar um igualitarismo, uma igualdade absoluta, de modo a impor de maneira uniforme as leis sobre todos os sujeitos e em todas as situações. Um tratamento diferenciado só se justifica perante uma situação objetiva e racional e cuja aplicação considere o contexto mais amplo. A diferença de tratamento deve estar relacionada com o objeto e com a finalidade da lei e ser suficientemente clara e lógica para justificá-la.

A França ilustra bem esse ponto com o caso de *foulards* (véus) usados por jovens muçulmanas cujos pais têm proibido a frequência em aulas de educação física.[2]

Contudo, o pensamento e a política que caminham no sentido de uma sociedade mais justa não podem abrir mão do princípio da igualdade a cuja "visibilidade" só se tem acesso por uma reflexão teórica. A não aceitação da igualdade básica entre todos os seres humanos e o direito a um acesso qualificado aos

---

[2] Como se sabe, após a puberdade, as jovens muçulmanas devem respeitar um certo número de hábitos de conduta relativos ao recato e à exposição do corpo. O véu (*foulard*) que lhes cobre o rosto (ou todo ele, em determinadas tendências do islamismo) é um deles. A França, ciosa de seu republicanismo e laicidade, não aceita no espaço escolar o que lá se denomina de *sinais ostentatórios de pertença* a agremiações religiosas, políticas ou associativas em geral. A rejeição ao *foulard* é defendida em nome da igualdade de gênero e/ou da obediência às leis do país. As aulas de educação física exacerbam o problema já que as jovens se recusam a usar os trajes esportivos exigidos para determinadas práticas. Até meados da década de 1990, esse debate permeou a educação francesa e gerou artigos, livros, posições oficiais e práticas diferenciadas por parte dos colegiados das escolas. De modo geral, o problema envolveu a tensão igualdade/diferença e novos olhares sobre a laicidade.

bens sociais e políticos conduz a uma consagração "caolha" ou muito perigosa do direito à diferença. Porque, sem esta base concreta e abstrata ao mesmo tempo do reconhecimento da igualdade, qualquer diferença apontada como substantiva pode se erigir em princípio hierárquico superior dos que não comungam da mesma diferença. Em nossos dias, a negação de categorias universais porque tidas como a-históricas ou totalitárias vai dando lugar a uma absolutização do princípio do pequeno, da subjetividade, do privado e da diferença. E isso torna mais problemático o caminho de uma sociedade menos desigual e mais justa.

Ora, essa realidade demonstra que o caminho europeu, no sentido das conquistas de direitos consagrados em lei, nem sempre foi o mesmo dos países que conheceram a dura realidade da colonização. E mesmo no meio dos países colonizados ainda resta avaliar o impacto sociocultural da colonização quando acompanhada de escravatura. A conquista do direito à educação, nesses países, além de mais lenta, conviveu e convive ainda com imensas desigualdades sociais. Neles, à desigualdade se soma a herança de preconceitos e de discriminações étnicas e de gênero incompatíveis com os direitos civis. Em muitos desses países, a formalização de conquistas sociais em lei e em direito não chegam a se efetivar por causa desses constrangimentos herdados do passado e ainda presentes nas sociedades.

Ao contrário de muitos países europeus, os países colonizados não contaram, desde logo, com processos de industrialização e de constituição de uma forte classe operária. Assim sendo, para as classes dirigentes, a educação não se impôs como uma necessidade socialmente significativa para todos. Não houve um processo social onde um outro ator social forte e organizado abrisse, desde logo, um conflito que cobrasse responsabilidades sociais. Ao ocuparem o aparelho de Estados, as classes dirigentes se preocuparam muito mais com seus interesses exclusivos do que com um projeto nacional que englobasse dimensões mais amplas da cidadania para todos.

A escravidão, o caráter agrário-exportador desses países e uma visão preconceituosa com relação ao "outro" determinaram uma estratificação social de caráter hierárquico. Nela, o outro não era visto como igual, mas como "inferior". Logicamente as elites atrasadas desses países tendo-se na conta de "superiores" determinaram o pouco peso atribuído à educação escolar pública para todos. Na perspectiva dessas classes dirigentes, para as classes populares era suficiente serem destinatárias da cultura oral. Bastava-lhes um tipo de catequese em que o "outro" deveria ser aculturado na linha da obediência e da lealdade servil.

Os países latino-americanos, por exemplo, sofreram a colonização ibérica e por ela conheceram o impacto da Contrarreforma em face da sua população nativa ou escravizada. Para as elites, esses povos eram "selvagens", "incivilizados" e "incultos". Como tais deveriam ou se conformar docilmente às ordens "superiores" ou se converter aos padrões ocidentais como seres "dependentes".

A leitura e a interpretação de livros em geral ou dos livros sagrados eram reservadas aos bacharéis e aos teólogos autorizados pela Igreja Católica. Daí porque a transmissão oral ganha relevância sobre a transmissão baseada no acesso à leitura e à escrita a todos. Tal tradição se opõe à experiência europeia dos países que conheceram a Reforma. Neles, a tese luterana da *sola fide et sola scriptura* implicou não só o desenvolvimento da imprensa como também o incentivo a que todos os fiéis, mediante a instrução, pudessem ler os livros sacros e meditar sobre a palavra de Deus. Por isso, nesses países colonizados, será longa e árdua a luta pelo direito à educação em geral e pela educação primária em especial. Não será fácil a inscrição e a declaração desse direito nas leis desses países.

Afinal, a emersão da escrita redefine o valor da palavra falada e a subordina nas relações contratuais, especialmente aquelas vigentes em torno do trabalho. A colonização e a escravatura, pondo-se fora de relações contratuais em que ao menos juridicamente se reconhece a igualdade entre todos, só apareciam após os processos de abolição e de independência. Mesmo assim, muitos desses países continuarão fortemente agrários e, nesse caso, as classes dominantes terão pouco interesse em difundir a educação escolar e com ela a escrita e a leitura.

A própria experiência dos Estados Unidos da América revela que, só na metade do século XIX, a campanha pela educação pública e gratuita para todos, iniciada em Boston por Horace Mann, dará seus frutos.

Preocupadas mais com o seu enriquecimento econômico e preservação de seus privilégios, as elites dos países latino-americanos desconsiderarão a importância efetiva da educação, apesar de muitas falas ao contrário. O que não quer dizer que não houvesse iniciativas progressistas a esse respeito. A Argentina, ainda que à custa de grande redução de sua população nativa, investiu bastante no direito à educação primária aberta para todos. O mesmo pode se dizer da experiência uruguaia. Já no Brasil, por exemplo, a educação primária, durante mais de meio século após sua independência em 1822, será proibida aos negros escravos e aos índios, e as mulheres terão muitos obstáculos por causa de uma visão tradicionalmente discriminatória quanto ao gênero.

Mesmo com declarações e inscrição em lei, o direito à educação ainda não se efetivou na maior parte dos países que sofreram a colonização. As consequências da colonização e escravatura, associadas às múltiplas formas de não acesso à propriedade da terra, a ausência de um sistema contratual de mercado e uma fraca intervenção do Estado no sistema de estratificação social produzirão sociedades cheias de contrastes, gritantes diferenças próprias da desigualdade social. A continuidade dessa situação de base produz pessoas ou que estão "fora do contrato" ou que não estão tendo oportunidade de ter acesso a postos de trabalho e bens sociais mínimos.

Isso explica o enorme número de pessoas que sequer possuem educação primária, sendo ainda grande o número de pessoas que possuem poucos anos de escolaridade. A pirâmide educacional acompanha muito de perto a pirâmide da distribuição da renda e da riqueza.

Para os tempos contemporâneos, em que vai se constituindo a chamada "sociedade do conhecimento", a distância entre pobres e ricos vai aumentando também por causa do acesso aos conhecimentos disponíveis e às novas formas de linguagem que necessitam de uma socialização própria. Essa distância também tem aumentado a separação entre países ricos e países pobres no momento em que o conhecimento vai se constituindo em mais-valia intelectual e base para o desenvolvimento autossustentado dos países.

Isso não quer dizer que se deve diminuir a importância da declaração de direitos. Declarar um direito é muito significativo. Declará-lo é colocá-lo dentro de uma hierarquia que o reconhece solenemente como um ponto prioritário das políticas sociais. Mais significativo ainda se torna esse direito quando ele é declarado e garantido como tal pelo poder interventor do Estado, no sentido de assegurá-lo e implementá-lo.

A declaração e a garantia de um direito tornam-se imprescindíveis no caso de países, como o Brasil, com forte tradição elitista e que tradicionalmente reservam apenas às camadas privilegiadas o acesso a esse bem social. Por isso declarar e assegurar é mais do que uma proclamação solene. Declarar é retirar do esquecimento e proclamar aos que não sabem ou se esqueceram que eles continuam a ser portadores de um direito importante. Disso resulta a necessária cobrança desse direito quando ele não é respeitado.

O Brasil, por exemplo, reconhece o ensino fundamental como um direito desde 1934 e o reconhece como direito público subjetivo desde 1988. Em 1967, o ensino fundamental (primário) passa de quatro para oito anos obrigatórios. Ele é obrigatório, gratuito e quem não tiver tido acesso a essa etapa da escolaridade pode recorrer à justiça e exigir sua vaga.

Nesse sentido, o direito público subjetivo está amparado tanto pelo princípio que ele o é assim por seu caráter de base e por sua orientação finalística, quanto por uma sanção explícita quando de sua negação para o indivíduo-cidadão. Para esses oito anos obrigatórios não há discriminação de idade. Qualquer jovem, adulto ou idoso tem esse direito e pode exigi-lo a qualquer momento perante as autoridades competentes.[3] Consagrado por esse reconhecimento, o

---

[3] "[...] quando nascem os chamados direitos públicos subjetivos, que caracterizam o Estado de Direito. É com o nascimento do Estado de Direito que ocorre a passagem final do ponto de vista do príncipe para o ponto de vista dos cidadãos. No Estado despótico, os indivíduos singulares só têm deveres e não direitos. No Estado absoluto, os indivíduos possuem, em relação ao soberano,

direito público subjetivo implica o Estado em seu dever de atender a todos os maiores de sete anos no cumprimento dos anos da escolaridade obrigatória.[4]

Esse jogo entre direito e dever implica os interessados, quando na falta desse atendimento, no acionar de instrumentos jurídicos e processuais capazes de fazer respeitar um direito claramente protegido. Assim sendo, a Constituição aciona a própria sociedade civil como espaço consciente de poder e de controle democrático do próprio Estado a fim de que nenhum cidadão fique sem o benefício da educação escolar.

O direito à educação parte do reconhecimento de que o saber sistemático é mais do que uma importante herança cultural. Como parte da herança cultural, o cidadão torna-se capaz de se apossar de padrões cognitivos e formativos pelos quais tem maiores possibilidades de participar dos destinos de sua sociedade e colaborar na sua transformação. Ter o domínio de conhecimentos sistemáticos é também um patamar *sine qua non* a fim de poder alargar o campo e o horizonte desses e de novos conhecimentos.

O acesso à educação é também um meio de abertura que dá ao indivíduo uma chave de autoconstrução e de se reconhecer como capaz de opções. O direito à educação, nesta medida, é uma oportunidade de crescimento cidadão, um caminho de opções diferenciadas e uma chave de crescente estima de si.

Essa estima de si se conjuga com a descrição feita por Bobbio (1992) em relação ao desenvolvimento dos direitos. Segundo ele, a gênese histórica de um direito começa como uma exigência social que vai se afirmando até se converter em direito positivo. Essa conversão ainda não significa a universalização deste. O momento da universalização indica que aquela exigência, já posta como direito, se torna generalizada para todos os cidadãos ou amplia os níveis de atendimento. Finalmente há a especificação de direitos. No primeiro caso, temos, por exemplo, o direito à escola primária para os homens livres. Outras categorias passam a exigir esse direito e, após muito esforço e luta, pode acontecer tanto a ampliação da escola primária para todas as pessoas de qualquer gênero, idade ou condição social quanto a exigência da inclusão de um nível superior da educação escolar para todos. É o caso da luta pela universalização da escola média.

---

direitos privados. No Estado de Direito, o indivíduo tem, em face do Estado, não só direitos privados, mas também direitos públicos. O Estado de Direito é o Estado dos cidadãos" (BOBBIO, 1992, p. 61).

[4] No Brasil, a Constituição Federal implica o Ministério Público na defesa da ordem jurídica, do regime democrático e dos interesses sociais e individuais indisponíveis (art. 127) promovendo as medidas necessárias a sua garantia (art. 129).

Quando organismos internacionais passam a fazer desses direitos um motivo de declarações e de convenções, é porque se revela uma tendência de internacionalização, como é o caso do Pacto Internacional sobre Direitos Econômicos, Sociais e Culturais da Assembléia Geral da ONU de 16 de dezembro de 1966 e a Convenção relativa à luta contra a discriminação no campo do ensino, da UNESCO, de 1960.

A especificação acontece quando são reconhecidos novos direitos como o de as crianças menores de seis anos terem uma escola adequada à sua idade ou quando se reconhece, ainda hoje, o direito das mulheres, dos jovens e adultos entrarem nas escolas. Aqui também é o caso dos portadores de necessidades especiais que, por alguma razão, se veem prejudicados na sua locomoção ou audição ou qualquer outro problema e passam a exigir um modelo próprio educacional que atenda suas peculiaridades.

Ora, donde advém tamanha importância e necessidade reconhecidas à educação?

O direito à educação decorre de dimensões estruturais coexistentes na própria consistência do ser humano.

A racionalidade, expressão da ação consciente do homem sobre as coisas, implica também o desenvolvimento da capacidade cognoscitiva do ser humano como meio de penetração no mundo objetivo das coisas. A racionalidade é também condição do reconhecimento de si, que só se completa pelo concomitante reconhecimento igualitário da alteridade do outro. Só com o desenvolvimento dessas capacidades é que a ação do homem com o outro e sobre as coisas devém humana e se torna criativa. O pleno desenvolvimento da pessoa não poderia se realizar sem o desenvolvimento efetivo da capacidade cognitiva, uma marca registrada do homem. Assim sendo, essa marca se torna universal. Ela é a condensação de uma qualidade humana que não se cristaliza, já que implica a produção de novos espaços de conhecimento, de acordo com momentos históricos específicos.

E como os atores sociais sabem da importância que o saber tem na sociedade onde vivem, o direito à educação passa ser politicamente exigido como uma arma não violenta de reivindicação e de participação política.

Nesse sentido, a educação como direito e sua efetivação em práticas sociais se convertem em instrumento de redução das desigualdades e das discriminações e possibilitam uma aproximação pacífica entre os povos de todo o mundo.

A disseminação e a universalização da educação escolar de qualidade como um direito da cidadania são o pressuposto civil de uma cidadania universal e parte daquilo que um dia Kant considerou como uma das condições "da paz perpétua": o caráter verdadeiramente republicano dos Estados que garantem este direito de liberdade e de igualdade para todos, entre outros.

Ao mesmo tempo a relação que se estabelece entre professor e aluno é de tal natureza que os conteúdos e os valores ao serem apropriados não se privatizam. Quanto mais processos se dão, mais se multiplicam, mais se expandem e se socializam. A educação, com isso, sinaliza a possibilidade de uma sociedade mais igual e humana.

Referências

BANDEIRA DE MELLO, Celso Antônio. *Conteúdo Jurídico do Princípio da Igualdade*. 3. ed. São Paulo: Malheiros, 2001.

BOBBIO, Norberto. *A era dos direitos*. Rio de Janeiro: Campus, 1992.

BOBBIO, Norberto. Reformismo, socialismo e igualdade. *Novos Estudos*, Cebrap, São Paulo, n. 19, dez. 1987.

BOBBIO, Norberto; BOVERO, Michelângelo. *Sociedade e Estado na filosofia política moderna*. São Paulo: Brasiliense, 1986.

CARVALHO, José Murilo. *El desenvolvimiento de la ciudadania en Brasil*. Mexico: Fondo de Cultura Económica, 1995.

FÁVERO, Osmar (Org.). *A educação nas Constituintes Brasileiras*. 2. ed. Campinas: Associados, 2001.

PRZEWORSKI, Adam. *Capitalismo e social-democracia*. São Paulo: Companhia das Letras, 1989.

MARSHALL, Thomas. *Cidadania, classe social e status*. Rio de Janeiro: Zahar, 1967.

RIBEIRO OLIVEIRA, Isabel de Assis. Sociabilidade e Direito no Liberalismo nascente. *Revista Lua Nova*, Cedec, São Paulo, n. 50, 2000.

THOMPSON, Edward P. *A formação da classe operária*. Rio de Janeiro: Paz e Terra, 1987a. v. 1: A árvores da liberdade.

THOMPSON, Edward P. *A formação da classe operária*. Rio de Janeiro: Paz e Terra, 1987b. v. III: A força dos trabalhadores.

Gestão democrática da educação: exigências e desafios[1]

A gestão democrática tem se tornado um dos motivos mais frequentes, na área educacional, de debates, reflexões e iniciativas públicas a fim de dar sequência a um princípio posto constitucionalmente e reposto na Lei de Diretrizes e Bases da Educação Nacional (LDB).

A literatura sobre o assunto tem sido bastante pródiga, ainda que para tal seja necessário extrair o assunto de vários capítulos de livros e das múltiplas revistas da área de educação. Veja-se, a propósito, a publicação do Grupo de Trabalho Estado e Política Educacional da Associação Nacional de Pós-Graduação em Educação (ANPEd), saída sob a forma de *Anuário do ano 2000*; a publicação da Associação Nacional de Política e Administração da Educação (ANPAE), seção Minas Gerais, sob o título de *Educação, política, direito e justiça social: a construção de uma gestão democrática*, do ano 1999; o livro organizado por Marileide de Carvalho Costa e Ester Calland de Sousa Rosa: *Escola pública e gestão democrática* (Editora UFPE, 2000); o livro organizado por Naura Syria Carapeto Ferreira e Márcia Ângela Aguiar, *Gestão da educação: impasses, perspectivas e compromissos* (Cortez, 2000); o livro organizado por Dalila Andrade de Oliveira, *Gestão democrática da educação* (Vozes, 1997); ou ainda o livro de Maria da Glória Gohn, *Conselhos gestores e participação sociopolítica* (Cortez, 2001); importante também é o livro de Erasto Fortes Mendonça, *A regra e o jogo: democracia e patrimonialismo na educação brasileira* (LaPPlanE; FEUNICAMP, 2000); veja-se também *O estado da arte em política e gestão da educação no Brasil: 1991 a 1997* (ANPAE; Associados, 2002).

Comumente o princípio da gestão democrática tem sido mais referido à eleição de diretores ou diretoras em escolas públicas. Tal dinâmica, inclusive, faz parte de várias constituições estaduais e leis orgânicas municipais. Entretanto, sem negar essa possibilidade, desde logo inscrita neste princípio

---

[1] Publicado originalmente em: *Revista Brasileira de Política e Administração da Educação*, São Bernardo do Campo, v. 18, n. 2, p. 163-174, jul./dez., 2002.

maior para uma função ou mesmo um cargo na estrutura do magistério, e sem se desviar do princípio federativo, cumpre refletir sobre as exigências e os desafios trazidos por essa inserção constitucional inédita.

Esta reflexão tem como objetivo, se possível, iluminar esse campo de prática educacional, tornando-a consequente com o próprio conceito e nome. Por isso um pouco da etimologia da expressão *gestão* pode ser útil à própria reflexão proposta.

Origem etimológica

Gestão provém do verbo latino *gero, gessi, gestum, gerere* e significa: levar sobre si, carregar, chamar a si, executar, exercer, gerar. Trata-se de algo que implica o sujeito. Isso pode ser visto em um dos substantivos derivado desse verbo. Trata-se de *gestatio*, ou seja, gestação, isto é, o ato pelo qual se traz em si e dentro de si algo novo, diferente: um novo ente. Ora, o termo gestão tem sua raiz etimológica em *ger* que significa *fazer brotar, germinar, fazer nascer*. Da mesma raiz provêm os termos *genitora, genitor, germen*. A gestão, assim, é, por analogia, uma geração similar àquela pela qual a mulher se faz mãe ao dar à luz uma pessoa humana.

Pode-se vislumbrar aqui a postura metodológica da maiêutica socrática. A gestão implica um ou mais interlocutores com os quais se dialoga pela arte de interrogar e pela paciência em buscar respostas que possam auxiliar no governo da educação segundo a justiça. Nesta perspectiva, a gestão pressupõe o diálogo como forma superior de encontro das pessoas e solução dos conflitos.

Também o substantivo *gestus* (em português: gesto) deriva desse verbo e significa um feito, uma execução. Quando usado no plural latino, isto é, *gesta*, significa *feitos ilustres, notáveis, nobres e corajosos*. Ou mais simplesmente: uma saga que se gesta em torno de um feito notável e que o faz brotar. Certamente pode-se aplicar aqui a reflexão gramsciana sobre a importância de uma descoberta. Para ele, por vezes, é mais notável (e algumas vezes mais corajoso) difundir uma verdade já conhecida, mas pouco socializada, do que descobrir uma realidade original.

A gestão, dentro de tais parâmetros, é a geração de um novo modo de administrar uma realidade e é, em si mesma, democrática já que se traduz pela comunicação, pelo envolvimento coletivo e pelo diálogo.

Essa raiz etimológica já contém em si uma dimensão bem diferente daquela que nos é dada, de modo caricato, do *gerente*, especialmente o de bancos, como expressão de um comando frio, de uma ordem autoritária ou de uma iniciativa tecnocrática.

Se essa noção já é rica de significados, ela se torna mais significativa ao traduzir *um movimento histórico* em que as pessoas exigem esse novo modo de ser nas relações de poder entre governantes e governados.

Movimento histórico

A gestão democrática, como temática histórica, nos move em direção contrária àquela mais difundida em nossa trajetória política na qual os gestores se pautam ora por um movimento paternalista, ora por uma relação propriamente autoritária. Paternalismo e suas variantes, autoritarismo e congêneres são formas de pensar e agir sobre o outro não reconhecido como igual.

A *pólis* ateniense já indicava ser ela, em sua praça, o lugar da cidadania. Ali se podia exercer a liberdade de expressão, a igualdade de presença e a possibilidade de se tornar governante, sempre sob o signo do diálogo e da rotatividade. Nunca é demais citar a obra de Hannah Arendt (1991), *A Condição Humana*, cujo Capítulo II, "As esferas pública e privada", nos dá pistas reflexivas sobre o lugar do público na *pólis* como sociedade democrática.

A história da conquista do voto e sua universalização são a origem remota da gestão democrática, e seu conhecimento pode ser remetido a autores da ciência política que estudaram tanto a liberal-democracia quanto a passagem desta para a social-democracia. O voto universal representa um avanço sobre o elitismo dos que se consideravam acima dos outros e os impediam de uma cidadania ativa ou reagiam contra os que não se conformavam com a limitação de direitos da cidadania. Aqui, vale a recomendação do primeiro e magistral capítulo de Adam Przeworski (1989) em seu *Capitalismo e social-democracia*, além da leitura de clássicos como Locke e, sobretudo, Rousseau.

Ainda que se referindo a promessas não cumpridas, Bobbio (1986), em o *Futuro da democracia*, reporta-se à "educação para a cidadania" como sendo o "único modo de fazer com que um súdito transforme-se em cidadão". No cidadão, a democracia brotaria do próprio exercício da prática democrática, uma vez que os direitos fossem declarados e reconhecidos como próprios do cidadão, ou seja, como constituintes da cidadania ativa.

Se a noção da gestão democrática sob os direitos políticos é uma conquista da modernidade, ela se torna mais plena de significado para o Brasil quando se tem a sua *origem próxima em nossa história educacional.*

O golpe de 1964 trouxe consigo a interrupção da gravidez de muitas promessas de democratização social e política em gestação, inclusive da educação escolar e popular no Brasil. O regime militar, por sua forma política de se instalar e de ser, acabou por instaurar, dentro do campo educacional, em comandos (gestão?) autoritários de mandamentos legais, os quais, por sua vez, se baseavam mais no direito da força do que na força do direito. Tal é o caso dos Atos Institucionais ou mesmo de inúmeros decretos-leis. Essa forma "corrompida" de gestão se traduziu em aspectos internos à escola baseados no controle do "vigiar e punir" ou nos comandos verticais, separando forçadamente a concepção da execução ou nas formas ditas "neutras" de condução de relações de poder. Em certo sentido, a dimensão pública do serviço público que é a educação escolar foi executada por razões muito mais próximas do privado e do secreto do que da transparência do público. O temor, a obediência e o dever suplantaram o respeito, o diálogo e o direito.

O movimento de contestação ao regime militar e sua derrubada contou com a ampla participação da população na qual o professorado esteve sempre presente. A mobilização geral foi capaz de derrubar a ordem autoritária e de criar um novo ordenamento jurídico nacional em bases democráticas. Veja-se a esse respeito o livro de Luiz Antonio Cunha: *Educação, estado e democracia no Brasil*.

A ordem jurídica de caráter democrático se impôs como um todo, aí compreendida a área educacional. Por isso, a ordem constitucional que nasceu em 1988 consagrou princípios caros à democracia e à educação democrática. Ela é tanto um modo de se opor ao que até então vigia em termos de medo e de despotismo, quanto uma maneira de se propor a gestação de uma nova maneira de se administrar a coisa pública, ou seja, sob a forma da *virtude como amor pela coisa pública*. Isso não significa que a construção da ordem democrática tenha se estendido do campo jurídico para o conjunto das práticas sociais e políticas. O autoritarismo no Brasil possui raízes mais fundas em nossa história do que o período militar, expressão recente de uma característica de nossas classes dirigentes. As análises de Marilena Chaui têm sido abundantes no trato do autoritarismo brasileiro; veja-se a respeito seu livro *Brasil: mito fundador e sociedade autoritária*. Também os escritos de Carlos Nelson Coutinho apontam os caminhos e "os efeitos da via prussiana" na formação da sociedade brasileira. Entre outros de seus escritos, deve-se citar *Cultura e sociedade no Brasil: ensaios sobre idéias e formas*.

Seja em contraposição a essa cultura instalada tradicionalmente, seja em função da criação e manutenção dos institutos próprios da democracia, nascem os princípios éticos estabelecidos em nossa Constituição de 1988.

Gestão democrática na Constituição Federal, na Lei de Diretrizes e Bases e no Plano Nacional de Educação

No seu artigo 37, a Constituição nos põe princípios que devem reger a administração pública. E eles são a legalidade, a impessoalidade, a moralidade, a publicidade e a eficiência.

A *legalidade* se caracteriza pela adequação à ordem jurídica e democrática em suas regras e formalidades. Os procedimentos formais da legislação competente são também importantes para que uma presença política se legitime.

A *impessoalidade* é um critério de universalidade da norma, geral e abstrata, pelo qual o poder público, na generalidade das leis, se investe contra o arbitrário e se ausenta de atribuir algo a alguém cuja pessoa, como indivíduo, se situaria acima da lei. Para atender o cidadão existente em todas as pessoas e para atender o princípio de igualdade de todos ante a lei, o poder público, em seu ordenamento jurídico, tem que se distanciar da pessoalidade individual de cada qual. A impessoalidade é o momento que opõe o governo das leis ao governo dos homens, já que é a lei que dá autoridade a quem pode agir em nome dela.

A *moralidade* demanda não só o respeito às regras do jogo e aos outros princípios aqui enunciados, mas também o ataque frontal aos opostos desses princípios. Em geral, tais opostos são conhecidos e designados pelo termo corrupção, seja ela processual, seja financeira. O acesso a qualquer função ou cargo, ou a qualquer forma de serviço público, que implique uma parcela de poder pressupõe como destinatário o cidadão e não o protegido. O acesso a quaisquer desses serviços ou cargos por meio de esquemas de favor ou de proteção, também conhecidos como nepotismo, representam uma infração à ética própria dos espaços públicos. Mas não há dúvida que, além desse aspecto, a situação social que se convencionou chamar de *desordem estabelecida* é uma afronta à moralidade já que tal desordem postula contra a igualdade que conduz a uma vida mais equitativa entre os cidadãos. Isso sem contar os inúmeros aspectos de corrupção continuamente denunciados e mesmo comprovados.

A *publicidade* é a qualidade do que é público. Faz parte dessa qualidade expor a todos, ao público, algo cuja natureza tem no cidadão sua fonte e referência. Deste modo, é pública a exposição de algo que pode ser diretamente assistida por qualquer um, por exemplo, a reunião de um órgão colegiado, a defesa de uma tese acadêmica ou a realização do casamento civil. Mas também é da natureza do público o dar publicidade ou o dar conhecimento posteriores de uma realidade, do conteúdo de uma reunião ou de uma decisão que interessa a todos. Ver e ser visto, conhecer e dar a conhecer são dimensões do ser público que se opõem aos *segredos* das coisas *secretas*, vistas como dimensões próprias do privado e concernentes ao indivíduo na sua pessoalidade e na propriedade de si. A publicidade é uma forma democrática que permite ao cidadão controlar o governo na medida em que tem em mãos um instrumento para discernir a liceidade ou não dos atos governamentais.

A *eficiência* implica a efetivação concreta de deveres e na satisfação dos cidadãos nos seus direitos, efetivados com padrão de qualidade que atendam às normas técnicas, sem duplicação de meios para mesmos fins e uso de recursos contemporâneos de administração e gestão. Ela deve buscar o grau máximo de realização dos objetivos de um setor. A eficiência exige tanto conhecimentos especializados, complexos que postulam uma formação própria, mas cujos conteúdos não são mistérios ou segredos intransponíveis, quanto meios existentes para os efetivar.

Esses princípios, se e quando efetivados, colocam a transparência, o diálogo, a justiça e a competência como transversais à cidadania democrática e republicana. Eles, se válidos para todo e qualquer servidor público, com maior razão, se aplicam aos que detêm uma parcela de autoridade no âmbito do serviço público. O desafio está na construção de uma metodologia de trabalho que saiba ressalvar o exercício da autoridade que acompanha a pessoa funcional do gestor e sua dimensão compartilhada, dando a cada qual seu devido tempo e sua devida proporção.

A gestão democrática também comparece na LDB, Lei nº 9.394/96, ao retomar o que já previa a Constituição e referindo-se ao pacto federativo nos termos da autonomia dos entes federados. Trata-se do artigo 3º, VIII e do artigo 14, que diz:

> Os sistemas de ensino definirão as normas da gestão democrática do ensino público na educação básica, de acordo com as peculiaridades e conforme os seguintes princípios:
>
> I – participação dos profissionais da educação na elaboração do projeto pedagógico da escola;
>
> II – participação das comunidades escolar e local em conselhos escolares ou equivalentes.

Neste sentido, a regra legal abre espaço para a autonomia dos entes federados encaminharem a gestão democrática para além do que está definido na Constituição e na LDB. Mas é preciso considerar como sendo pertencentes à gestão democrática os artigos 12, 13 e 15 que implicam um trabalho em equipe de toda a comunidade escolar.

A LDB toma a gestão democrática também pelo ângulo de sua formação.

Os profissionais da educação devem, antes de tudo, possuir formação docente e/ou formação pedagógica de acordo com o artigo 63 da LDB e experiência docente conforme o artigo 67 da mesma lei. E esse artigo 67 no seu parágrafo único não admite o profissional da educação *para* o ensino sem que ele tenha experiência como profissional da educação *e do* ensino, ou seja, como docente. Isso significa que o ser docente (licenciado, no caso da Educação Básica) é condição de possibilidade para a gestão em estabelecimentos escolares.

O artigo 64 se refere aos profissionais da educação também conhecidos como *especialistas*, que, quando presentes no quadro de carreira dos sistemas de ensino, se pertencerem aos quadros das secretarias de educação, são empregados no serviço público. Quando eles dão suporte pedagógico direto para os que fazem da docência *o exercício do magistério*, eles exercem *outras funções do magistério* e, por se lhes exigir a experiência docente como pré-requisito para o exercício profissional de quaisquer outras funções de magistério, eles fazem parte do magistério, ou seja, dos profissionais da educação. O que o artigo 64 postula é que as funções da gestão, além da *base comum nacional*, devem ter um caráter profissional. Por isso, cabe às instituições formadoras relevante papel no estabelecimento de componentes curriculares teórico-práticos capazes de suscitar nos futuros gestores a problemática da gestão democrática.

A gestão democrática foi também alvo de atenção na Lei nº 10.127, de 9 de janeiro de 2001, mais conhecida como Plano Nacional de Educação (PNE).

Num primeiro momento, trata-se da gestão dos recursos, sua eficiência, transparência e modernidade nos meios. Num segundo momento, o texto põe em tela algo que será desenvolvido no próximo tópico e versa sobre gestão financeira e pacto federativo. Neste sentido, o texto usa de um adjetivo, no mínimo provocante, quando diz: "para que a gestão seja eficiente há que se promover o *autêntico* federalismo em matéria educacional, a partir da divisão de responsabilidades previstas na Carta Magna [...] portanto, uma diretriz importante é o aprimoramento contínuo do regime de colaboração" (grifo adicionado). Num terceiro momento é que se põe diretamente a gestão democrática, recomendando Conselhos de Educação revestidos de "competência técnica e representatividade", conselhos escolares e "formas de escolha da direção escolar que associem a garantia da competência ao compromisso com a proposta pedagógica emanada dos conselhos escolares e a representatividade e liderança dos gestores escolares".

Em matéria de objetivos e metas, o PNE propõe, no capítulo próprio, nada menos que 25 metas da Gestão, englobando os três momentos supracitados.

A meta 22 repõe para os sistemas "as normas de gestão democrática do ensino público, com a participação da comunidade"; meta 23 destaca a flexibilidade e a desburocratização nas instituições escolares; a de número 34 estabelece "a melhoria do desempenho no exercício da função ou cargo de diretores de escolas". E a de número 35 estabelece que em cinco anos, "50% dos diretores, pelo menos, possuam formação específica em nível superior" sendo que no final da década todos tenham curso superior "preferencialmente com cursos de especialização", para o que as instituições públicas de ensino superior ampliarão "a oferta de cursos de formação em administração escolar".

A República Federativa do Brasil

Os princípios enunciados são, ao mesmo tempo, causa e efeito da nova natureza da República Federativa Brasileira.

Com efeito, a Constituição Federal de 1988 reconhece o Brasil como uma República Federativa "formada pela união indissolúvel dos Estados e Município e do Distrito Federal [...]" (art. 1º da Constituição). E ao se estruturar assim o faz sob o princípio da cooperação, de acordo com os artigos 1º, XVIII, XXIII e 60, § 4º, I. Percebe-se, pois, que, ao invés de um sistema hierárquico ou dualista, comumente centralizado, a Constituição Federal montou um sistema de repartição de competências e atribuições legislativas entre os integrantes do sistema federativo, dentro de limites expressos, reconhecendo a dignidade e a autonomia próprias destes.

A Constituição faz uma escolha por um regime normativo e político, plural e descentralizado em que se cruzam novos mecanismos de participação social com um modelo institucional cooperativo que amplia o número de sujeitos políticos capazes de tomar decisões. Por isso mesmo a cooperação exige entendimento mútuo entre os entes federativos, e a participação supõe a abertura de novas arenas públicas de deliberação e mesmo de decisão.[2] A insistência na cooperação, a divisão de atribuições, a assinalação de objetivos comuns com normas nacionais gerais indicam que, nessa Constituição, a acepção de sistema se dá como sistema federativo por colaboração, tanto quanto de Estado Democrático de Direito. Essa abertura, contudo, no campo da interpretação do texto legal, dada a complexidade da teia de relações que se estabelecem, é também fonte de incertezas.

E o campo educacional, junto com a derrubada do autoritarismo e com o processo em andamento de uma nova ordem constitucional, propugnou a inclusão do princípio da gestão democrática na Constituição.

O artigo 206, VI da Constituição Federal o formaliza como tal para as escolas oficiais. O mesmo é recolocado no artigo 3º, VIII da LDB. E no artigo 14 da mesma lei o princípio é reposto e remetido a uma aplicação

---

[2] Há que se distinguir a deliberação da decisão. São dois momentos distintos. O deliberar é um ato próprio de um órgão colegiado, plural e representativo, e precede o ato decisório. O decidir reduz as muitas vontades a uma única vontade, fruto consensual pós-dissenso, que acaba por vincular todos a um ato normativo final no qual todos se viram participantes. Consulte-se Bovero (2002), especialmente o Capítulo 3.

mais concreta nas leis de todos os sistemas de ensino. Juntamente com isso, não se pode esquecer que o conjunto da LDB põe como próprio da educação a vinculação entre teoria e prática. Logo, a gestão democrática só o é mediante uma prática que articule a participação de todos, o desempenho administrativo-pedagógico e o compromisso sociopolítico.

Esse princípio, ainda que abranja tão só os sistemas de ensino propriamente públicos, se justifica como tal, com maior razão, porque a educação escolar é um direito próprio de um *serviço público* por excelência. Mesmo que legalmente não atinja o setor privado, o caráter ético e axiológico da democracia paira sobre todas as instituições escolares.

Vale lembrar que as instituições privadas são autorizadas pelos poderes públicos. Mesmo que oferecido por mãos institucionais privadas autorizadas, a educação como momento de transmissão de conhecimento e de formação para a cidadania continua sendo um serviço público. A educação escolar deve ser, em qualquer rede de ensino, um princípio antiautoritário que postula a circulação do pensamento divergente, rejeita posturas dogmáticas e, por isso, torna legítima e legal a participação do corpo docente nos projetos pedagógicos da instituição escolar.

Cabe a quem representa o interesse de todos, sem representar o interesse específico de ninguém, dar a oportunidade de acesso, a todos, desse valor que desenvolve e potencializa a razão individual e o abre para as dimensões cognitivas, sociais e políticas. O mandato legal de quem administra um estabelecimento escolar público o torna um representante de posturas, atitudes e valores centrados na democracia.

Daí a educação escolar se tornar pública como função do Estado e mais explicitamente como dever do Estado a fim de que cada indivíduo possa se autogovernar como ente dotado de liberdade e ser capaz de participar como cidadão consciente e crítico de uma sociedade de pessoas livres e iguais.

O Estado democrático de direito

Há, ainda, outra âncora constitucional que, nesse processo, dá mais um fundamento para a gestão democrática. Trata-se da noção de Estado Democrático de Direito tal como expresso em nossa Constituição no seu Preâmbulo e no seu artigo 1º, inclusive em seu parágrafo único.

Nossas Constituições proclamadas anteriores se pautaram pela definição de nosso sistema de Estado como Estado de Direito. E o Estado de Direito é um Estado em que se tem a soberania da lei, a legitimidade do sistema representativo baseado no voto popular e nas regras do jogo e a defesa dos direitos subjetivos contra o poder arbitrário. "Importante salientar que o modelo Estado de Direito é político-histórico, um Estado controlado pelas regras do Direito, implantação na política moderna da máxima aristotélica de governo das leis e não governo dos homens, como conseqüência natural, da igualdade na lei" (Souza, 2001, p. 21).

O Estado Democrático de Direito é aquele que reconhece explicita e concretamente a soberania da lei e do regime representativo e por isso é um Estado de Direito. Ao mesmo tempo, reconhece e inclui o poder popular como fonte do poder e da legitimidade e o considera como componente dos processos decisórios mais amplos de deliberação pública e de democratização do próprio Estado. Veja-se, por exemplo, o artigo 14 da Constituição que, decorrente do artigo 1º, reconhece o referendo, o plebiscito e a iniciativa popular como formas alternativas e complementares do processo democrático representativo como que a reforçar o princípio democrático-rousseauniano da "vontade geral".

> O Estado democrático de Direito é um Estado com constituição limitadora do poder através do império do direito, mas, também, legitimação democrática do poder, poder baseado na soberania e vontade popular e, neste sentido, o Estado Democrático de Direito ou de Direito Democrático assumiria dimensões várias: juridicidade, democracia, sociabilidade, sustentabilidade ambiental, como membro da Comunidade Internacional observador dos limites das regras e dos princípios internacionais (princípios como a autodeterminação, direitos humanos, entre outros) (Souza, 2001, p. 42).

A gestão democrática é um princípio do Estado nas políticas educacionais que espelha o próprio Estado Democrático de Direito e nele se espelha postulando a presença dos cidadãos no processo e no produto de políticas dos governos. Os cidadãos querem mais do que ser executores de políticas, querem ser ouvidos e ter presença em arenas públicas de elaboração e nos momentos de tomada de decisão. Trata-se de *democratizar a própria democracia*. Tal é o caso dos múltiplos Conselhos hoje existentes no âmbito de controle e fiscalização de recursos obrigatórios para a educação escolar, da merenda e de outros assuntos. Tal é o caso também dos orçamentos participativos em diversos municípios do país. É neste sentido que a gestão democrática é um princípio constituinte dos Conselhos intraescolares como os Colegiados, o Conselho da Escola, os Conselhos dos Professores e outras formas colegiadas de atuação.

Dessa forma, o Estado Democrático de Direito inclui, completa, amplia e ressignifica o Estado de Direito e se torna antídoto do Estado Autoritário. E ele é também um Estado não conformista e, agindo em vista do bem coletivo e de cada um, ele inclui a justiça social como um parâmetro de ação e, neste sentido, intervém na desigualdade e na exclusão.

A gestão democrática

A gestão democrática da educação é, ao mesmo tempo, transparência e impessoalidade, autonomia e participação, liderança e trabalho coletivo, representatividade e competência.

Voltada para um processo de decisão baseado na participação e na deliberação pública, a gestão democrática expressa um anseio de crescimentos dos indivíduos como cidadãos e do crescimento da sociedade na qualidade de sociedade democrática. Por isso a gestão democrática é a gestão de uma administração concreta. Por que concreta? Porque o concreto (*cum crescere*, do latim é "crescer com") é o nasce com e que *cresce com* o outro. Esse caráter genitor é o horizonte de uma nova cidadania em nosso país, em nossos sistemas de ensino e em nossas instituições escolares. Afirma-se, pois, a escola como espaço de construção democrática, respeitado o caráter específico da instituição escolar como lugar de ensino/aprendizagem.

O *crescer-com* significa, em primeiro lugar, aquilo que Aristóteles, na *Política*, fala do cidadão como sendo aquele que é capaz de exercer o poder. Mas este só aprende a exercer o poder se aprendeu a obedecer como cidadão não ocupante de um cargo de poder. O exercício de uma liderança implica alguém que deve se responsabilizar por atos de deliberação e de decisão. Mas, no espírito da Constituição e do movimento que a gerou, essa liderança é colegiada e é democrática. Trata-se, pois, da ponte entre o indivíduo e um colegiado, entre a tomada de decisão e a participação em cujas bases encontra-se o diálogo como método e como fundamento.

Esta é a provocação trazida pelos artigos 12 e 13 da LDB e a incitação a um trabalho coletivo, articulado e dialogal.

Neste sentido, a gestão democrática é uma gestão de autoridade compartilhada.

Mas, por implicar tanto unidades escolares como sistemas de ensino, a gestão vai além do estabelecimento e se coloca como um desafio de novas relações (democráticas) de poder entre o Estado, o sistema educacional e os agentes desse sistema nos estabelecimentos de ensino.

Nascem daí os desafios, nascem daí as perspectivas de uma democratização da escola brasileira, seja como desconstrução de desigualdades, de discriminações, de posturas autoritárias, seja como construção de um espaço de criação de igualdade de oportunidades e de tratamento igualitário de cidadãos entre si.

É desse conjunto que a gestão democrática impõe a questão dos fins da educação e que foi tão bem expressa no artigo 205 da Constituição Federal de 1988: "A Educação, direito de todos e dever do Estado e da família, será promovida e incentivada com a colaboração da sociedade, visando ao pleno desenvolvimento da pessoa, seu preparo para o exercício da cidadania e sua qualificação para o trabalho".

Referências

ARENDT, Hannah. *A condição humana*. Rio de Janeiro: Forense, 1991.

BOBBIO, Norberto. O *futuro da democracia*. Rio de Janeiro: Paz e Terra, 1986.

BOVERO, Michelangelo. *Contra o governo dos piores: uma gramática da democracia*. Campinas: Campus, 2002.

CHAUI, Marilena. *Brasil: mito fundador e sociedade autoritária*. São Paulo: Perseu Abramo, 2000.

COUTINHO, Carlos Nelson. *Cultura e Sociedade no Brasil: ensaios sobre idéias e formas*. Rio de Janeiro: DP&A, 2000.

CUNHA, Luiz Antonio *Educação, Estado e democracia no Brasil*. São Paulo: Cortez; Rio de Janeiro: EDUFF, 1991.

PRZEWORSKI, Adam. *Capitalismo e social-democracia*. São Paulo: Companhia das Letras, 1989.

SOUZA, Luiz Eduardo de. *A transformação do paradigma legal no Estado de Direito: considerações oportunas*. In: MIRANDA, Alessandra de la Veja *et al*. *Estudos de Direito Público: desafios e utopia*. Porto Alegre: Síntese, 2001.

Quadragésimo ano do Parecer CFE n. 977/65[1]

> *Em nosso entender um programa eficiente de estudos pós-graduados é condição básica para conferir à nossa universidade caráter verdadeiramente universitário, para que deixe de ser instituição apenas formadora de profissionais e se transforme em centro criador de ciência e cultura.*
>
> PARECER 977/65

Antecedentes

A qualificação de professores e de pesquisadores de um país de formação colonial peculiar que não estimulou a formação autóctone de intelectuais e pesquisadores, de seletividade sociopolítica que excluiu contingentes humanos enormes, gerou impedimentos estruturais para uma afirmação autônoma e ampliada do ensino superior. Por isso, quando as condições internas permitiram uma formação mais abrangente, a capacidade externa serviu de referência para criar um sistema autônomo de pós-graduação, em especial na capacitação de um corpo docente qualificado e titulado. À competência adquirida no exterior somava-se aquela já conseguida dentro do país e tinha-se, então, como resultado a ampliação de pesquisadores e professores dentro do próprio país. Esse corpo docente constituir-se-ia na "massa crítica" que daria suporte humano à criação do sistema. Pode-se dizer que a consolidação do sistema de pós-graduação no Brasil, desde o final dos anos 1960, contou também com o investimento consciente, propiciado pelo Estado, em matéria de capacidade adquirida no exterior.

---

[1] Publicado originalmente em: *Revista Brasileira de Educação*, Rio de Janeiro, n. 30, p. 7-20, set./dez., 2005.

Mas, para aí se chegar, um longo processo deveria ser trilhado. E o primeiro marco específico desse itinerário se situa nos anos 1930. Em 1931, Francisco Campos, agora Ministro da Educação e Saúde Pública do Governo Provisório de Getúlio Vargas, por meio do Decreto nº 19.851 de abril de 1931, impunha a "investigação científica em quaisquer domínios dos conhecimentos humanos" (art. 1º) como finalidade do ensino universitário. Esse decreto institucionaliza também cursos de aperfeiçoamento e de especialização como forma de aprofundamento de conhecimentos profissionais e científicos. No artigo 32, diz-se que "nos institutos universitários será atendido a um tempo o duplo objetivo de ministrar o ensino eficiente dos conhecimentos humanos adquiridos e de estimular o espírito de investigação original, indispensável ao progresso das ciências". O decreto também previa um Museu Social (art. 110) como lugar congregador de informação e de pesquisas voltadas para os problemas nacionais. O título de doutor, posto no artigo 90, devia se apoiar em uma tese do que resultaria tanto a expedição de um diploma como a assinalação de uma dignidade honorífica.

Ainda nos mesmos anos 1930, a então Universidade de Minas Gerais (futura UFMG) cria seu doutorado em Direito e é criada a Universidade de São Paulo (USP), com forte presença de intelectuais franceses que auxiliaram na implantação dessa prestigiosa universidade estadual com destaque para a abertura dos cursos e inovação de métodos e técnicas de investigação científica.

No *Manifesto da Fundação da Escola de Sociologia e Política de São Paulo*,[2] em 1933, lamenta-se como lacuna na "reorganização da vida do país a inexistência de uma elite numerosa e organizada, instruída sob métodos científicos, a par das instituições e conquistas do mundo civilizado". A Escola se propõe a contratar "professores de renome fora do país e [manter] intercâmbio com instituições estrangeiras análogas [...]". Segundo esse manifesto, "não há exemplo de civilização alguma que não tivesse por alicerce elites intelectuais sábias e poderosamente construídas". Em 1941, essa escola é instalada e abre-se nela um curso de mestrado com a presença e o apoio de pesquisadores norte-americanos.

Em 1946, o Decreto nº 21.321, de 18 de junho, aprovou o Estatuto da Universidade do Brasil. Em seu artigo 71, reconhece a existência de cursos de pós-graduação cuja finalidade destina-se à especialização profissional, ficando os cursos de doutorado a critério do regimento da universidade. Diz o artigo 76: "Os cursos de pós-graduação, destinados aos diplomados, terão por fim especial a formação sistemática de especialização profissional, de acordo com o que for estabelecido pelo regimento".

---

[2] Disponível em: <www.fespsp.org.br?mantenedora/manifesto>.

Já o artigo 77 afirma: "Os cursos de doutorado serão criados pelas Escolas e Faculdades e definidos nos respectivos regimentos, segundo conveniências específicas". E o artigo 119 diz que, em casos especiais, um professor catedrático ou adjunto terá dispensa temporária, até um ano "a fim de que se devote à pesquisa em assuntos de sua especialidade, no país ou no estrangeiro".

Em 1949, o presidente Dutra encaminha ao Congresso o projeto de lei elaborado por uma comissão cujo presidente era o Almirante Álvaro Alberto, criando um Conselho Nacional de Pesquisa (CNPq). Esse conselho foi criado pela Lei nº 1.310, de janeiro de 1951. Nessa lei, o artigo 3º diz explicitamente que ao Conselho compete:

a) promover investigações científicas e tecnológicas por iniciativa própria, ou em colaboração com outras instituições no país ou no exterior;

b) auxiliar a formação e o aperfeiçoamento de pesquisadores e técnicos, organizando ou cooperando na organização de cursos especializados, sob a orientação de professores nacionais ou estrangeiros, concedendo bolsas de estudo ou de pesquisa e promovendo estágios em instituições técnico-científicas e em estabelecimentos industriais no país ou no exterior.

[...]

f) manter-se em relação com instituições nacionais ou estrangeiras para intercâmbio de documentação técnico-científica e participação nas reuniões e congressos, promovidos no país ou no exterior, para estudo de temas de interesse comum.

Esse conselho, mais conhecido pela sua sigla CNPq até hoje, dá grande sustentação à formação de pesquisadores e estudiosos em todas as áreas do conhecimento, com vasto número de programas, auxílios e investimentos.

Nos anos 1950 e 1960, havia uma forte corrente que defendia o doutorado como forma regular e institucionalizada de se criar um corpo permanente de cientistas no país.[3] Cumpre registrar que, em 1952, o Brasil firmou um acordo com os Estados Unidos pelo qual se celebraram vários convênios entre universidades. Assim, muitos estudantes foram para os Estados Unidos a fim de fazerem seus mestrados e doutorados. E muitos professores norte-americanos vieram para o Brasil com o objetivo de desenvolver programas de pós-graduação.

---

[3] Ver a esse respeito a tese de doutoramento de Janete Magalhães Carvalho (1992).

Em 1951, decola a iniciativa de Anísio Teixeira que cria, junto ao Ministério da Educação e Saúde, a Campanha de Aperfeiçoamento do Pessoal de Nível Superior (CAPES), pelo Decreto nº 29.741, de 11 de junho de1951, assinado por Getúlio Vargas e Simões Filho e que, até hoje, dá grande suporte às instituições formadoras de docentes e de pesquisadores.

Apesar disso, antes da consolidação das universidades públicas federais e estaduais, nos anos 1950 e 1960, segundo Beiguelman (1997, p. 34):

Eram poucas as universidades brasileiras onde era possível a realização de estudos de pós-graduação, além do que, nessa época, a pós-graduação brasileira, por seguir o modelo francês antigo, visava apenas ao título de Doutor. Não havia o Mestrado entre nós, e o título de Doutor, alcançado de modo exageradamente artesanal, era ostentado por um número muito reduzido de pessoas.

A criação específica da pós-graduação teve um dos seus momentos mais significativos na fundação da Universidade de Brasília (UnB), pela Lei nº 3.998, de 15 de dezembro de 1961. Nessa universidade, a pós-graduação se tornou uma atividade institucional. Pode-se ler no artigo 9º dessa mesma lei:

A Universidade será uma unidade orgânica integrada por Institutos Centrais de Ensino e de Pesquisa e por Faculdades destinadas à formação profissional, cabendo:

I – Aos Institutos Centrais, na sua esfera de competência:

a) ministrar cursos básicos, de ciências, letras e artes;

b) formar pesquisadores e especialistas; e

c) dar cursos de pós-graduação e realizar pesquisas e estudos nas respectivas especialidades.

II – As Faculdades, na sua esfera de competência:

a) ministrar cursos de graduação para formação profissional e técnica;

b) ministrar cursos de especialização e de pós-graduação;

c) realizar pesquisas e estudos nos respectivos campos de aplicação científica, tecnológica e cultural.

Em 30 de setembro de 1964, o Decreto nº 54.356, assinado pelo presidente Castelo Branco e pelo ministro Flávio Suplicy Lacerda, dispõe sobre a atual Coordenação do Aperfeiçoamento de Pessoal de Nível Superior, vinculada ao Ministério da Educação (MEC). Nesse decreto vê-se que, entre os objetivos da CAPES, está a concessão de bolsas a graduados para estudos no país e no estrangeiro. Conforme Martins (1991, p. 94): "O desenvolvimento do sistema nacional de programas de mestrado e doutorado tem seu ponto de partida de aceleração em fins da década dos anos 60, dentro de um quadro que, moldado pelo movimento revolucionário de 1964, estabeleceu uma nova ordem política que, por ações rápidas e efetivas, pretendia apresentar resultados que justificassem sua implantação, particularmente no domínio econômico".

Em 1982, o Decreto nº 86.816, de 5 de janeiro de 1982, alterou as funções da CAPES, cuja estrutura básica ficou mantida até os dias atuais. Entre outras finalidades da CAPES postas nesse decreto, cumpre assinalar:

> II – elaborar o Plano Nacional de Pós-Graduação bem como acompanhar e coordenar a sua execução;
>
> [...]
>
> V – acompanhar e avaliar os cursos de pós-graduação e a interação entre ensino e pesquisa;
>
> [...]
>
> VIII – manter intercâmbio e contato com outros órgãos da administração pública ou com entidades privadas, inclusive internacionais ou estrangeiras, visando à celebração de convênios, acordos, contratos e ajustes relativos à pós-graduação e aperfeiçoamento de pessoal de nível superior, obedecidas as diretrizes estabelecidas pela Secretaria Geral do MEC, relativas aos assuntos internacionais.

A CAPES acabou absorvendo o extinto Conselho Nacional de Pós-Graduação.

Uma das razões do sucesso da política de pós-graduação se deve a essa continuidade aperfeiçoada que sempre contou com o fomento do Estado, o apoio e a participação da comunidade científica.[4]

A pós-graduação no Brasil: do Parecer 977/65 aos dias atuais

O ano 2005 registra o quadragésimo ano do Parecer 977, de 3 dezembro de 1965, do então Conselho Federal de Educação (CFE). Exarado pela Câmara de Ensino Superior daquele Conselho, teve como relator o conselheiro Newton Sucupira.

Esse parecer tem como objeto, além da definição da pós-graduação, seus níveis e suas finalidades. Além do relator, o parecer foi assinado por nomes altamente significativos da Câmara de Educação Superior, todos bons conhecedores da educação nacional: Clóvis Salgado, José Barreto Filho, Maurício Rocha e Silva, Dumerval Trigueiro, Alceu Amoroso Lima, Anísio Teixeira,

---

[4] A única tentativa de destruir a CAPES se deu sob o desastrado governo Collor.

Valnir Chagas e Rubens Maciel. Era presidente dessa Câmara o Conselheiro Antonio Ferreira de Almeida Junior.

Pode-se afirmar que, do ponto de vista doutrinário, em matéria oficial, esse Parecer continua sendo a grande, senão a única, referência sistemática da pós-graduação no Brasil. E isso em 40 anos que conheceram importantes mudanças no quadro político do país.

A iniciativa próxima relativa ao parecer nasceu de uma solicitação do então ministro da Educação e Cultura, Flávio Suplicy de Lacerda (15/04/64 a 10/06/1966), do governo Castelo Branco. Nela, o ministro solicita ao Conselho Federal de Educação um pronunciamento em vista da "necessidade de implantar e desenvolver o regime de cursos de pós-graduação em nosso ensino superior", cuja institucionalização e regulamentação viria superar "a imprecisão, que reina entre nós, sobre a natureza desses cursos".

O Parecer CFE 977/65, tendo sido homologado pelo ministro da Educação em 6 de janeiro de 1966 e publicado no Diário Oficial da União em 20 de janeiro de 1966, passou a conceituar e normatizar os cursos de pós-graduação no Brasil.

O parecer se apoia inicialmente no artigo 69 da Lei de Diretrizes e Bases da Educação Nacional (LDB), que diz:

> Art. 69. Nos estabelecimentos de ensino superior podem ser ministrados os seguintes cursos:
>
> a) de graduação, abertos à matrícula de candidatos que hajam concluído o ciclo colegial ou equivalente, e obtido classificação em concurso de habilitação;
>
> b) de pós-graduação, abertos a matrícula de candidatos que hajam concluído o curso de graduação e obtido o respectivo diploma;
>
> c) de especialização, aperfeiçoamento e extensão, ou quaisquer outros, a juízo do respectivo instituto de ensino, abertos a candidatos com o preparo e os requisitos que vierem a ser exigidos.

Mas, entendendo que o artigo 70 da LDB só dava competência ao CFE para regulamentar cursos superiores que habilitassem os formandos com diplomas asseguradores de privilégios para o exercício de profissões liberais, o relator busca apoio na Lei nº 4.881, de 6 de dezembro de 1965, Lei do Estatuto do Magistério.[5] Esta determinava que o CFE teria 60 dias para conceituar e fixar as características da pós-graduação:

---

[5] O Parecer 977 é de 3 de dezembro de 1965, a Lei do Estatuto é de 6 de dezembro de 1965. Mas a homologação e a publicação do parecer são posteriores à Lei. O próprio Newton Sucupira (1980, p. 15) reconhece essa cronologia: "logo após [o Estatuto] o Conselho confirmava o Parecer 977/65,

Art. 25. O Conselho Federal de Educação, no prazo de 60 (sessenta) dias, a contar da data da publicação da presente Lei, conceituará os cursos de pós-graduação e fixará as respectivas características.

Parágrafo único. Os cursos a que se refere o presente artigo poderão ser supridos, para efeito do disposto nesta Lei, por cursos de características equivalentes realizados, no exterior, em instituições de reconhecida idoneidade.

Essa lei, sancionada em 6 de dezembro de 1965, é publicada em 10 de dezembro, portanto, sete dias após a aprovação do Parecer 977/65 no CFE.[6]

O parecer, após uma introdução referida ao aviso ministerial, possui sete tópicos: a origem da pós-graduação, sua necessidade, seu conceito, o exemplo da pós-graduação nos Estados Unidos, a pós-graduação na LDB, a pós-graduação e o Estatuto do Magistério e a definição e caracterização da pós-graduação. Antes das assinaturas da comissão, o relator assinala 16 conclusões.

De acordo com esse parecer, a pós-graduação teria como objetivos tanto a formação de um corpo docente preparado e competente, quanto a de pesquisadores de alto nível e a qualificação profissional de outros quadros técnico-administrativos necessários ao desenvolvimento nacional. A pós-graduação deveria ter lugar na universidade na medida em que é "integrante do complexo universitário, necessária à realização dos fins essenciais da universidade". Só excepcionalmente, mediante parecer autorizatório do CFE, poderia haver pós-graduação em institutos isolados.

No parecer há o reconhecimento de que o sistema de ensino superior brasileiro ainda "não dispõe de mecanismos capazes de assegurar a produção de quadros docentes qualificados". Aliás, o parecer, atento ao aviso ministerial que lembra o caráter impreciso "que reina entre nós, sobre a natureza desses cursos", recorda que o conselheiro Clóvis Salgado já havia proposto uma indicação para que o CFE, de acordo com o artigo 69 da LDB, conceituasse "pós-graduação, especialização, aperfeiçoamento e extensão de que trata o artigo".

O relator aponta os vários modos de ser dessa modalidade de curso superior em países estrangeiros como o francês, o alemão e, em especial, o norte-americano. O parecer reserva um tópico específico para o paradigma norte-americano de pós-graduação:

> [...] o Aviso ministerial não se limita a solicitar uma interpretação, mas indica certos pontos básicos em função dos quais seria disciplinada a

---

entendendo dar assim cumprimento ao que dispunha o citado art. 25". De todo o modo, a lei estabeleceu que, no plano de carreira, a pós-graduação seria levada em conta.

[6] Mas o parecer, como observado, só foi publicado em 20 de janeiro de 1966, após a homologação ministerial em 6 de janeiro de 1966.

pós-graduação. Entende o Sr. Ministro que esses cursos, destinados à formação de pesquisadores e docentes para os cursos superiores, deveriam fazer-se em dois ciclos sucessivos, "equivalente aos de *master* e *doctor* da sistemática norte-americana."[7]

No tópico sobre a origem histórica da pós-graduação, o relato destaca que o nome e o sistema da pós-graduação "tem sua origem próxima na própria estrutura da universidade norte-americana [...]". Nela, pós-graduação se volta para "estudos avançados, [...] estudos regulares com vista a um grau superior". Reconhece que o desenvolvimento desses estudos se impõe nos Estados Unidos como "produto da influência germânica", instando a universidade a ir além da transmissão de conhecimento para se tornar um lugar de "elaboração de novos conhecimentos mediante a atividade de pesquisa criadora".

No item sobre a necessidade da pós-graduação, o relator a faz proceder "do extraordinário progresso do saber em todos os setores", pelo que a graduação – momento da formação básica superior – não dá conta de acompanhar o ritmo das pesquisas e nem seria razoável supor que todos os graduandos quisessem avançar da formação profissional básica para o pesquisador e cientista. Usando da metáfora da infra (graduação) e da supraestrutura (pós-graduação), diz o parecer: "[...] o desenvolvimento do saber e das técnicas aconselha introduzir na universidade uma espécie de diversificação vertical com o escalonamento de níveis de estudo que vão desde o ciclo básico, a graduação até a pós-graduação".

Segundo o parecer, o sistema de ciclos sucessivos do ensino superior francês é similar a esta *diversificação vertical*. "A pós-graduação torna-se, assim, na universidade moderna, cúpula dos estudos, sistema especial de cursos exigido pelas condições da pesquisa científica e pelas necessidades do treinamento avançado".

Como diz seu relator, o sistema brasileiro está em descompasso com o nível internacional.[8] "Permanecemos até agora aferrados à crença simplista

---

[7] O famoso relatório Meira Mattos, produto do Decreto nº 62.024, de 29 de dezembro de 1967, apresentado ao Ministro Tarso Dutra já incorpora explicitamente, no nível universitário, *o mestrado e o doutoramento*, voltados para *os mais capacitados*. Neste caso, Cunha (1988) assinala a sincronia entre este relatório e o Parecer 977/65. Sobre os relatórios Atcon e Meira Mattos, ver Fávero (1991). Também Nicolato (1986), estudando o Relatório MEC-USAID, desde 1965, demonstra como nele a institucionalização da pós-graduação e uma política de incentivo à pesquisa científica comparecem como propostas de formação de quadros de magistério e de desenvolvimento da pesquisa científica apoiados por sistema de incentivos, entre os quais as bolsas de estudo.

[8] O artigo de Newton Sucupira, de 1980, procura preencher certo vácuo que ficou no parecer, isto é, a ausência de um histórico da pós-graduação no Brasil.

de que, no mesmo curso de graduação, podemos formar indiferentemente o profissional comum, o cientista e o tecnólogo. O resultado é que, em muitos setores das ciências e das técnicas, o treinamento avançado de nossos cientistas e especialistas há de ser feito em universidades estrangeiras."

E, para dotar o país de um processo sistemático de pós-graduação, é preciso urgência "a fim de que possamos formar os nossos próprios cientistas e tecnólogos, sobretudo tendo em vista que a expansão da indústria brasileira requer número crescente de profissionais criadores, capazes de desenvolver novas técnicas e processos, e para cuja formação basta a simples graduação".

No tópico relativo ao conceito de pós-graduação, o relator precisa a natureza desta. Começa por distinguir a pós-graduação *lato sensu* e a *stricto sensu*. A primeira designa todo e qualquer curso que se segue à pós-graduação. E cita como tais os cursos de especialização que se destinam ao treinamento nas partes de que se compõe um ramo profissional ou científico a fim de formar o profissional especializado. Eles não visam abranger "o campo total do saber em que se insere a especialidade", expedindo um certificado. Já a pós-graduação *stricto sensu* realiza fins essenciais da universidade por atender estudos e pesquisas avançados de modo regular, permanente e propiciando um "grau acadêmico que deverá ser de uma alta competência científica em determinado ramo do conhecimento [...] mesmo atuando em setores profissionais tem objetivo essencialmente científico, enquanto a especialização tem sentido eminentemente prático-profissional [...]".

O parecer, na seção subsequente, apresenta a pós-graduação norte-americana como um exemplo. "Sendo, ainda, incipiente a nossa experiência em matéria de pós-graduação, teremos de recorrer inevitavelmente a modelos estrangeiros para criar nosso próprio sistema. O importante é que o modelo não seja objeto de pura cópia, mas sirva apenas de orientação. Atendendo ao que nos foi sugerido pelo aviso ministerial, tomaremos como objeto de análise a pós-graduação norte-americana, cuja sistemática já provada por uma longa experiência tem servido de inspiração a outros países."

O parecer retém do sistema norte-americano os dois níveis (mestrado, doutorado), a distinção entre mestrado profissional e mestrado de pesquisa (M.A), doutorado profissional e doutorado de pesquisa (PhD), as áreas de concentração (*major*) e de domínio conexo (*minor*), a sistemática de cursos/créditos com grande flexibilidade, duração variável, exames de qualificação, domínio de língua estrangeira, acompanhamento dos estudos e pesquisas por um orientador e a exigência da dissertação para o mestrado e da tese para o doutorado.

Ainda comentando o modelo americano relativo à sequenciação mestrado/doutorado, diz o parecer: "[...] embora hierarquizados, são dois graus relativamente autônomos, isto é, o PhD não exige necessariamente o M.A. como requisito indispensável. [...] de qualquer modo o Mestrado se justifica como grau autônomo por ser um nível da pós-graduação que proporciona maior competência científica ou profissional para aqueles que não desejam ou não podem dedicar-se à carreira científica."

Além de requisitos severos de admissão, diz o relator: "Característica fundamental da pós-graduação norte-americana é que o candidato ao Mestrado e ao Doutorado, além da tese, dissertação ou ensaio, deverá seguir certo número de cursos, participar de seminários e trabalhos de pesquisa, e submeter-se a uma série de exames, incluindo-se as provas de língua estrangeira".

O parecer prossegue com o tópico da pós-graduação na LDB. O autor comenta e interpreta o artigo 69 da LDB de então (Lei nº 4.024/61), dizendo que se distinguem, no ensino superior, a graduação, a pós-graduação e a especialização. Mas ela "não chega a determinar a natureza da pós-graduação. Se essa indefinição dá margem à iniciativa criadora das universidades", a falta de tradição e experiência pode gerar "certa confusão". O relator assume sua função legal de conselheiro interpretando a lei nos limites da própria lei. A lei autoriza uma interpretação da pós-graduação como "categoria própria", estabelece a necessidade de matrícula para os já graduados, o que denota a necessidade de esse nível ser de caráter permanente e regular. E, além da matrícula, os estabelecimentos podem fixar critérios próprios para os processos seletivos, pois "a pós-graduação por sua própria natureza implica alta seletividade intelectual". E o relator continua afirmando que, naquele momento, o Conselho Federal só poderia "definir oficialmente a pós-graduação", mas careceria de competência no sentido de uma regulamentação geral desses cursos, exceto os cursos capazes de "assegurar privilégio para o exercício de profissão liberal" de acordo com o artigo 70 da mesma lei.

Por isso, a fim de permitir ao CFE fazer essa regulamentação geral, o item seguinte vai se apoiar no Estatuto do Magistério, Lei nº 4.881, de 6 de dezembro de 1965. Com isso, "[...] o controle dos cursos poderá ser feito por meio do reconhecimento, pelo menos à maneira de *accreditation*", já que deixa a si "a pós-graduação, na maioria dos casos, se limitará a repetir a graduação [...]". Mas a pós-graduação – "essencial à renovação de nossa universidade" – exige princípios doutrinários e "também critérios operacionais e normas que dirijam e controlem sua implantação e desenvolvimento".

Um primeiro elemento seria a pós-graduação como prerrogativa das universidades, embora excepcionalmente pudesse ser levada adiante por uma instituição isolada.

A definição e as características do mestrado e do doutorado ocupam o ponto seguinte do parecer. A pós-graduação seria escalonada em dois níveis:

mestrado, com duração mínima de um ano, e doutorado, com duração mínima de dois anos. Os programas teriam matérias próprias de uma área de concentração e outras específicas de área de domínio conexo. Duas fases caracterizariam a trajetória dos estudantes: aulas, seminários computados em um tempo de 360 a 450 horas e exame geral seguidos da investigação da qual resultará a dissertação ou tese. Contudo, "o mestrado não constitui obrigatoriamente requisito prévio para inscrição no curso de doutorado".[9]

No que concerne aos tipos de doutorado, o relator propõe que o doutorado de pesquisa "seja articulado com as quatro grandes áreas seguintes: Letras, Ciências Naturais, Ciências Humanas e Filosofia. Quanto aos doutorados profissionais teriam a designação do curso correspondente como, por exemplo, Doutor em engenharia, doutor em medicina, etc.". Com relação ao mestrado, propõe "que o mestrado seja qualificado pela denominação do curso, área ou matéria correspondente".

Nas conclusões finais, em número de 16, o relator explicita que os "cursos de pós-graduação devem ser aprovados pelo Conselho Federal de Educação para que seus diplomas sejam registrados no Ministério da Educação e possam produzir efeitos legais. Para isso o Conselho baixará normas fixando os critérios de aprovação dos cursos".

Comentando a organização da sistemática proposta para a pós-graduação no parecer, diz Bomeny (2001, p. 68): "Oferece assim, o máximo de assistência e orientação ao aluno em seus estudos, sem prejuízo de sua liberdade de escolha e definição de sua própria agenda de investimento acadêmico".

Este parecer, visto sempre como a base doutrinária e normativa da pós-graduação sistemática, será referência constante das outras normatizações que se lhe seguiram e para a solução de questões suscitadas na implantação dos programas e dos cursos.

Em um artigo de revista da área de educação, nos anos 1980, o autor/relator do parecer assim se expressou:

> A pós-graduação sob a forma de cursos de mestrado e doutorado é fenômeno recente no ensino superior brasileiro. Mas seu aparecimento no cenário de nossa educação superior não é fruto de uma decisão intempestiva do CFE. É o resultado de um processo intimamente vinculado ao movimento de modernização da universidade brasileira, que teve seu início na década de 50 (SUCUPIRA, 1980, p. 3).

---

[9] Mesmo que as estruturas curriculares da pós-graduação não fossem como na graduação, caracterizadas pelo currículo único, e internamente os cursos tivessem aí ampla liberdade, o modelo normatizado pelo parecer acaba formalizado em um modelo único. Nesse sentido, tem fim o sistema de doutorado "antigo", por exemplo, tal como praticado até então na USP.

E em outro trecho diz:

> [...] o Parecer 977/65 não impôs um sistema de cursos estranho ao ensino superior brasileiro, mas veio ao encontro de experiências que já se generalizavam, embora vacilantes. Deu-lhes forma precisa definindo uma sistemática que contribuiu decisivamente para o desenvolvimento da pós-graduação. Correspondeu, assim, a uma das exigências profundas do movimento da reforma universitária deflagrado na segunda metade da década de 50 (p. 17).

O autor relata um histórico detalhado e documentado da pós-graduação entre 1931 e 1965. Nele, Francisco Campos, por exemplo, com sua reforma universitária de 1931, é visto como "pioneiro da pós-graduação *stricto sensu*". Em que pese a procedência de tal histórico, o autor do artigo dá ao Parecer 977/65 o lugar culminante e finalístico de um processo de amadurecimento da universidade brasileira.

O impacto normativo do Parecer

O desejo de Reforma Universitária era um horizonte comum de muitos grupos sociais, vários intelectuais desde os anos 1950. O início dos anos 1960 conhece os movimentos estudantis como protagonistas mobilizadores de uma reforma. Por sua vez, após a ditadura militar, o Brasil teve uma eliminação prática de fóruns plurais e abertos de discussão dos problemas. Nesse sentido, o regime militar deu a sua resposta, na forma que lhe convinha, a esse longo movimento de busca de uma universidade a ser renovada.[10]

Assim, foi constituído um Grupo de Trabalho da Reforma Universitária (GTRU), em 2 de julho de 1968, pelo Decreto nº 62.937/68. Esse relatório postulava "eficiência, modernização, flexibilidade administrativa e formação de recursos humanos de alto nível para o desenvolvimento do país". Entre tais postulações estava a criação dos cursos de pós-graduação, sob a iniciativa do Governo Federal, de vez que os recursos para tal deveriam ser altos, e o impacto de tal iniciativa estava muito além da capacidade isolada das universidades. "O relatório do GTRU afirma a urgência de se promover a consolidação dos cursos de pós-graduação, tendo em vista a necessidade do país de formar seus próprios cientistas, professores e técnicos que há muito recorriam às universidades estrangeiras" (OLIVEIRA, 1995, p. 63).

O Relatório acolhia a pós-graduação como pré-requisito e correquisito da universidade moderna cujos estudos e pesquisas ajudariam tanto

---

[10] Muitos são os trabalhos sobre esse período como, por exemplo, os de Cunha (1988), Rodrigues (1982), Germano (1993), Oliveira (1980) e Fávero (1996). Especificamente sobre o CFE, ver Horta (1982).

na formação de quadros quanto no incremento da pesquisa de alto nível. O Relatório do GTRU instava a urgência de uma política nacional de pós-graduação que centralizasse esforços e possibilitasse iniciativas adequadas. Do relatório surgiu a ideia de se criarem Centros Regionais de Pós-Graduação. Tais centros seriam criados formalmente por meio de dois decretos: o de número 63.343/68, que os criava, e o de número 64.085/69, que determinava a constituição de um grupo executivo para levar os centros adiante.

Tanto o Parecer 977/65 quanto a sugestão de um GTRU serão referendados pela Lei nº 5.540/68, Lei de Reforma Universitária, de 28 de novembro de 1968, imposta pelo regime militar.[11] De recorte centralizador, essa reforma se impôs em um clima próprio das ditaduras, avesso ao diálogo. Mesmo assim, a universidade foi adequadamente definida como instituição que se caracteriza pela indissociabilidade entre ensino, pesquisa e extensão.

Foi sob o regime militar que a pós-graduação se desenvolveu como patrimônio institucional da qualificação de docentes e como elemento fundamental da criação de um sistema nacional de ciência e tecnologia. Iniciam-se os cursos de pós-graduação em Viçosa (na hoje Universidade Federal de Viçosa), no Rio de Janeiro (na então Universidade do Brasil, hoje Universidade Federal do Rio de Janeiro, UFRJ) e no Instituto de Tecnologia da Aeronáutica (ITA), sob a inspiração do modelo norte-americano. Afinal, para o *establishment* político, a nossa fragilidade científica era vista mais como causa do "atraso" do que como consequência de uma dependência mais ampla e de uma exclusão secular em matéria de educação nacional, em especial, na escolarização básica.

Como diz Cunha (1988, p. 46):

> Nos anos 60, apesar do regime autoritário em processo de acirramento (a lei n. 5.540/68 foi promulgada apenas um mês antes do Ato Institucional n. 5), houve uma busca de alianças com professores e pesquisadores, o que permitiu o desenvolvimento da pós-graduação e da pesquisa, diferenciando o panorama universitário brasileiro das demais ditaduras militares latino-americanas.

Sob essa perspectiva contraditória, a institucionalização da pós-graduação no país caminhou no sentido de um Sistema Nacional de Pós-Graduação.

O Decreto nº 64.085, de 11 de fevereiro de 1968, provê a instituição de uma Comissão Executiva para efetivar o Programa de Implementação dos

---

[11] Comentando essa situação, Bomeny (2001, p. 69) analisa: "embora tenha sido escrito e aprovado no regime militar, o parecer não carregou para o seu autor a marca que nele seria impressa com o outro parecer que viria redefinir a vida universitária brasileira".

Centros Regionais de Pós-Graduação,[12] instituídos pelo Decreto nº 63.343, de 1º de outubro de 1968. O artigo 1º desse decreto diz: "d) criar condições favoráveis ao trabalho científico, de modo a estimular a fixação dos cientistas brasileiros no País e incentivar o retorno dos que se encontram no estrangeiro".

A Lei nº 5.539/68 impôs a titulação pós-graduada *stricto sensu* como condição para a progressão na carreira docente das universidades. Essa lei atribuiu explicitamente ao Conselho Federal de Educação, no seu artigo 24, a competência para conceituar a pós-graduação. "O Conselho Federal de Educação conceituará os cursos de pós-graduação e baixará normas gerais para a sua organização, dependendo sua validade, no território nacional, de os estudos nele realizados terem os cursos respectivos, credenciados por aquele órgão".

Na verdade tratava-se de formalizar em lei própria da educação o que já estava estabelecido em norma pelo Parecer 977/65 do Conselho Federal de Educação e pela lei do Estatuto do Magistério.

A consolidação da pós-graduação acelerou quando a CAPES e o CNPq e outros órgãos públicos ficaram incumbidos pelo Decreto-Lei nº 464, de 11 de fevereiro de 1969, artigo 36, de promover a "formação e o aperfeiçoamento do pessoal docente de ensino superior" e compor para tanto uma política nacional e regional definida pelo Conselho Federal de Educação e promovida por uma Comissão Executiva.

O Parecer 77/69, de 11 de fevereiro de 1969, do CFE, de autoria do mesmo conselheiro, consoante o que já previa o Parecer 977/65, estabelece as normas regulatórias para o credenciamento dos cursos de pós-graduação *stricto sensu* que deveriam obter a maioria dos votos dos conselheiros e serem homologados pelo ministro da Educação. Exigia-se um alto nível dos cursos de graduação na área, um corpo docente altamente qualificado, equipamentos, laboratórios, *curricula*, pesquisas e trabalhos de valor publicados em livros ou revistas científicas. Exigiam-se também visitas *in loco*. Dentre essas exigências desse parecer, pode-se ler no artigo 8º, parágrafo 1º:

> Do candidato a professor em curso de pós-graduação será exigido o título de doutor, conferido por instituições idôneas, sendo ainda indispensável a apresentação de outros títulos que comprovem satisfatória especialização no campo de estudos a que se destina, tais como:
>
> atividade científica, cultural ou técnica, constante de publicações feitas em livros ou periódicos conceituados, nacionais ou estrangeiros; [...]

---

[12] Esses centros não chegaram a funcionar e por isso o ministro Jarbas Passarinho, em 1973, nomeou comissão especial para formular uma nova política de pós-graduação. Daí resultará o Decreto nº 73.411/74.

Em 1975, o Decreto nº 73.411 cria o Conselho Nacional de Pós-Graduação (04/01/1974), de caráter interministerial, tendo à frente o ministro da Educação, o ministro do Planejamento, os presidentes do CNPq, Financiadora de Estudos e Projetos (FINEP), Banco Nacional de Desenvolvimento Econômico (BNDE) e cinco reitores.[13]

Anos após, o Parecer 1.683, de 6 de junho de 1974, do CFE, tendo como relator o mesmo conselheiro Newton Sucupira, diz:

> O Parecer 77/69, seguindo estritamente a doutrina do Parecer 977/65, distinguiu o doutorado acadêmico e o doutorado profissional, adotando nomenclatura diferente para cada uma das espécies. Assim, o art. 13, item 4º, estabelece que o doutorado acadêmico terá a designação das seguintes áreas: Letras, Ciências, Ciências Humanas, Filosofia e Artes. Os doutorados profissionais se denominam segundo os cursos de graduação correspondentes.
>
> Quanto ao mestrado, o parecer aplica a mesma nomenclatura para o tipo acadêmico e o profissional, ao determinar que o mestrado será qualificado pelo curso de graduação, área ou matéria a que se refere.

O autor desse parecer postula nova redação para a segunda parte do inciso 4, do artigo 13 do Parecer 77/69, nos seguintes termos: "Os doutorados profissionais se denominam segundo os cursos de graduação correspondentes com indicação, no diploma, da área de concentração seguida em cada caso. Aplica-se este último critério de designação aos mestrados acadêmicos e profissionais".

A visita institucional *in loco* por especialistas, para efeito de um credenciamento, foi normatizada pela Resolução 40/CFE, de 31 de março de 1975: "Art. 1º. A renovação do credenciamento dos cursos de pós-graduação em níveis de mestrado e de doutorado, prevista no artigo 17 do Parecer n. 77/69, far-se-á mediante visita de inspeção à instituição responsável pelos cursos, realizada por comissão de especialistas designada pelo Presidente do Conselho Federal de Educação".

O Parecer 8, aprovado em 20 de janeiro de 1975, pelo Conselho Federal de Educação, tendo como relator novamente o conselheiro Newton Sucupira, vai estabelecer as normas para a renovação periódica do credenciamento dos cursos de mestrado e de doutorado, a fim de assegurar o alto nível de funcionamento da pós-graduação. Tal parecer visa pôr em prática mecanismos de controle já reclamados pelo Parecer 977/65 e o cita literalmente quando este acentuava: "[...] se quisermos evitar que a

---

[13] O Decreto nº 88.816, de 5 de janeiro de1982, extinguiu o Conselho Nacional de Pós-Graduação vindo a CAPES a assumir, de modo ampliado, suas funções.

pós-graduação brasileira, essencial à renovação de nossa universidade, seja aviltada em seu nascedouro, devemos estabelecer não somente princípios doutrinários, mas critérios operacionais e normas que dirijam e controlem sua implantação e desenvolvimento".

Em outro trecho, diz o Parecer 8/75: "Neste sentido, propomos que a renovação do credenciamento se faça por meio de uma visita de inspeção, à maneira da *site visiting*, utilizada com resultados satisfatórios no sistema de *accreditation* adotado nos Estados Unidos. Afinal de contas, o nosso credenciamento não é outra coisa que uma espécie de *accreditation* exercida pelo Conselho Federal de Educação".

Desse parecer resultou a Resolução 51/76 CFE, que normatizou a renovação do credenciamento dos cursos de mestrado e de doutorado, prevista no artigo 17 do Parecer 77/69, que deveria conter, entre outras coisas, uma visita de inspeção à instituição realizada por especialistas de reconhecida competência na área e designada pelo CFE, a qual deveria seguir minucioso roteiro elencado na resolução.

Outro instrumento normativo será a Resolução 5 do CFE, em 10 de março de 1983, que explicita as condições tanto para o credenciamento oficial quanto os pressupostos para que os diplomas de mestrado e doutorado passem a usufruir de validade em todo o território nacional, tudo com base no Parecer 977/65, como se pode ler nos dois primeiros artigos dessa Resolução:

> Art. 1º. Os cursos de pós-graduação, que conferem os graus de Mestre e Doutor, serão credenciados pelo Conselho Federal de Educação, nos termos da Lei nº 5.540, de 28 de novembro de 1968, para que seus diplomas gozem de validade em todo o território nacional.
>
> Art. 2º. A organização e o regime didático-científico dos cursos de pós-graduação seguirão a orientação do Parecer nº 977/65, do CFE, consubstanciada nas seguintes normas básicas: [...]

O início da pós-graduação, como se vê, associava o Estado, o progresso da ciência e a busca de referências internacionais de conhecimento. O Estado se impõe, ou melhor, vai se impondo como o garante de um desenvolvimento científico, visto como importante para a busca de uma autonomia nacional.

Essa forma inicial de presença institucional da pós-graduação nos anos 1960 adquiriu força até nossos dias. Ela tem se feito acompanhar de um quadro legal que comporta um sistema de autorização, credenciamento conduzido por pares, um sistema de financiamento (constante e oscilante ao mesmo tempo) e uma sistemática de bolsas para mestrado e doutorado. E, desde logo, fez e continua fazendo parte dessa sistemática um processo rigoroso e detalhado de avaliação de cursos e programas.

Ao lado desse processo e complementar a ele, o Brasil procurou estabelecer metas e objetivos para o sistema de pós-graduação. Desse modo, os Planos Nacionais de Pós-Graduação foram se sucedendo e, seja pela participação da comunidade científica, seja pelo seu caráter estratégico na produção do conhecimento científico, o fato é que esse nível do ensino superior tem sofrido menos do que a graduação em matéria de recuo do Estado no financiamento da educação.

Desse modo tivemos o I Plano Nacional de Pós-Graduação (PNPG, 1975-1979), que deveria integrar-se a políticas de desenvolvimento social e econômico e ao II Plano Nacional de Desenvolvimento (PND), através do Plano Setorial de Educação e Cultura (PSEC) e ao II Plano Básico de Desenvolvimento Científico e Tecnológico (PBDCT) no período 1975-1980.

O II PNPG (1982-1985) pretendeu articular-se com as diretrizes do II PND e do III PBDCT (1980-1985). Por sua vez, o III PNPG (1986-1989), produzido sob a denominada Nova República, teria que se compor com o I PND dessa etapa da política nacional.

Em que pese os esforços para a elaboração de um IV PNPG, o fato é que ele não ocorreu formalmente e, agora, estamos, 40 anos após o Parecer 977/65, dentro do Plano Nacional de Pós-Graduação para o período 2005/2010. "[...] caso raro na história da educação brasileira, os planos nacionais de pós-graduação constituíram de fato um instrumento de política, isto é, as ações de governo guardaram suficiente coerência com os objetivos e metas declarados nos planos" (MARTINS, 1991, p. 99).

De todo o modo, em matéria de política educacional, fica em aberto o peso relativo desse parecer no conjunto das iniciativas do Estado. Afinal, a pós-graduação como uma estratégia de desenvolvimento em que a produção nacional de ciência e tecnologia era tida como imprescindível acabou tendo um suporte importante no próprio Estado.

A política de pós-graduação se traduziu em realizações e demonstrações porque ela se impôs como uma *ação deliberada do Estado* em vista de sua implementação. Muito pouco pode ser atribuído a iniciativas pontuais de um ou outro organismo da sociedade civil ou a iniciativas endógenas das instituições particulares de ensino. Tanto é verdade que, além de uma estratégia vinculada ao desenvolvimento tecnológico autônomo, as políticas de pós-graduação estiveram sempre ligadas aos órgãos decisórios da área federal. É dentro desse contexto que o parecer deve ser analisado e ponderado.

O Parecer 977/65 é texto fundador da pós-graduação sistemática no Brasil e, após ele, parece não haver nenhum outro texto que articule doutrina e normatização sobre o assunto com tanto impacto sobre esse nível da educação superior no Brasil.

Diante de tal permanência, diante da ausência de outro texto doutrinário tão marcante como ele, mesmo havendo passado por governos de matizes tão diferentes, o Parecer 977/65 leva a pensar. O parecer é acoimado de ser devedor do modelo norte-americano de pós-graduação e do próprio modelo de desenvolvimento da ditadura. Mas será isso que revela a trajetória da pós-graduação? É bem mais provável que estejamos diante de uma situação heteróclita, cujo fruto procede de vários cruzamentos, inclusive da atuação da própria comunidade acadêmica. E o processo real da pós-graduação não se deu exatamente do modo como se previa. Ao formar intelectuais, acadêmicos e pesquisadores de alto nível, com circulação nacional e internacional, não sugere uma tensão entre objetivos proclamados e resultados inesperados?

Ou como diz Saviani (2005, p. 37):

> Um outro aspecto importante da política educacional dos anos de 1970 refere-se à pós-graduação, regulada pelo Parecer 977/60, do Conselho Federal de Educação. Embora implantada segundo o espírito do projeto militar do "Brasil Grande" e da modernização integradora do país ao capitalismo de mercado associado-dependente, a pós-graduação se constituiu num espaço privilegiado para o incremento da produção científica e, no caso da educação, também para o desenvolvimento de uma tendência crítica que, embora não predominante, gerou estudos consistentes sobre cuja base foi possível formular a crítica e a denúncia sistemática da pedagogia dominante, alimentando um movimento de contra-ideologia.

De qualquer modo, chama a atenção a longa permanência referencial do Parecer 977/69. Um texto clássico, segundo Italo Calvino, é o que continua sendo uma referência e que não cessa de expressar o que tem a dizer, mesmo que haja sido escrito em época diferente daquela que vivemos. Um tal texto continua sendo um convite a um repensar projetos existentes e a servir de ponto e contraponto para projetos alternativos. Transcendendo os limites do seu tempo, ele suscita leituras que atualizam, para nossa época, aspirações de forças sociais que lutam por novas realidades.

Seria o caso de se perguntar: estamos diante de um texto clássico?

Referências

BRASIL, Conselho Federal de Educação. Parecer 977/65, de 3 de dezembro de 1965, MEC/CFE: *Documenta*, n. 44, dez. 1965, p. 67-86.

BRASIL, Ministério da Educação e Cultura – Secretaria de Educação Superior – Coordenação de Aperfeiçoamento de Pessoal de Nível Superior, I Plano Nacional de Pós-Graduação, 1975-1979. Brasília, 1975.

BRASIL. II Plano Nacional de Pós-Graduação, 1982-1985, Brasília, 1982.

BRASIL. III Plano Nacional de Pós-Graduação, 1986-1989, Brasília, 1986.

BEIGUELMAN, Bernardo. Reflexões sobre a pós-graduação brasileira. In: PALAT-NIK, Marcos *et al. Pós-graduação no Brasil.* Rio de Janeiro: Lidador, 1997.

BOMENY, Helena. *Newton Sucupira e os rumos da educação superior.* Brasília: Paralelo 15, 2001.

CARVALHO, Janete Magalhães. *A formação do professor pesquisador em nível superior no Brasil: análise histórica do discurso do governo e da comunidade acadêmico-científica.* Tese (Doutorado) – Faculdade de Educação, Universidade Federal do Rio de Janeiro, Rio de Janeiro, 1992.

CUNHA, Luiz Antonio. *A universidade reformanda.* Rio de Janeiro: Francisco Alves, 1988.

CURY, Carlos Roberto Jamil. *Bases Legais da Pós-Graduação.* Texto para o Plano Nacional de Pós-Graduação: 2005-2010. Disponível em: <http://www.capes.gov.br>.

CURY, Carlos Roberto Jamil. Graduação/Pós-Graduação: a busca de uma relação virtuosa. *Educação e Sociedade,* Campinas: Cedes, n. 88, v. 25, 2004.

CURY, Carlos Roberto Jamil. Qualificação Pós-Graduada no Exterior. In: ALMEIDA, Ana Maria F. *et al. Circulação internacional e formação intelectual das elites brasileiras.* Campinas: Unicamp, 2004.

FÁVERO, Maria de Lourdes de Albuquerque. *Da Universidade "Modernizada" à Universidade Disciplinada: Atcon e Meira Mattos.* São Paulo: Cortez; Autores Associados, 1991.

FÁVERO, Maria de Lourdes de Albuquerque (Org.). *Universidade do Brasil: guia dos dispositivos legais.* Rio de Janeiro: Editora UFRJ; Brasília: MEC/INEP, 2000. v. 2.

FÁVERO, Maria de Lourdes de Albuquerque. *Universidade e poder: análise crítica/ fundamentos históricos: 1930-45.* Rio de Janeiro: Achiamé, 1980.

FÁVERO, Osmar. A Educação no Congresso Constituinte de 1966-67: contrapontos. In: FÁVERO, Osmar (Org.). *A Educação nas Constituintes Brasileiras: 1823-1988.* Campinas: Associados, 1996.

GERMANO, José Willington. *Estado militar e educação no Brasil: 1964-1985.* São Paulo: Cortez; Campinas: UNICAMP, 1993.

HORTA, José Silvério Bahia. *Liberalismo, tecnocracia e planejamento educacional no Brasil.* São Paulo: Cortez; Autores Associados, 1982.

LOBO, Yolanda. *A construção e definição de políticas de pós-graduação em educação no Brasil: a contribuição de Anísio Teixeira e Newton Sucupira.* Tese (Doutorado) – Pontifícia Universidade Católica do Rio de Janeiro, Rio de Janeiro, 1991. Mimeografado.

MARTINS, Ricardo A. A capacitação de docentes no sistema universitário brasileiro: políticas, estratégias, problemas e resultados. *Estudos e Debates,* CRUB, Brasília, n. 20, mar. 1999.

MARTINS, Ricardo A. A pós-graduação no Brasil: uma análise do período 1970-90. *Educação Brasileira*, CRUB, Brasília, v. 13, n. 27, jul./dez. 1991.

MARTINS, Ricardo A. A pós-graduação no Brasil: situação e perspectivas. *Sociedade e Estado*, v. XIV, n. 2, jul./set., Brasília, 1999.b

NICOLATO, Maria Auxiliadora. *A caminho da Lei 5.540/68: a participação de diferentes atores na definição da Reforma Universitária*. Dissertação (Mestrado em Educação) – Faculdade de Educação, Universidade Federal de Minas Gerais. Belo Horizonte: FaE/UFMG, 1986.

OLIVEIRA, Betty Antunes. *O Estado autoritário brasileiro e o ensino superior*. São Paulo: Cortez; Autores Associados, 1980.

OLIVEIRA , F. B. *Pós-graduação: educação e mercado de trabalho*. Campinas : Papirus, 1995.

REZENDE, S. Pós-graduação e pesquisa no Nordeste. In: PALATNIK. *et al.* (Org.). *A pós-graduação no Brasil*. Rio de Janeiro: Lidador, 1997.

ROCHA NETO, Ivan. A Universidade Pública, a formação de quadros e o país. In: VELLOSO, Jacques (Org.). *Universidade pública: política, desempenho e perspectivas*. Campinas: Papirus, 1991.

RODRIGUES, Neidson. Estado, educação e desenvolvimento econômico. São Paulo: Cortez; Autores Associados, 1982.

SANTOS, Cássio Miranda dos. Tradições e contradições da pós-graduação no Brasil. *Educação e Sociedade*, Cedes, Campinas, v. 24, n. 83, 2003.

SAVIANI, Dermeval. A política educacional no Brasil. In: CÂMARA BASTOS, Maria Helena; STEPHANOU, Maria (Org.). *Histórias e memórias da educação no Brasil, vol. III: séc. XX*. Petrópolis: Vozes, 2005.

SUCUPIRA, Newton. Antecedentes e primórdios da pós-graduação. *Revista Fórum Educacional*, Rio de Janeiro, 1980.

Educação escolar e educação no lar: espaços de uma polêmica[1]

A complexidade da vida contemporânea, quer em sua dinâmica cotidiana, quer em qualquer das vertentes analíticas às voltas com o fenômeno, por exemplo, da globalização, vem se deparando com situações aparentemente exóticas. Caso de uma situação "fora da ótica" é a postulação da educação escolar no lar em um momento em que cresce cada vez mais a importância social e estratégica da instituição escolar.

Merece uma atenção analítica a defesa da chamada educação (escolar) doméstica, ou na versão inglesa *homeschooling*. Ela vem sendo postulada por famílias interessadas nessa forma doméstica de educação escolar. Constata-se a existência de movimentos em prol da legalização dessa forma escolar, sobretudo onde não haja um reconhecimento legal dessa proposta e em defesa de uma legitimidade onde essa legalização já existe.

Em nosso país, essa situação também se faz presente a ponto de uma demanda familiar a esse respeito já haver chegado ao Superior Tribunal de Justiça (STJ). Com efeito, uma determinada família oferecia a seus filhos menores essa forma de educação escolar e, apoiando-se genericamente na legislação nacional, em convenções internacionais, receosa da violência urbana, da circulação de valores laxos fora da família e ciente dos maus resultados dos alunos em avaliações de desempenho, articulou-se com um estabelecimento de ensino privado de modo a associar a transmissão de conhecimentos em casa com a avaliação dos menores em exames dentro dos mesmos padrões que os estudantes comuns do estabelecimento.

Consultado o Conselho Estadual de Educação do Estado no qual o estabelecimento se situa, esse órgão normativo, prudentemente, entendeu, à vista da complexidade do assunto, encaminhar ao Conselho Nacional de Educação (CNE) consulta a propósito da provisão legal da referida iniciativa. Esse último exarou parecer esclarecendo que, em relação à educação básica

---

[1] Originalmente publicado em: *Educação & Sociedade*, Campinas: v. 27, n. 96, p. 667-688, out./jan. 2006.

como um todo, especificamente com relação ao ensino fundamental, tal iniciativa não encontrava provisão legal.

O parecer do Relator é claro: "Salvo melhor juízo, não encontro na Lei n. 9.394/96, de 20 de dezembro de 1996, Lei de Diretrizes e Bases da Educação Nacional, nem da Constituição da República Federativa do Brasil, abertura para que se permita a uma família não cumprir a exigência da matrícula obrigatória na escola de ensino fundamental".

Tendo sido o dito parecer homologado pelo Ministro de Estado de Educação,[2] a família impetrou mandado de segurança junto ao Superior Tribunal de Justiça.[3] Este, por sua vez, denegou a segurança e, assim, confirmou a procedência do teor do parecer do Conselho Nacional de Educação. Diz o autor dessa denegação: "Os filhos não são dos pais, como pensam os Autores. São pessoas com direitos e deveres, cujas personalidades se devem forjar desde a adolescência em meio a iguais, no convívio formador da cidadania. Aos pais cabem, sim, as obrigações de manter e educar os filhos consoante a Constituição e as Leis do país, asseguradoras do direito do menor à escola [...]".

Assim, respeitados o artigo 90 da Lei de Diretrizes e Bases da Educação Nacional (LDB) e o artigo 105, I b da Constituição – excetuado o caso do parágrafo 4º do artigo 32 da LDB –, o ensino fundamental tem nas instituições escolares devidamente autorizadas seu foro estabelecido e obrigatório.

Essa definição de um Tribunal maior e de um Conselho normativo não é produto de um voluntarismo qualquer. Trata-se de mandamento legal e com base em uma longa história, história da educação, na qual se cruzam as temáticas da oferta gratuita e da presença obrigatória na escola.

Como diz Bobbio (1987, p. 23): "[...] existem reformas igualitárias que não são liberadoras, como, por exemplo, toda a reforma que introduz uma obrigação escolar, forçando todas as crianças a ir à escola, colocando a todos, ricos e pobres, no mesmo plano, mas por meio de uma diminuição da liberdade". Ou como completa o mesmo autor: "Em geral, qualquer extensão da esfera pública por razões igualitárias, na medida em que precisa ser imposta, restringe a liberdade de escolha na esfera privada, que é intrinsecamente inigualitária [...]" (1995, p. 113).

Tal restrição à liberdade é assim justificada por Bobbio (1995, p. 114): "O mesmo princípio fundamental daquela forma de igualitarismo mínimo

---

[2] Cf. Parecer CNE/CEB n. 34/2000.

[3] Cf. Mandado de segurança n. 7.407 – DF (2001/0022843-7).

própria da doutrina liberal, segundo a qual todos os homens têm direito à idêntica liberdade, salvo exceções a serem justificadas, implica que cada um limite a própria liberdade para torná-la compatível com a liberdade de todos os outros, de modo a não impedir que os outros também usufruam da sua mesma liberdade".

Ora, a grande pluralidade institucional no mundo social implica também a distribuição social dos conhecimentos dentro das sociedades modernas. Assim, há que se reconhecer o papel original da família na aquisição de padrões comuns e de um quadro social de referências relativo a um sistema social. Nesse processo as crianças vão aprendendo a cumprir papéis e assumir valores básicos de referência a esse sistema, dando-se tanto uma ação objetiva da sociedade para a pessoa quanto uma ação subjetiva de recepção por parte da mesma. Nesse sentido, a família é um agente original e imediato de socialização da criança. A socialização, na perspectiva interacionista de Mollo-Bouvier (2005) explicita que a integração do indivíduo na vida coletiva é também conhecimento de si e conhecimento do outro, construção de si e construção do outro. Como diz essa autora: "[...] a socialização [é] um processo contínuo embora não-linear (isto é submetido a crises) de ajuste constante de um sujeito a si mesmo, ao outro e a seu ambiente social. A socialização compõe-se de dessocializações e ressocializações sucessivas. Ela é a conquista nunca alcançada de um equilíbrio cuja precariedade garante o dinamismo" (p. 393).

Pode-se, então, distinguir genericamente duas modalidades interativas de socialização: a primária e a secundária. Pode-se atribuir à socialização primária o conceito amplo de educação e, nesse sentido, ela ocorre na família e em outros espaços. "A socialização primária é a primeira socialização que o indivíduo experimenta em sua infância, e em virtude da qual torna-se membro da sociedade" (BERGER, 1973, p. 175).

Mas a família não dá conta das inúmeras formas de vivência de que todo cidadão participa e há de participar para além dessa primeira socialização. Na consolidação de formas coletivas de convivência democrática, a educação escolar dada em instituições própria de ensino torna-se uma importante agência de socialização secundária para a vida social e formação da personalidade.[4]

A instituição escolar, como um lugar específico de transmissão de conhecimentos e de valores, desempenha funções significativas para a vida social.

---

[4] Os defensores da *homeschooling* parecem dissociar o indivíduo da sociedade mais ampla e assim postulam o caráter doméstico da educação quase que restringindo o social ao familiar. Por outro lado, além de um certo acatamento do *declínio do homem público*, parecem revelar uma postura antiestatal na educação.

Ela faz parte da denominada socialização secundária como uma esfera pela qual, junto com outras, a pessoa vai sendo influenciada (e influindo) por meio de grupos etários, da inserção profissional, dos meios de comunicação, dos espaços de lazer, da participação em atividades de caráter sociopolítico-cultural, entre outros. Segundo Berger (1973, p. 175): "A socialização secundária é qualquer processo subseqüente que introduz um indivíduo já socializado em novos setores do mundo objetivo de sua sociedade".

Como uma agência socializante, a instituição escolar propicia tanto a transmissão do acúmulo de conhecimentos por meio do desenvolvimento de capacidades cognoscitivas quanto a transmissão de normas, valores, atitudes relativas à vida social.[5]

É por essa razão que o artigo 205 da Constituição diz que a finalidade da educação é o pleno desenvolvimento da pessoa, seu preparo para o exercício da cidadania e sua qualificação para o trabalho. Entende-se dentro desse pleno desenvolvimento a aquisição de conhecimentos e a socialização em matéria de normas e valores em vista do convívio social. Estamos, pois, dentro de uma articulação entre o trabalho e a cidadania.

O trabalho é a forma pela qual os membros de uma sociedade criam condições para a reprodução das condições de sua existência social, buscando uma forma de inserção que contenha a realização dos indivíduos.

A cidadania é um princípio da República Federativa do Brasil (art. 1º, II) em que os pares se reconhecem como iguais na busca da realização da "cidade boa e justa". E não há cidadania sem iguais pontos mínimos de partida, sem a construção de fins coletivos e sem a participação das pessoas seja em organizações coletivas, seja em dinâmicas que lhes assegurem a presença consciente nos destinos de sua comunidade.

A educação escolar responde a um dos pilares da igualdade de oportunidades. A educação infantil, o ensino fundamental gratuito e obrigatório e o ensino médio, etapas constitutivas da educação básica em nossa organização nacional da educação escolar, são determinantes na rede de relações próprias de uma sociedade complexa como a nossa e que, como se viu, objetiva a cidadania de seus membros inclusive sob a forma de uma socialização plena que inclui a qualificação para uma inserção profissional, digna da pessoa humana como assevera o artigo 3º, III da Constituição.

Logo, o atual ordenamento jurídico obriga a que todas as crianças em idade escolar estejam matriculadas em escolas autorizadas.

---

[5] Apesar de haver várias concepções em torno da noção de socialização, ela não implica o sujeito apenas como indivíduo e nem como um sujeito passivo. Ela se remete também à resistência e à crítica ao compartilhamento de regras e normas.

Família e educação

Posta a determinação legal, cumpre questionar se a demanda dos pais defensores da *homeschooling* é um pedido esdrúxulo, ou seja, fora da ótica legal.

A história da educação nacional mediada pelo ordenamento jurídico pode nos trazer elementos válidos para um estudo e análise da questão.

Nossa sociedade, com apoio do ordenamento jurídico, reconhece o *status* predominante dos processos institucionais de socialização secundária nas unidades escolares. Para tanto, garante gratuidade nas escolas públicas em todas as etapas da educação básica e determina a obrigatoriedade no ensino fundamental seja em escolas públicas ou privadas.[6] A Lei de Diretrizes e Bases da Educação Nacional, entretanto, reconhece que as instituições escolares possuem um *status* predominante e não absoluto junto à educação escolar, de acordo com o parágrafo 1º do artigo 1º da LDB. Essa mesma lei faculta, em especial no artigo 24, II, c, opções válidas de processos de ensino-aprendizagem com menor índice de institucionalização quando postulantes à escolaridade a querem realizar prosseguindo-a de modo institucionalizado. Nesse caso, o importante é a capacitação verificada e avaliada do estudante, pela mediação das unidades escolares devidamente autorizadas, observadas as regras comuns e imperativas dos órgãos normativos.

A opção escolar pela via doméstica, também não responde à complexidade das situações próprias das sociedades contemporâneas e da sociedade brasileira em matéria de educação, conforme a definição do artigo 1º da LDB.

A legislação brasileira, ao tornar o ensino fundamental obrigatório para todos, desde 1934 até 1988, não impôs, nesse período, que, forçosamente, ele se desse em instituições escolares. Hoje, como se viu, há um mandamento interpretado e julgado a esse respeito pelo Superior Tribunal de Justiça.

O dever do Estado tem a competência privativa de estabelecer as diretrizes e bases da educação nacional (Constituição, art. 22, XXIV), respeitado o princípio da liberdade de aprender, ensinar, pesquisar e divulgar o pensamento, a arte e o saber (art. 206, II). Tal incumbência para com a educação (art. 208 da Constituição) deve garantir o ensino fundamental obrigatório e gratuito (art. 208, I) inclusive com o apoio dos pais ou responsáveis pela frequência à escola (art. 208, § 3º).

---

[6] A Carta Magna assegurou a todos o livre exercício de qualquer atividade econômica e, no caso de uma atividade ligada à oferta da educação escolar, mediante autorização dos órgãos públicos competentes, deve-se obedecer aos artigos 206, III, x 209, I e II x 170, III e o artigo 9º da LDB.

A realização dessa obrigação e desse dever encontra nas instituições escolares próprias seu lugar histórico consolidado e socialmente mais adequado. Além de serem os lugares próprios do ensino, é lá também que o adolescente e o jovem aprendem a partilhar com os outros os valores, as emoções e as contradições da convivência social postas nos princípios de igualdade, diferença e de respeito às regras do jogo democrático.

Desde a Grécia antiga, é no coletivo da praça (*ágora*), é na *pólis* que a cidadania se exerce por ser lá o lugar de realização plena da liberdade. Como diz Arendt (1991, p. 41): "[...] a polis diferenciava-se da família pelo fato de somente conhecer 'iguais', ao passo que a família era o centro da mais severa desigualdade. Ser livre significava ao mesmo tempo não estar sujeito às necessidades da vida nem ao comando de outro e também não comandar. Não significava domínio, como também não significava submissão".

Essa separação entre a isonomia da vida política e a hierarquia da vida familiar se viu alterada quando, como diz Arendt (1991, p. 37): "[...] a ascendência da esfera social, que não era nem privada nem pública no sentido restrito do termo, é um fenômeno relativamente novo, cuja origem coincidiu com o surgimento da era moderna e que encontrou sua forma política no estado nacional".

Se essa associação complexa e contraditória entre sociedade e política se torna predominante nas relações próprias da sociedade moderna, isso não quer dizer que se negue o direito da autoridade dos pais, *ex generatione* ou *ex natura*, na educação dos filhos e nem que a diminuição dos papéis atribuídos à família se fizesse sem problemas.[7] Afinal nenhum ser humano nasce já pronto para ser um membro da sociedade. Tal autoridade, própria da união conjugal (*consociatio domestica*) que procriou, é básica para o desenvolvimento da personalidade e para a formação biológica dos seres humanos que exige um largo período de cuidados para que tenham condições de, no futuro, assumir o papel de adultos como participantes da *consociatio politica*. As faixas etárias compreendidas pela socialização primária necessitam do apoio constante e permanente dos outros, em especial dos pais.

O dever da família para com a educação implica uma posição de educadora especialmente na faixa de zero a três anos. Isso não significa a desconsideração do papel de uma orientação que os adultos possuem em relação às gerações mais jovens.[8]

---

[7] Não é objeto deste artigo analisar as transformações pelas quais passou e passa a família clássica. Mas, na aplicação da lei, é preciso considerar tais transformações.

[8] Considere-se aqui o papel das associações de pais e mestres no contexto de uma gestão democrática tal como expressa nossa Constituição e a LDB. Cf. Piaget (1974).

Embora em muitos países, inclusive no Brasil, a obrigatoriedade comece aos seis anos, o mesmo não se dá com as creches, embora se possa pensar em uma desejabilidade, mesmo porque muitas e muitas famílias o pleiteiem por razões ligadas ao mundo do trabalho e à consciência da importância da educação infantil para o conjunto da educação básica.[9]

Por outro lado, as sociedades, à medida que se complexificam, destinam certas funções – antes atribuídas à família –, bem como novas funções, a instituições outras, umas sociais, outras vinculadas ao Estado. Dá-se, pois, uma dialética entre a socialização familiar e a socialização escolar.

Nossa Constituição Federal reconhece o papel eminente da família quando lhe dá um capítulo na Lei Maior (capítulo VII, Título VIII) assinalando, no artigo 227: "É dever da família, da sociedade e do Estado assegurar à criança e ao adolescente, com absoluta prioridade, o direito à vida, à saúde, à alimentação, à educação, ao lazer, à profissionalização, à cultura, à dignidade, ao respeito, à liberdade e à convivência familiar e comunitária [...]".

Assim, as famílias têm o dever jurídico de matricular seus filhos nas instituições escolares de modo a superarem, desde cedo, um egocentrismo próprio da infância, um convite à anomia e a estabelecer com os outros relações maduras de reciprocidade. Nesse sentido cabe o pensamento kantiano de que a pessoa é sempre um fim e cuja autonomia tem a reciprocidade do outro, repudiando a regressão do outro à condição de meio.

Mas, ao mesmo tempo, a Constituição reconhece o eminente papel do Estado na busca da cidadania e na garantia de direitos que não decorrem nem da vida privada e nem do mercado. Se a Constituição Federal reconhece, em capítulo próprio, a família como base da sociedade (art. 226), o artigo 205 reconhece a competência da educação como dever do Estado e da família (que) será promovida e incentivada com a colaboração da sociedade. Explicitando, o artigo 208 dispõe que esse dever de educação sê-lo-á sob a forma de ensino que, por sua vez, deve ser juridicamente protegido em vista de sua efetivação e garantia.

Ao lado dessa dialética entre educação e ensino (ou educação escolar), comparece na lei essa peculiar "competência concorrente não competitiva" entre sujeitos da ordem sociopolítica e sujeitos da ordem privada, inclusive familiar. As disposições da Lei de Diretrizes e Bases da Educação Nacional pedem por uma "participação das comunidades escolar e local" de modo a propiciar a "valorização da experiência extra-escolar" (art. 3º, X da LDB).

---

[9] De acordo com o ordenamento jurídico, a educação infantil é dever do Estado, conforme o artigo 208, inciso IV. Cf. também LDB, art. 4º, IV.

A defesa da família como *societas naturalis* que assegura formas institucionais de reprodução da espécie e de manutenção e desenvolvimento dos filhos tem um vasto fundamento no direito. É a chamada *potestas ex generatione* ou *ex natura*. Mas, ao mesmo tempo, é de se afirmar que os filhos não pertencem aos pais já que, ainda que menores, são pessoas dotadas de direitos e deveres que devem ser respeitados. Tal é o caso da Lei nº 8.096/90 como consta em seu artigo 5º: "Nenhuma criança ou adolescente será objeto de qualquer forma de negligência, discriminação, exploração, violência, crueldade e opressão, punido na forma da lei qualquer atentado, por ação ou omissão, aos seus direitos fundamentais".

Ora, essa lei conhecida como Estatuto da Criança e do Adolescente (ECA) coloca como um dos direitos fundamentais da criança e do adolescente o direito à educação, à cultura, ao esporte e ao lazer (capítulo IV do Título II), tal como aí expresso em vários artigos como o 55: "Os pais ou responsáveis têm a obrigação de matricular seus filhos ou pupilos na rede regular de ensino". Esse artigo é corroborado pelo artigo 129 da mesma lei, cujo inciso V assevera a obrigação de matricular o filho ou pupilo e acompanhar sua frequência e aproveitamento escolar.

O problema se põe quando esse fundamento se projeta para o conjunto da sociedade e se faz acompanhar de uma defesa da sociedade organicista. Nessa perspectiva, o Estado é tido como uma mera extensão ampliada da família vista como *celula mater* da sociedade e como lugar de identificação entre o natural e o social. O Estado, nesse ponto de vista, torna-se, assim, um agente subsidiário do poder familiar. Algo como esteve disposto na Constituição outorgada de 1937, como foi citado anteriormente.

Dentro desse ponto de vista pré-moderno, as opções familiares, por serem hierarquicamente fundantes e conaturais ao social, devem ser respeitadas pelo Estado. A família sendo o *locus* da não exploração econômica, do poder hierárquico, e as escolas sendo uma extensão da família, as unidades escolares mediam a relação Estado/famílias devendo estas realizar a opção diferencial dos pais. Ainda dentro dessa perspectiva, essa opção deve ser subsidiada pelo poder público.[10]

Dessa concepção organicista decorre uma desconfiança com relação a expressões como escola estatal, escola unificada ou escola única, já que elas estariam impondo um padrão de submissão da família ao Estado, quando a ordem natural ou sobrenatural previam o contrário.

---

[10] Os defensores dessa concepção encontrarão referenciais em autores que já circularam muito no Brasil, tais como Joseph de Maistre e Louis-Ambroise de Bonald. Sobre De Bonald, cf. Cunha (1996). Sobre De Maistre, cf. Romano (1994).

Não são poucos os estudos e pesquisas que detectaram, na história da educação brasileira, momentos de uma acirrada polêmica a esse respeito, em especial em momentos de definição legal no terreno da educação. Muitas páginas foram escritas, muitos argumentos foram dados, muitos grupos de pressão se fizeram presentes nos parlamentos a fim de defenderem um ou outro lado dessa rumorosa e empolgante questão.[11]

Cada vez que se vê ou se revê o ordenamento jurídico básico do país ou da educação nacional, essa polêmica comparece com vigor.

A instituição que mais se empenhará na conjugação entre direito à educação e dever de família será a Igreja Católica, através de sua doutrina e de seu magistério.

A forma de redação do artigo 1º da LDB parece reabrir um ponto que a Constituição 1988 havia encerrado.

O artigo 1º da LDB

O artigo 1º da LDB dá uma larga definição de educação de modo a incluir os processos formativos que se desenvolvem na vida familiar, na convivência humana, no trabalho, nas instituições de ensino e pesquisa, nos movimentos sociais e organizações da sociedade civil e nas manifestações culturais.

Registre-se que, neste artigo, já fica claro que a referida lei assinala como campo da educação muitas áreas, incluindo nelas também os processos formativos que se desenvolvem na vida familiar. Ao mesmo tempo, é dito no parágrafo 1º que "esta lei disciplina a educação escolar, que se desenvolve, predominantemente, por meio do ensino, em instituições próprias".

Analisando sintaticamente o parágrafo 1º do artigo 1º da LDB, pode-se chegar a uma avaliação inicial.

O "esta Lei" é o sujeito da oração. O demonstrativo (esta) sugere a restrição do âmbito de aplicabilidade da Lei, em face da definição ampla do artigo 1º.

A restrição posta no parágrafo 1º, campo privilegiado pela lei, é o da educação escolar. Ou seja, passa-se da assinalação de campos da educação para o disciplinamento legal da educação escolar. Essa última é o objeto direto regido pelo verbo transitivo direto disciplinar, verbo este modificado pelo advérbio de intensidade "predominantemente" que, por sua vez, aparecendo

---

[11] Cf. Cury (1988), especialmente Capítulo I.

entre vírgulas, adquire uma conotação enfática. Assim, de maneira clara, tal advérbio restringe os dois adjuntos adverbiais que se lhe seguem, ou seja, haveria predominância de um modo específico de desenvolvimento da educação escolar – o ensino – e, em um *locus* específico – as instituições próprias –, sugerindo a não exclusividade de ambos.

Assim a lei deixou um espaço para disciplinar, ainda que dentro de uma modalidade não predominante, o ensino em instituições fora do *locus* apropriado sem que tal procedimento, quando regulado pelos sistemas, se torne ilícito ou ilegal.

Mas a própria lei, ao aproximar o predominante e o *locus* apropriado no corpo do mesmo artigo, deixa claro que, nesse caso excepcional, a interação entre a instituição apropriada e a não própria é desejável, pois, segundo o artigo 208 da Constituição, retomado no artigo 4º, I da LDB, "o ensino fundamental obrigatório [...]" é dever do Estado. Aliás, o artigo 227 da Constituição impõe às famílias "o dever de assegurar, com absoluta prioridade, do direito à educação [...]" em vista do "acesso e permanência na escola [...]" (art. 206, I).

Esse advérbio de intensidade – "predominantemente" – acoplado às instituições próprias significa que o ensino, dever do Estado com a educação escolar (art. 208 da Constituição) e dever do Estado com a educação escolar pública (art. 4º da LDB), será ministrado nas unidades escolares dos sistemas e deve ser o primeiro em influência e em esfera de ação, devendo prevalecer sobre outros processos formativos.

Esse predomínio deve se materializar de modo especial nas faixas etárias significativas para a socialização secundária e que, hoje, se inicia, pelo menos, naquela etapa da educação infantil que a lei chama de pré-escolar e que se dá na faixa de quatro a seis anos de idade.[12]

O artigo 2º da LDB parece se referir a essa escala cronológica quando, de modo peculiar, inverte o eixo substantivo posto no artigo 205 da Constituição. Se o artigo constitucional assevera o dever do Estado e da família, o artigo 2º da LDB vai dispor que "A educação, dever da família e do Estado, inspirada nos princípios de liberdade e nos ideais de solidariedade humana, tem por finalidade o pleno desenvolvimento do educando, seu preparo para o exercício da cidadania e sua qualificação para o trabalho".

Essa inversão, bem como a própria assinalação do dever do Estado e da família no texto da Lei Maior, estaria remontando à possibilidade de uma educação escolar dada na família (lar).

---

[12] A obrigatoriedade escolar, segundo as Leis nos 11.114/05 e 11.273/06, é exigida a partir dos seis anos, tornando de nove anos o ensino obrigatório.

Contudo, o Decreto nº 5.622/05, em seu artigo 30, regula o parágrafo 4º do artigo 32 da LDB, permitindo a oferta do ensino fundamental, sob a educação básica, na modalidade a distância para cidadãos que:

> [...] estejam impedidos, por motivo de saúde, de acompanhar ensino presencial; sejam portadores de necessidades especiais e requeiram serviços especializados de atendimento; se encontram no exterior, por qualquer motivo; vivam em localidades que contem com rede regular de atendimento presencial; compulsoriamente sejam transferidos para regiões de difícil acesso, incluindo missões localizadas em regiões de fronteira; ou estejam em situação de cárcere.

Chama a atenção o inciso IV no qual se aponta a inexistência de rede regular, o que pode motivar, então, a educação a distância nesse nível do ensino.

Mas não será ocioso repetir que, do ponto de vista histórico e legal, a obrigação institucional escolar tal como definida pela legislação atual e interpretada por órgãos superiores capazes, não foi a via organizacional comum e predominante da educação escolar nacional.

História

A possibilidade de educação escolar no lar deita raízes na própria formação colonial brasileira, em nossas tradições patriarcais e no modelo colonizador? (cf. VASCONCELOS, 2004). Dessas tradições, nos dizem Mendonça e Vasconcelos (2005, p. 18-19): "Entre as elites brasileiras do século XIX, a educação doméstica era ainda uma prática amplamente aceita e reconhecida por uma significativa parcela dessas elites como a mais adequada para o ensinamento de seus filhos, principalmente das meninas, e dos meninos e meninas até certa idade, e considerada até como um distintivo de posição social".

A família seria, além do dever que lhe cabe no princípio de autoridade advindo do *ex generatione* em ser um *locus* de educação, uma instituição capaz da liberdade de ensino a qual, por sua vez, seria indicativo do direito do governo da casa (cf. BOBBIO, 1995) até como anteposto ao governo do Estado, *locus* da instrução pública, como continuam Mendonça e Vasconcelos (2005, p. 22-23):

> Nas casas, muitos entendiam estar na sua vontade dar ou não instrução aos filhos, especialmente, quando o conceito de instrução pública estava identificado com a frequência a uma escola estatal. A escola não era vista como um lugar apropriado, seja por suas instalações deficientes, seja pela diversidade de crianças e jovens que a frequentavam, ou ainda, pelo temor dos efeitos à moralidade que poderia ocasionar tal reunião de meninos e, principalmente, de meninas.

Exemplos sempre citados de formas de educação no lar são os das mulheres preceptoras (muitas vezes estrangeiras) e os denominados tios-padres.[13] "Os ricos aprendiam a ler, escrever e contar em casa, sob a direção da mãe (quando esta não era analfabeta), de algum caixeiro mais instruído, de um mestre-escola ou de um padre. Ultrapassado esse nível ingressavam nos colégios religiosos [...]" (Costa, 1983, p. 196).

Contudo, não se pode esquecer que, por longos anos, os internatos colegiais e semi-internatos foram um espaço educacional privilegiado pelas famílias de posse.

> A renovação da sociedade brasileira, após a chegada da Corte, incrementou a demanda de escolarização. As famílias nativas, pressionadas pelos costumes europeus e por necessidades econômicas, passaram a desejar que os filhos tivessem um melhor nível de instrução. Este movimento foi impulsionado, a partir da segunda metade do século, quando foi construída a primeira via férrea e quando houve uma melhoria geral do sistema de transportes. As famílias rurais puderam, mais comodamente, enviar os filhos para os internatos da Corte ou das grandes capitais. A esse aumento da demanda correspondeu um sensível aumento de estabelecimentos escolares (Costa, 1983, p. 180).

Mas essa continuidade de uma defesa do governo da casa não deixa de revelar também histórica negligência das nossas elites para com o acesso de todos a uma escolarização institucionalizada, dada a ausência de uma rede escolar pública e sistemática durante muito tempo. O surgimento de um sistema oficial de ensino e de uma rede pública de ensino das primeiras letras para todos será muito tardio. Como dizem Mendonça e Vasconcelos (2005, p. 21): "Romper com esse monopólio e isolamento das famílias em relação à formação de seus filhos é uma tarefa que vai exigir do Estado fundamentação e demonstração de legitimidade na condução de tal pleito".

Isso não quer dizer que a possibilidade de se oferecer educação escolar na família seja algo exclusivo ou original do Brasil. Países europeus contemplam em sua legislação essa possibilidade, como é o caso da Inglaterra ou da França.[14]

As nossas Constituições precedentes à atual também associaram a educação à família no capítulo próprio da educação, deixando entrever, para além de uma educação que lhe é própria, a possibilidade de aí se dar também a instrução necessária.

---

[13] Vale lembrar aqui como educação familiar antes do ginásio o romance de Raul Pompéia: *O ateneu*.

[14] Para efeito de comparação, leia-se o artigo 7º da lei de 28 de março de 1882 da França, versão modificada pela lei de 22 de maio de 1946 e que diz: "No decurso do semestre do ano civil no qual uma criança atinja a idade de seis anos, as pessoas por ela responsáveis devem, 15 dias antes do retorno ds aulas, inscrevê-la em uma escola pública ou privada ou então declarar perante o prefeito e o inspetor da academia que darão a ela instrução na família" (tradução livre).

A Constituição de 1934 dispõe no seu artigo 149 que "a educação é direito de todos e deve ser ministrada pela família e pelos poderes públicos [...]". O abortado Plano Nacional de Educação de 1937 dispunha em seu artigo 4º que "A educação é direito e dever de todos. Incumbe especialmente à família e aos poderes públicos ministrá-la a brasileiros e estrangeiros residentes no Brasil por todos os meios legítimos". Por sua vez, o artigo 39 dizia: "A obrigatoriedade da educação primária pode ser satisfeita nas escolas públicas, particulares ou ainda no lar". E seu artigo 40 reitera: "Dos 7 aos 12 anos toda a criança é obrigada a freqüentar escola, salvo quando receber instrução no lar".

A Constituição de 1937, outorgada pela ditadura do Estado Novo, assevera em seu artigo 125 que "a educação integral da prole é o primeiro dever e o direito natural dos pais. O Estado não será estranho a esse dever, colaborando, de maneira principal ou subsidiária, para facilitar a sua execução ou suprir as deficiências e lacunas da educação particular". A Constituição de 1946 dizia em seu artigo 166 que "a educação é direito de todos e será dada no lar e na escola".[15]

A Lei nº 4.024/61 repete, no seu artigo 2º, essa mesma formulação constitucional e que também aparecerá no artigo 168 da Constituição de 1967. O artigo 4º da Lei n. 4.024/61 dizia ainda que "é assegurado a todos, na forma da lei, o direito de transmitir seus conhecimentos". Essa mesma lei, em seu artigo 30 diz: "Não poderá exercer função pública, nem ocupar emprego em sociedade de economia mista ou empresa concessionária de serviço público, o pai de família ou responsável por criança em idade escolar sem fazer prova de matrícula desta, em estabelecimento de ensino, ou de que lhe está sendo ministrada educação no lar".

Em 1966, o Parece CFE nº 474 busca disciplinar a obrigatoriedade escolar justificando essa obrigação e propondo, por meio de um anteprojeto de Decreto, a regulamentação de tal dispositivo, inclusive criticando o desinteresse dos pais e instando o poder público a retificar a desídia dos responsáveis – seja a família, em reter o filho ou dele não cuidar, seja o poder público, em proporcionar escassas escolas e mais ainda escassa assistência aos alunos.[16]

Também o mesmo CFE, anos mais tarde, se ocupou dessa matéria por meio do Parecer 871/86, de 4 de dezembro de 1986, mas agora com referência explícita de educação no lar. Ao tratar de transferências dentro do então ensino de 1º grau, o parecer diz:

---

[15] A Declaração Universal dos Direitos do Homem, da qual o Brasil é signatário, diz em seu artigo 26, parágrafo 3º: "os pais têm prioridade de direito na escolha do gênero de instrução que será ministrada a seus filhos". Já a Convenção Relativa à luta contra a discriminação no campo do ensino (1960) reitera a faculdade de os pais poderem optar entre os estabelecimentos da rede pública ou privada.

[16] Cf. Documento n. 60, 1966.

> Nada faz crer que o legislador tivesse querido inovar, criando entraves formais para a livre passagem de uma escola para outra nas séries anteriores à 5ª série (antigo 1º ginasial). Nem seria conveniente ou coerente que o fizesse. Primeiramente porque a lei prevê – e a previsão tem particular significação para o ensino elementar – que a educação pode ser dada no lar. Aprender as primeiras letras no lar, ou na natural expansão do lar que é a pequena escola meio informal, ao lado da casa, constitui prática comum, que nenhum interesse humano ou social justificaria que a lei impedisse ou justificasse. [...] De resto, o artigo 30 da Lei 4.024 admite que o pai seja tido como cumpridor do dever de dar escola ao filho se fizer prova do que faz em casa.

E a Lei nº 5.692/71 admitia a existência de estudos equivalentes aos do ensino de 1º grau para efeito de ingresso no ensino de 2º grau, de acordo com o artigo 21, parágrafo único. Algo similar ao que está estatuído na Lei nº 9.394/96, no artigo 44, II, ao tratar da conclusão do ensino médio ou equivalente para ingresso no ensino superior.[17]

A equivalência sempre foi referida a uma situação comparativa entre estudos realizados em diferentes locais, processos, instituições ou modalidades cujos conteúdos, por meio de uma avaliação, se situam (ou não) dentro de um mesmo nível e correspondendo a um grau de apreensão isonômica de componentes curriculares. Assim, com o pedido de equivalência, acompanhado de avaliação, tanto se evita iniciativas arbitrárias quanto se exige de um estudante, em matéria de componentes curriculares, condições de acompanhar com êxito a etapa de ensino postulada.[18]

Desse pequeno escorço histórico-jurídico, desde 1934 até a Constituição de 1988, depreende-se que, mais do que *fumus boni juris*,[19] há uma legalidade líquida e certa de educação escolar no lar no então chamado ensino primário. Assim sendo, haveria impedimento legal de se considerar equivalentes, desde que devidamente avaliados, também estudos escolares realizados em família, em situação doméstica, no caso de se obedecer a legislação pertinente? Tal seria o caso do artigo 24, II, c da atual LDB?

A partir da Constituição de 1988 e, sobretudo, com o advento da Lei nº 8.096/90 e da Lei nº 9.394/96, essa possibilidade de educação no lar para o ensino primário deixa de constar de modo claro, direto, de sorte a configurar um direito líquido e certo com provisão legal explícita e distinta.

---

[17] A Lei nº 4.024/61 continha, no seu artigo 37, a expressão *ciclo ginasial ou equivalente* para efeito de matrícula na *1ª série do ciclo colegial*. O mesmo aparece no artigo 6,9 que, para efeito de admissão no ensino superior, aceita *o ciclo colegial ou equivalente*. A expressão *estudos realizados sem observância de regime escolar* era expressamente vinculada à *prestação dos exames de madureza* para jovens maiores de 16 anos ou 19 anos respectivamente à conclusão do curso ginasial e do colegial (cf. art. 99).

[18] Para uma visão normativa da equivalência, dentro da vigência da Lei nº 4.024/61, cf. Parecer CFE 274/64.

[19] Expressão que denota um pressentimento da validade jurídica de um argumento.

Se ambiguidade havia a esse respeito, ela foi desfeita tanto por parecer específico do CNE quanto por acórdão do STJ.

Com efeito, uma coisa é a educação como se lê no artigo 1º da LDB, outra coisa é a educação escolar. Se até o ano 1988 havia clareza quanto à possibilidade de educação escolar (ensino primário) no lar, a partir de 1988, essa possibilidade passava por um *tour* interpretativo que podia oscilar entre a norma explícita e um entendimento desejável da norma por parte de determinados agentes interessados na mantença da tradicional educação doméstica.

As definições do órgão normativo nacional em 2000 e do órgão julgador em 2002, competentes na matéria, não deixam mais dúvida. O ensino fundamental é obrigatório em instituições escolares autorizadas pelo poder público.

O artigo 24 da LDB

O artigo 24 faz parte do Capítulo próprio da Educação Básica e de suas Disposições Gerais. Esse capítulo trata das finalidades maiores, da organização e das regras comuns da educação básica. Esse artigo, no seu todo, diz o seguinte:

> A educação básica, nos níveis fundamental e médio, será organizada de acordo com as seguintes regras comuns:
>
> I – a carga horária mínima anual será de oitocentas horas, distribuídas por um mínimo de duzentos dias de efetivo trabalho escolar, excluído o tempo reservado aos exames finais, quando houver;
>
> II – a classificação em qualquer série ou etapa, exceto a primeira do ensino fundamental, pode ser feita:
>
> a) por promoção, para alunos que cursaram, com aproveitamento, a série ou fase anterior, na própria escola;
>
> b) por transferência, para candidatos procedentes de outras escolas;
>
> c) independentemente de escolarização anterior, mediante avaliação feita pela escola, que defina o grau de desenvolvimento e experiência do candidato e permita sua inscrição na série ou etapa adequada, conforme regulamentação do respectivo sistema de ensino;
>
> III – nos estabelecimentos que adotam a progressão regular por série, o regimento escolar pode admitir formas de progressão parcial, desde que preservada a seqüência do currículo, observadas as normas do respectivo sistema de ensino;
>
> IV – poderão organizar-se classes ou turmas, com alunos de séries distintas, com níveis equivalentes de adiantamento na matéria, para o ensino de línguas estrangeiras, artes ou outros componentes curriculares;
>
> V – a verificação do rendimento escolar observará os seguintes critérios:
>
> a) avaliação contínua e cumulativa do desempenho do aluno, com prevalência dos aspectos qualitativos sobre os quantitativos e dos resultados ao longo do período sobre os de eventuais provas finais;

b) possibilidade de aceleração de estudos para alunos com atraso escolar;

c) possibilidade de avanço nos cursos e nas séries mediante verificação do aprendizado;

d) aproveitamento de estudos concluídos com êxito;

e) obrigatoriedade de estudos de recuperação, de preferência paralelos ao período letivo, para os casos de baixo rendimento escolar, a serem disciplinados pelas instituições de ensino em seus regimentos;

VI – o controle de freqüência fica a cargo da escola, conforme o disposto no seu regimento e nas normas do respectivo sistema de ensino, exigida a freqüência mínima de setenta e cinco por cento do total de horas letivas para aprovação.

VII – cabe a cada instituição de ensino expedir históricos escolares, declarações de conclusão de série e diplomas ou certificados de conclusão de cursos, com as especificações cabíveis. (grifos nossos)

Resta, então, voltar-se ao artigo 24, II, c da LDB no qual parecem residir um dos componentes dessa questão. Percebe-se que a constituição de conhecimentos, valores, atitudes e competências, adquirida pela pessoa em espaços extraescolares, pode, dentro do inciso II, letra c, vir a receber um reconhecimento formal. Para tanto deve estar devidamente ancorada na lei, nas normatizações dos sistemas.

O artigo 24, II, c, uma vez regulamentado pelo respectivo órgão normativo do sistema, é uma forma de realizar, de modo recessivo, excepcional e justificado, aquilo que deve se realizar de modo predominante em instituições escolares: a obrigatoriedade de educação escolar presencial do ensino fundamental em instituições escolares. A exceção, como sempre, deve ser justificada. Algo que a França exigia no século XIX e ainda exige.[20]

A obrigação de inscrever os filhos no ensino fundamental é responsabilidade dos pais de tal maneira que, em caso de evidente e obstinada forma de negação desse direito, o Código Penal, no seu artigo 246, prevê o crime de abandono intelectual. Os pais ou tutores, responsáveis por eles enquanto menores, ao se omitirem quanto à instrução primária dos filhos (leia-se hoje ensino fundamental), serão objeto de sanção explícita da lei. O mesmo se observa no artigo 6º da LDB, ao dizer que é dever dos pais ou responsáveis efetuar a matrícula dos menores, a partir dos sete anos de idade, no ensino fundamental.[21]

---

[20] A lei Jules Ferry de 28 de março de 1882, sendo modificada no seu artigo 16 pela lei de 11 de agosto de 1936 diz: "As crianças que recebem a instrução nas suas famílias, quando completarem oito, dez e doze anos, deverão se submeter a uma enquete feita pela competente prefeitura com a finalidade única de saber quais as razões alegadas pelos responsáveis (para a instrução em casa) e se lhe está sendo dada instrução compatível com seu estado de saúde e com as condições de vida da família. O resultado dessa pesquisa deverá ser comunicado ao inspetor (do ensino) primário" (tradução livre).

[21] Sobre a obrigatoriedade, cf. Bahia Horta (1998).

Também o artigo 5º da mesma LDB se volta para o cumprimento dessa obrigatoriedade dentro de instituições próprias e sob a forma presencial. O inciso III desse artigo compele os pais a zelarem pela frequência à escola.

Cumpre apelar ao Conselho Tutelar, de acordo com a LDB, artigo 12, VIII e com o Estatuto da Criança e do Adolescente (ECA), Lei Federal nº 8.069/90, no caso de pais ou responsáveis comprovadamente inconsequentes com o dever de matricular seus filhos ou tutelados em escolas ou em caso de infrequência.

O dever do poder público em assegurar e garantir o ensino fundamental obrigatório se confirma pelo artigo 87, parágrafo 3º da LDB, *verbis*: "Cada Município e, supletivamente, o Estado e a União, deverá: I – matricular todos os educandos a partir dos sete anos de idade e, facultativamente, a partir dos seis anos, no ensino fundamental".

A matrícula, ato formal pelo qual o aluno se torna membro formalmente discente e devidamente habilitado a frequentar uma instituição escolar, é obrigatória para todos. Ela o é assim de tal modo que sua oferta irregular atinge também os poderes públicos, pois eles podem ter sido omissos ou coniventes nesse dever. Nesta medida, também os poderes públicos podem estar incluídos no parágrafo 2º do artigo 208 da Constituição Federal que diz: "o não-oferecimento do ensino obrigatório pelo poder público, ou sua oferta irregular, importa responsabilidade da autoridade competente". Tal responsabilidade é reconfirmada pela LDB em seu artigo 5º.

Outro modo de se afirmar a predominância do ensino fundamental é a emenda constitucional 14/96 e da qual decorre a Lei nº 9.424/96, que subvincula recursos constitucionais para a manutenção e desenvolvimento do ensino fundamental e valorização do magistério, bem como o Decreto n. 5.622/05 da educação a distância.

Portanto, a possibilidade do artigo 24, II, c é algo excepcional, não é a ótica predominante na Lei, tendo-se em vista, por exemplo, o parágrafo 4º do artigo 32 da LDB que diz: o ensino fundamental será presencial, sendo o ensino a distância utilizado como complementação da aprendizagem ou em situações emergenciais. Mesmo assim, essa emergência ou aquela exceção devem ser acompanhadas de justificativa e de avaliação, sob normatividade específica.

E não se pode deixar de apontar que a educação dada em família, em momento existencial de forte exigência de convívio social, responsabiliza os pais das teses ligadas à *homeschooling* pelas lacunas que a falta da escola implica.

Conclusão

A reafirmação do valor da instituição escolar se dá não só como *locus* de transmissão de conhecimentos e de zelo pela aprendizagem dos estudantes.

Ela é uma forma de socialização institucional voltada para a superação do egocentrismo pela aquisição do respeito mútuo e da reciprocidade. O amadurecimento da cidadania só se dá quando a pessoa se vê confrontada por situações nas quais o respeito de seus direitos se põe perante o respeito pelo direito dos outros. Ali também é lugar de expressão de emoções e constituição de conhecimentos, valores e competências tanto para crianças, adolescentes como para jovens e adultos (cf. PIAGET, 1994).

Um processo de educação escolar limitado ao âmbito familiar corre o risco de reduzir o campo de um pertencimento social mais amplo e a petrificar a interiorização de normas. Tal situação não é a forma predominante estabelecida pela Lei nº 9.394/96, nem pela Lei nº 8.096/90, salvo na forma recessiva, excepcional, listada pelo Decreto nº 5.622/05.

É compreensível que, dada a cultura tradicional existente, dada a clareza existente sobre o assunto antes da Constituição de 1988, dado o caráter genérico de determinadas Declarações Internacionais (da qual o Brasil é signatário), haja famílias pleiteando a possibilidade de educação escolar doméstica.

Por isso é preciso explicitar, justificar as razões dessa obrigatoriedade e insistir na importância do ensino fundamental na faixa etária prevista em lei, com a devida presença dos alunos em instituições próprias de ensino presencial em vista do pleno desenvolvimento do educando (LDB, art. 2º).

Em outros termos, é preciso construir uma cultura relativa à obrigatoriedade, cultura baseada em valores calcados na dignidade do educando, na importância do dever do Estado e na busca da autonomia e da afirmação de uma cidadania solidária e participante da vida sociopolítica.

Referências

ARENDT, Hannah. *A condição humana*. Rio de Janeiro: Forense, 1991.

COSTA, Jurandir Freire. *Ordem médica e norma familiar*. Rio de Janeiro: Graal, 1983.

BAHIA HORTA, José Silvério. Direito à Educação e Obrigatoriedade Escolar. *Cadernos de Pesquisa*, 104, p. 5-34, jul. 1998.

BERGER, Peter L. *A construção social da realidade*. Petrópolis: Vozes, 1973.

BOBBIO, Norberto. *Direita e Esquerda: razões e significados de uma distinção política*. São Paulo: UNESP, 1995.

BOBBIO, Norberto. Reformismo, Socialismo e Igualdade. *Revista Novos Estudos Cebrap*, n. 19, p. 12-25, dez. 1987.

BOBBIO, Norberto; BOVERO, Michelangelo. *Sociedade e Estado na filosofia política moderna*. São Paulo: Brasiliense, 1986.

CUNHA, Luiz Antonio. Sociedade, Estado e educação. *Revista Brasileira de Educação*, n. 1, p. 50-66, jan./abr. 1996.

CUNHA, Marcus Vinicius da. A Escola contra a família. In: TEIXEIRA LOPES, Eliane Marta *et al* (Org.). *500 anos de educação no Brasil*. Belo Horizonte: Autêntica, 2000.

CURY, Carlos Roberto Jamil. *Ideologia e educação brasileira: católicos e liberais*. São Paulo: Cortez; Autores Associados, 1988.

MENDONÇA, Ana Waleska Pollo Campos; VASCONCELOS, Maria Celi Chaves. A gênese do conceito de educação pública. In: RAMOS, Lílian (Org.). Igreja, Estado e educação no Brasil. Rio de Janeiro: Virtual, 2005.

MOLLO-BOUVIER, Suzanne. Transformação dos modos de socialização das crianças: uma abordagem sociológica. *Educação e Sociedade*, v. 26, n. 91, p. 391-403, maio/ago. 2005.

PIAGET, Jean. *O juízo moral na criança*. São Paulo: Summus, 1994.

PIAGET, Jean. *Para onde vai a educação?* Rio de Janeiro: J. Olympio, 1974.

ROMANO, Roberto. O pensamento conservador. *Revista de Sociologia e Política*, n. 3, p. 21-32, 1994.

VASCONCELOS, M. C. C. *A casa e os seus Mestres: a educação doméstica como uma prática das elites no Brasil dos Oitocentos*. Tese (Doutorado em Educação) – Programa de Pós-Graduação da PUC-Rio, 2004.

Cidadania e Direitos Humanos[1]

Este ensaio deveria constituir-se em uma reflexão direta sobre a cidadania, a educação e o sistema penitenciário. Entretanto, em que pese a importância desse dever de Estado para com a reinserção moral do apenado na sociedade, entendeu-se ser também pertinente vincular a figura do presidiário aos direitos humanos. À luz destes, será possível construir uma assistência educacional nos presídios que tomem os presos condenados como pessoas humanas e, nessa medida cosmopolita, deixem de ser uma espécie de apátridas ou de cidadãos de segunda classe.

A ideia de cidadania, da qual somos herdeiros, remonta à herança da Grécia clássica e, em especial, do pensamento de Aristóteles. Este assinala a *pólis* como a comunidade de pessoas, livres e iguais, politicamente organizadas, capazes de decidir na *ágora* os destinos da comunidade.

Aristóteles, no livro III da *Política*, pergunta-se *o que é um cidadão*. Ao buscar tal definição, ele logo registra que "é possível, com efeito, que aquele que seja cidadão numa democracia, não o seja numa oligarquia" (1969, p. 99). Também ele deixa claro, metodologicamente, quem são "aqueles a quem se concedeu o direito de cidadania". Diz ele que

> [...] o cidadão não é cidadão pelo fato de se ter estabelecido em algum lugar – pois os estrangeiros e os escravos também são estabelecidos. Nem é cidadão por se poder, juridicamente, levar e ser levado ante os mesmos tribunais. Pois isso é o que acontece aos que se servem de selos para as relações de comércio. Em vários pontos, mesmo os estrangeiros estabelecidos não gozam completamente deste privilégio, mas é preciso que tenham um fiador e, sob este aspecto, eles só são membros da comunidade imperfeitamente (ARISTÓTELES, 1969, p. 100).

---

[1] Publicado originalmente em: CURY, Carlos Roberto Jamil; TOSTA, Sandra de Fátima Pereira (Orgs.). *Educação, cidade e cidadania: leituras de experiências socioeducativas.* Belo Horizonte: Autêntica, 2007. p. 37-44.

Essa "cidadania imperfeita" abrange as crianças e os velhos e se aplica aos infames e aos condenados ao exílio. E, na busca de uma *definição absoluta*, Aristóteles define: "Cidadão é o que pode ser juiz e magistrado".

Por serem capazes de decisões maiores desses destinos, tais pessoas (cidadãos) são a fonte da soberania política. Essas pessoas são cidadãs porque, mesmo não sendo naquele momento juízes ou magistrados, podem sê-lo dada a rotatividade de funções. Numa palavra, são decisores porque detentores da participação política.

O conceito de cidadania, pois, desde a época clássica, torna-se uma doutrina. Segundo Bovero (2002, p. 120), "[...] ser cidadão significa – ou seja, consiste em, coincide com – ser titular de um poder público não limitado, permanente (aoristos arché, distinta da arché, isto é, do poder, de quem ocupa um cargo político temporário): cidadão é aquele que participa de modo estável do poder de decisão coletiva, do poder político, ou seja, a participação no poder político é conotativo essencial da cidadania [...]".

Assinaladas as diferenças, tais como nos apresenta o clássico texto de Benjamin Constant, *De la liberté des anciens comparée a celle des modernes*, esse conceito renasce na modernidade, no curso das revoluções inglesa, francesa e norte-americana, precedidas da afirmação dos direitos civis. Retomando o pensamento de Benjamin Constant, Carvalho (1989, p. 265) diz que a liberdade dos antigos "[...] era a liberdade de participar coletivamente do governo, da soberania, era a liberdade de decidir na praça pública os negócios da República: era a liberdade do homem público. Em contraste, a liberdade dos modernos, a que convinha aos novos tempos, era a liberdade do homem privado, a liberdade dos direitos de ir e vir, de propriedade, de opinião, de religião".

Seja na cidade grega, seja nessas revoluções, o cidadão é o que substitui os elos da submissão hierárquica entre *superiores* e *inferiores* pelos laços da amizade (*philía*) entre os semelhantes entre si (*hómoioi*) e iguais (*ísoi*) na dignidade. Como nos afirma Bobbio (1992, p. 61),

> [...] a inflexão a que me referi, e que serve como fundamento para o reconhecimento dos direitos do homem, ocorre quando esse reconhecimento se amplia da esfera das relações econômicas interpessoais para as relações de poder entre príncipe e súditos, quando nascem os chamados direitos públicos subjetivos, que caracterizam o Estado de direito. É com o nascimento do Estado de Direito que ocorre a passagem final do ponto de vista do príncipe para o ponto de vista dos cidadãos. No estado despótico, os indivíduos singulares só têm deveres e não direitos. No Estado absoluto, os indivíduos possuem, em relação ao soberano, direitos privados. No Estado de direito, o indivíduo tem, em face do Estado, não só direitos privados, mas também direitos públicos. O Estado de direito é o Estado dos cidadãos.

Numa sociedade assim, o governo dos homens se submete ao regime das leis, fazendo preponderar as determinações legais sobre os desígnios do indivíduo eventualmente ocupante do cargo de poder. É em torno desse conceito que a nossa Constituição Federal de 1988 vai consagrar os direitos civis e políticos como próprios da cidadania e revogar grande parte de obstáculos pretéritos para essa participação.

A nossa Constituição faz uma escolha por um regime normativo e político, representativo, plural e descentralizado. E, junto com a representação popular, abre espaço para novos mecanismos de participação nos quais um modelo institucional cooperativo amplia o número de sujeitos políticos capazes de tomar decisões. Ela avança no sentido de instrumentos de participação direta da população na constituição do ordenamento jurídico.

Trata-se da noção de Estado Democrático de Direito tal como expresso em nossa Constituição no seu Preâmbulo, no artigo 1º e, sobretudo, no seu parágrafo único. Consequente a isso, ela vai avançar no sentido de instrumentos de participação direta da população na constituição do ordenamento jurídico. Veja-se, por exemplo, o artigo 14 da Constituição que, decorrente do artigo 1º dessa Carta Magna, reconhece o referendo, o plebiscito e a iniciativa popular como formas alternativas e complementares do processo democrático representativo.

Mas a Grécia clássica foi além do conceito. Ela procurou assinalar quem era esse cidadão. O cidadão pleno era o homem livre que, pela sua filiação, fratria ou demo, se situasse em Atenas. Nesse sentido, a *ágora* era fechada para o estrangeiro e interditada para o escravo. Diz-nos Aristóteles (1969, p. 100-101):

> O que há de certo é que a cidade modelo não deverá jamais admitir o artesão no número dos seus cidadãos. Se não o admitir, então será possível dizer que a virtude política de que falamos não pertence a todo o cidadão, mas somente ao homem livre – e sim dir-se-á que ela pertence a todos aqueles que não têm necessidade de trabalhar para viver.
>
> Ora, aqueles que são obrigados a trabalhar para o serviço de uma pessoa são escravos, e os que trabalham para o público são artesãos e mercenários.

Abaixo dos cidadãos de primeira grandeza, vinham os "cidadãos imperfeitos", obedientes ao poder e sem a prerrogativa da participação. Eram livres, mas não eram nem escravos nem estrangeiros. Exemplo de tais cidadãos incompletos são os "metecos" e os imigrantes.

Em Roma, o cidadão era o sujeito de direitos tal como definido pela norma jurídica. Como diz Bovero (2002, p. 123): "[...] no âmbito da comunidade romana os direitos em geral cabiam apenas ao gentil: *gentilis, patricius e civis* eram três aspectos de uma única figura".

Contudo, desde 212 d.C., com Édito de Caracala, houve progressivas extensões da cidadania romana à maior parte dos sujeitos livres do Império. Só que essa cidadania, objeto de aquisição formal, era também sujeita à perda parcial ou integralmente. Continua Bovero (2002, p. 123): "A perda dos direitos, como é sabido, era denominada *capitis diminutio*, e nela se distinguiam três formas ou graus. O grau máximo coincidia com a redução à escravidão de um homem livre, por exemplo, em seguida a uma condenação penal".

A perda máxima, integral, era semelhante à morte, morte civil, já que o sujeito perdia toda a personalidade jurídica.[2] A perda intermediária, outra forma de *capitis diminutio*, era aquela pela qual o indivíduo perdia a cidadania, mas não a liberdade.[3] Estabelece-se, pois, uma distinção entre o estatuto da cidadania e o da liberdade. Nessa última, o indivíduo não usufruía de direitos próprios à integração na comunidade política. Era como se tal pessoa fosse um peregrino, um estrangeiro em Roma, isto é, uma pessoa pertencente a outra *civitas*.

Logo, alguma *civitas* o indivíduo deve possuir ainda que não seja em Roma, exceto o dito *escravo por natureza*. Como diz Bovero (2002, p. 124), "vale, portanto, para os romanos [...] aquilo que sustentava Aristóteles: um homem sem cidade, sem cidadania, não é propriamente um homem, mas um deus ou um animal, ou uma 'coisa animada' tal como é o escravo".

Ao estrangeiro livre fica interdito o gozo dos direitos políticos, o que aponta para uma limitação da cidadania plena. O estrangeiro livre gozava da *libertas* desde que fosse *civis* em alguma outra *civitas*, mas não usufruía do sufrágio. Mas, ao estrangeiro livre, não foram interditados direitos próprios da vida privada, como a liberdade de locomoção, a propriedade, o comércio e o casamento. Por aí se vê – o que na modernidade ficará mais claro –, a linha divisória entre o público e o privado no que tange à cidadania. Por outro lado, diz Bovero (2002, p. 125): "[...] um estrangeiro sem pátria reconhecida por Roma podia legitimamente ser reduzido à escravidão por um *civis romanus*. Mais uma vez, reencontramos o eco de célebres teses aristotélicas: para os escravos não há polis, ou seja, cidadão pode ser apenas o homem livre; e

---

[2] O preso é a pessoa privada de sua liberdade individual, perdendo-se, no caso, a faculdade de locomover-se segundo sua vontade. Já o presidiário é a pessoa que foi condenada e cumpre sua condenação como detento ou recluso em um presídio. O artigo 5º de nossa Constituição estabelece no inciso XLVI que "a lei regulará a individualização da pena e adotará, entre outras, as seguintes: a) privação ou restrição da liberdade; [...] e) suspensão ou interdição de direitos". Em todo o caso, diz o inciso XLIX: "é assegurado aos presos o respeito à integridade física e moral e no inciso LXIII: o preso será informado dos seus direitos [...]". Mas o artigo 15 impõe, no inciso III, a perda ou suspensão dos direitos políticos no caso de "condenação criminal transitada em julgado, enquanto durarem seus efeitos". O artigo 38 do Código Penal assevera que "o preso conserva todos os direitos não atingidos pela perda da liberdade [...]".

[3] O § 4º do artigo 12 da Constituição dispõe sobre a perda da nacionalidade do brasileiro.

invertendo os termos, homem livre pode ser apenas o cidadão, integrado em alguma *civitas*, "pertencente" a uma comunidade".

E os qualificados como "escravos" por natureza são, em si mesmos, desiguais e destinados a tarefas brutas ou trabalhosas no âmbito da economia doméstica. Não são livres, são servos de um senhor.[4]

A grande novidade trazida pela modernidade será o reconhecimento do ser humano como portador de determinados inalienáveis: os direitos do homem. A vida e a liberdade são conaturais ao ser humano e, nesse sentido, todos nascem iguais e o são como tais. E nada há que preceda, em termos de hierarquia, a esses valores naturais: nem nascença, nem sangue, nem cor, nem religião, nem sexo, nem etnia ou outra diferença.

A modernidade acaba por se marcar pela ideia de direitos universais do homem e cuja essência igualitária na vida e na liberdade deve ser reconhecida pelo direito positivo. Dessa forma, o jusnaturalismo faz preceder esses direitos do indivíduo *ut singulus* a qualquer tipo ou modalidade de pertença a caracteres diferenciais e condiciona tais caracteres, inclusive os relativos à anterioridade do indivíduo pertencente a uma comunidade política.

A forma mais acabada dessa consciência, no interior da Revolução Francesa é a Declaração de 1789: "Os homens nascem e permanecem livres e iguais em seus direitos". Essa mesma declaração afirma que a finalidade de toda e qualquer associação política é a de assegurar esses direitos naturais e inalienáveis. Ou em outros termos: os direitos do homem precedem e condicionam os direitos do cidadão.

Kant, no século XVIII, assinala que o uso da razão só se desenvolve plenamente na espécie, e não nos indivíduos. Segundo ele, é na espécie humana, mediada pelos indivíduos em espaços nacionais (de preferência republicanos), que a razão conquanto apanágio da hominidade se desenvolve. E a hominidade, em sua plenitude, só se converte na humanidade quando a busca da "paz perpétua" se realiza, de vez que os direitos da espécie no indivíduo foram consagrados e respeitados.

Augusto Comte, por sua vez, dirá que a hominidade só chegará à humanidade, no estado positivo, quando acabarem as guerras. Segundo ele, o

---

[4] Já em 1550, em Valladolid, com a "descoberta" dos índios e com a possibilidade de eles virem (ou não) a se tornarem cristãos, a Igreja católica afirma o pressuposto para a assunção do cristianismo: os índios detêm a plenitude da humanidade. A proclamação de Valladolid não atingiu os negros escravizados, e o cristianismo, religião dos filhos do mesmo Pai, teria que justificar essa barbárie! As justificativas, apesar da improcedência total, iam desde as pessoas que, por natureza, deviam encarregar-se dos trabalhos duros, tendo que ocupar seu "lugar natural", até a teoria do "mal necessário", a fim de se "libertarem" da "barbárie", passando pelo direito de propriedade do senhor sobre o escravo visto como naturalmente desigual (cf. SYMONIDES, 2003).

critério para se medir o grau de humanidade presente nas nações é inversamente proporcional ao quanto de investimento se faz em prol da guerra.

É por isso que a Organização das Nações Unidas (ONU), organismo de vocação internacional, em 10 de dezembro de 1948, proclama a Declaração Universal dos Direitos Humanos como expressão do reconhecimento da dignidade inerente a todos os membros da família humana e de seus direitos iguais e inalienáveis. Ou, como já afirmava Hegel (1971, p. 69), no século XIX:

> É parte da educação do pensamento como consciência da singularidade, na forma da universalidade, que o Eu começa a ser apreendido como uma pessoa universal no qual tudo é idêntico. Um homem vale como homem em virtude de sua humanidade, não porque é judeu, católico, protestante, alemão, italiano, etc. Esta é uma assertiva que o pensamento ratifica e ser consciente disso tem uma importância infinita. Isso só é deletério quando é cristalizado, por exemplo, como um cosmopolitismo em oposição à vida concreta do Estado (em tradução livre do autor).

Nesse sentido, para *não se cristalizar* em figuras abstratas e sem efetividade, esse cosmopolitismo dos direitos humanos deve começar a ser respeitado no âmbito tradicional dos Estados Nacionais, deles não podendo eximir-se. Só em um planeta mundializado onde se possa realizar da essência da humanidade, pondo-se ênfase no que é comum à espécie humana, é que a superioridade axiológica da humanidade vista *ut genus* sobrepor-se-á a uma visada dos países vistos como nações particulares.

Se a chegada à espécie humana, até então, é um horizonte, é ainda dentro dos espaços nacionais, espectro privilegiado da cidadania, que se constroem políticas em vista de uma democratização de bens fundamentais para a vida coletiva.[5] Cidadania e nação são construções históricas, mas não são objetos de uma relação imanente e ontológica.

Avançar no conceito de cidadania supõe a generalização e a universalização dos direitos humanos, cujo lastro transcenda o liame tradicional e histórico entre cidadania e nação, tal como desenvolvido, por exemplo, em Marshall (1967) para a Inglaterra e em Carvalho (2002) no Brasil.

De um lado, esse conceito universal deve constituir-se no horizonte mais amplo de convivência entre as pessoas humanas dos diferentes povos

---

[5] Entre esses bens, está a educação escolar considerada no Brasil, ao menos em sua etapa fundamental, o incentivo para que a luz da razão, presente em todo o ser humano, desenvolva-se e o indivíduo possa, por seus méritos, avançar na vida social. Esse direito abrange os presidiários em *seu retorno à convivência em sociedade* (Código Penal: artigo 10), o que exige a assistência educacional (inciso IV). Os artigos 17 a 21 do Código Penal tratam dessa assistência educacional, aí compreendidos o ensino fundamental obrigatório e a formação profissional.

do mundo, porque não é por uma pertença específica como cidadão – por exemplo, pertença nacional ou outra – que o ente humano é sujeito de direitos fundamentais. Esse conceito continua sendo o patamar mais fundo pelo qual se combatem todas as formas e modalidades de discriminação, inclusive de pertença étnica e, por ele, pode-se, então, assegurar o direito à diferença.

Apesar de a maior parte das Constituições dos Estados Modernos reconhecer tais direitos como direitos do homem, apesar de as Declarações da ONU reiterarem esse ponto de vista, ainda há situações que claramente se configuram como antíteses desse cosmopolitismo, sobretudo quando os movimentos de migração se intensificam por todo o mundo.

Cumpre concordar com a distinção feita por Bovero (2002, p. 130): "[...] se os direitos do homem (da pessoa) são propriamente universais, ou seja, cabem a qualquer um como pessoa, os direitos do cidadão são necessariamente particulares, ao menos enquanto não seja instituída uma cidadania universal, cosmopolita".

O sujeito na qualidade de pessoa humana carrega consigo a liberdade pessoal, de pensamento por ser assim, e não apenas por ser cidadão nacional. Em caso contrário, um "estrangeiro" seria, desde logo, sujeito a qualquer arbitrariedade do Estado Nacional em que ele está. Contudo, continua o mesmo autor: "Também segundo a teoria moderna dos direitos fundamentais, os direitos políticos cabem aos 'membros' de cada *civitas*, de cada comunidade política concreta, não são atribuíveis às pessoas como tais. Portanto, os direitos do cidadão não são direitos do homem" (BOVERO, 2002, p. 130).

Mas – questiona o autor –, se as pessoas estão submetidas a decisões políticas gerais de uma determinada comunidade política, por que excluí-las da participação política e jurídica pelas quais as mesmas decisões políticas são tomadas?

Se os apenados se constituem em um grupo específico, provisoriamente fora do gozo da liberdade civil, isso não deve constituir-se em motivo para aprofundá-los nessa condição. Para efeito de sua reinserção social, é preciso vê-los como pessoas cuja dignidade humana os torna tão sujeitos do direito da educação quanto os cidadãos no gozo de sua liberdade. Este é o modo privilegiado de fazer com que alguém privado de sua liberdade volte a fruir a plenitude de sua cidadania em nome dela própria e dos direitos humanos que a fundamentam.

Referências

ARISTÓTELES. *A política*. Rio de Janeiro: Edições de Ouro, 1969.

BOBBIO, Norberto. *A era dos direitos*. Rio de Janeiro: Campus, 1992.

BOVERO, Michelangelo. *Contra o governo dos piores: uma gramática da democracia*. Rio de Janeiro: Campus, 2002.

CONSTANT, Benjamin. *De la liberté chez les modernes*. Paris: Livre de Poche, 1980.

CARVALHO, José Murilo de. *Cidadania no Brasil*: o longo caminho. Rio de Janeiro: Civilização Brasileira, 2002.

CARVALHO, José Murilo de. Entre a liberdade dos antigos e a dos modernos: a república no Brasil. *Dados – Revista de Ciências Sociais*, Rio de Janeiro, v. 32, n. 3, p. 265-280, 1989.

HEGEL, Georg W. Friedrich. The philosophy of right. In: HUTCHINS, Robert Maynard (Ed.). *Encyclopaedia Britannica*. Chicago: Encyclopedia Britannica, 1971. v. 46. (Great Books of the Western World.)

KANT, Emanuel. *A paz perpétua*. Rio de Janeiro: Brasílica, 1939.

MARSHALL, T. H. *Cidadania, classe social e status*. Rio de Janeiro: Zahar, 1967.

SYMONIDES, Janusz. (Org.). *Direitos humanos: novas dimensões e desafios*. Brasília: Unesco, 2003.

Políticas da Educação:
um convite ao tema[1]

*A substância da sedição é de dois tipos:
muita pobreza e muito descontentamento.
As causas e os motivos das sedições são os
impostos, as modificações das leis e costumes,
o cancelamento de privilégios, a opressão
generalizada, o progresso de pessoas indignas
e estranhas, as privações, os soldados
desmobilizados, as facções desesperadas e
tudo aquilo que, ao ofender um povo, faz com
que ele se una em uma causa comum... Uma
receita melhor para evitar as revoluções é uma
distribuição equitativa da riqueza. O dinheiro
é como o esterco: só é bom se for espalhado.*

FRANCIS BACON

As Políticas da Educação vêm se constituindo hoje em um terreno pródigo de iniciativas quer no campo dos suportes materiais, quer no campo de propostas institucionais, quer no setor propriamente pedagógico. Elas abrangem, pois, desde a sala de aula até os planos de educação de largo espectro.

No objetivo expresso deste Seminário[2] está dito que se espera dele um pensamento criativo, propositivo e criador de iniciativas atuantes que "transformem as políticas educacionais em *locus* (*sic*) privilegiado (*sic*) para buscar em conjunto e experimentar a vida democrática no Brasil".[3] Não é por

---

[1] Originalmente publicado em: FÁVERO, Osmar; SEMERARO, Giovanni (Orgs.). *Democracia e construção do público no pensamento educacional brasileiro*. Petrópolis: Vozes, 2002, v. 1. p. 147-162.

[2] *Reforma Educacional no Brasil: Inclusão Excludente no Contexto da Globalização*. III Seminário da ANPAE - Sudeste/III Encontro Estadual do ES. Vitória – ES. 31 ago. 2000.

[3] Tal expressão se encontrava no folder do Seminário.

acaso que a mesa-redonda desta manhã leva o seu título no plural: *Políticas da educação*. Esse título, no plural, em si já indicador de dois pressupostos: quer-se pensar a multiplicidade e a diversidade de tais políticas e quer-se, com isso, resguardar o momento em que uma determinada Política da Educação se torna uma política em ação. Por outro lado, embora se deva dar destaque à educação escolar, o Seminário não se fecha exclusivamente nessa delimitação.

Com efeito, a democracia, pela pluralidade de lugares sociais que a caracteriza, é também uma pluralidade diferenciada de discursos, de pontos de vistas, de concepções e de práticas sociais. De fato, em muitos lugares deste país, em muitas práticas presentes em unidades escolares, em governos subnacionais assim como em muitos municípios, busca-se uma ligação entre educação e democracia que faz jus às mais lídimas concepções sociais de ambas. Isso significa que as orientações das elites dirigentes não são determinísticas, nem que as orientações divergentes não possam se traduzir em ações efetivamente próprias e dotadas tanto de autonomia relativa quanto de concepções diferentes.

As Políticas Sociais – de há muito, o sabemos –, nascidas na Europa, no século XIX, representam o reconhecimento das contradições próprias da industrialização e o seu consequente impacto sobre as condições de trabalho e de vida das classes trabalhadoras. As políticas baseadas no sistema contratual de mercado atribuíam e deixavam ao indivíduo *ut singulus* (isto é, enquanto ele próprio for unicamente responsável pelos seus atos) a responsabilidade sobre sua vida extramercado. Ao mesmo tempo, tais políticas fustigavam as antigas formas de relação social baseadas no protecionismo regulador, havidas como denegadoras do mérito e do esforço individuais. E até por essa razão elas nem punham e nem supunham a existência de direitos sociais. Afinal, sob o liberalismo clássico, os direitos civis não possuem janelas para os direitos sociais. Já para os considerados "incapazes" de enfrentar o mercado, postulava-se a assunção formal da assistência caritativa como forma de socorrer os pobres.

As classes trabalhadoras não se sujeitaram às consequências sociais do sistema contratual de mercado. Inconformadas com a concepção liberal de sociedade e a respectiva definição estreita de cidadania, elas avançaram no sentido da criação de novos direitos, uns políticos (a extensão universal do voto será um deles) e outros sociais (tal como as novas formas de proteção social) (PRZEWORSKI, 1989).

Ao mesmo tempo, o capitalismo que se montava sofria ele próprio os efeitos abertos pelo sistema de mercado. Daí porque a classe capitalista como um todo postulava formas de intervenção a fim de evitar a "guerra de todos contra todos". O sistema lockiano de justificação da propriedade como procedente da natureza do indivíduo possessivo e o princípio smithiano de autorregulação invisível do mercado, ao se revelarem autofágicos, se deixados a si próprios, terminavam por chamar a intervenção do Estado nos múltiplos fatores de produção (POLANYI, 1947).

O liberalismo econômico se revelava necessariamente incapaz de dar conta de suas primeiras contradições. Assim, no sentido de um controle do mercado e do próprio ímpeto das reivindicações da classe operária, aparecem as primeiras medidas de proteção ao trabalho urbano sob a presença do Estado, inclusive como modo de preservação do capitalismo.

Nesta direção, as políticas sociais nasceram, ao mesmo tempo, como uma resposta ao ímpeto mobilizador da classe trabalhadora por novos direitos e uma forma de articulação do Estado com a classe patronal, a fim de preservar interesses comuns aos segmentos dessa classe.

Desse modo, por meio de uma longa e complexa trajetória histórica, vai se constituindo o Estado do Bem-Estar Social. Nessa trajetória, os direitos políticos da universalização do voto foram importante mediação para a declaração e, em muitos casos, a garantia de direitos sociais. As lutas conduzidas por movimentos de esquerda sempre reivindicaram a universalidade da cidadania. Em várias ocasiões, em vista dessa universalidade, os direitos foram ampliados, tendo sido sua presença constante na legislação de vários países. Em todos os casos, é afirmado o direito à educação escolar como algo especialmente importante para a participação sociopolítica e para o próprio indivíduo.

A globalização, por sua vez, vai incidir sobre o papel exercido pelo Estado e sobre o conjunto dos direitos sociais. De fato, a associação entre globalização e neoliberalismo vai constituir o mercado como o lugar ideal de alocação dos recursos, subentendida a tese do Estado mínimo ou da redução do poder do Estado (DRAIBE, 1993; IANNI, 2000).

Se as bases econômicas, tecnológicas e informacionais, sob o capitalismo, se tornaram mundiais, isso significa que está em processo um modo de presença do capital que incide diferencialmente sobre os diversos países e sobre os distintos segmentos sociais. De um lado, estreita-se e se vê aumentada a concentração de renda e, de outro lado, vai crescendo o número dos "sem", dos *less* junto com nomes para determinar o lugar da exclusão. Inclusão e exclusão passam a fazer parte de uma lógica de mercado que se impõe mesmo em países que tiveram um Estado atuante no sentido de propiciar o acesso e o usufruto universal de determinados bens sociais. Desse modo, os países centrais, onde o Estado do Bem-Estar Social se implantou, não deixam de sentir o peso das contradições em seus respectivos territórios.

Ora, essa dinâmica neoliberal, entronizadora do mercado como o novo "bezerro de ouro", aprofunda ainda mais a exclusão social nos países periféricos. Estes, historicamente marcados pela desigualdade e discriminação, se veem às voltas com formas aberrantes de regressão sócio-histórica, tais como o crime organizado e milícias privadas, entre outras. Circunscritos por fora pela pressão de agências internacionais, cerceados por dentro pela anomia, os países periféricos, nos quais nem bem o Estado chegou a todos os rincões para cumprir suas funções clássicas, vão se constituindo por governos que adotam concepções e práticas do "Estado mínimo" (SANTOS, 1992).

Acuados, recuados, conformados ou resistentes, os Estados, na dependência de mercados financeiros e de financiamento internacional, privatizam patrimônios públicos, cortam gastos sociais e tentam restringir o âmbito dos direitos sociais. As consequências desagregadoras desse posicionamento político do Estado são visíveis por toda a parte.

Não há mais dúvidas de como a arrogância do capital especulativo anda tratando dos direitos sociais arduamente conquistados inclusive pela perda de muitas crenças na fatalidade determinística de projetos sociais pela queda de muros que se fecharam para a "democracia como valor universal". A arrogância do capital se faz arrojada a ponto de querer exibir-se como ponto final da História.

Essa arrogância devastadora do capital financeiro internacional sobre os direitos sociais traz consigo a diminuição da importância de determinadas arenas públicas como é o caso dos parlamentos e do próprio conceito de Estado-Nação com a visível realidade do desemprego, da pobreza, da degradação ambiental e da persistência da desigualdade e que, no caso do Brasil, foi mais uma vez revelada no balanço do Instituto Brasileiro de Geografia e Estatística (IBGE) a respeito da década de 1990, recentemente publicado na imprensa.

Essa arrogância do capital internacional, livre de qualquer centro internacional com poder de controle, limita o controle público dos avanços obtidos pelas novas formas de avanço científico e suas tecnologias, combate os princípios keynesianos e devora as entranhas sociais dos países. O que passa a valer é a lógica de uma competitividade agora recomposta como um pressuposto natural das forças econômicas sem a intervenção hobbesiana do soberano.

Durante um certo tempo, ofuscados pela arrogância e pelo inusitado dos múltiplos eventos vistos como sucesso, o exemplo do passado não serviu como referência para os novos detentores do "pensamento único". Enquanto isso, o presente dava indicadores de uma realidade em que a barbárie dos "novos" tempos era uma retomada explícita do estado natural hobbesiano entre os mais diferentes sujeitos da exclusão social. O futuro já presentificado era o capitalismo liberal visto como o "fim da História". Era o triunfo do ultraliberalismo e o descrédito das utopias sociais mesmo reformistas. Toda e qualquer crítica a essa avalanche era tida como sinal de atraso jurássico ou irracionalidade. Ao Estado não caberia o papel interventor em pontos cruciais como moeda, trocas internacionais e transações financeiras, a não ser para conformá-los aos imperativos de um ajuste econômico-financeiro sem fim. Por sua vez, o peso do custo social dessas mudanças escasseia as possibilidades de a sociedade civil se contrapor a essas políticas.

Parecia também o fim do "social". A "sociedade durkheimiana", as "classes sociais" em Marx, os "valores éticos" do ente público em Weber haviam diminuído a tal ponto que o "individualismo possessivo" tinha não só se sobreposto como adquirido foros globais, determinando a hegemonia da segmentação e da divisão em tudo que não seja o econômico-financeiro globalizado. Essas categorias fortes e determinantes entre os pensadores do século XIX e boa parte do século XX seriam abandonadas e, em seu lugar, impor-se-iam as "ciladas da diferença" (PIERUCCI, 1999). As diferenças étnicas, as de gênero, as de credo, entre outras, quando garantidas pelo princípio da igualdade, enriquecem o tecido social e as relações coletivas.

Esse retorno a um mundo individualista e possessivo sem restrições representa exatamente o oposto do que se postulava com o Estado Social em termos de cidadania e de vida democrática. Também limitados no tempo e no espaço, os partidos não podem se projetar para além dos territórios nacionais. Isso não retira desses últimos margens de autonomia para propor seus programas e tentar criar uma legislação sobre o assunto.

Mas, aos poucos, o que deveria ser um novo "milagre econômico" não se consubstanciou. A distância entre os países se aprofundou, o fosso entre as camadas ricas e pobres se tornou mais aguda, o desemprego campeou solto, a miséria se alastrou, a dívida aumentou e muitos corifeus do ultraliberalismo instalados no aparelho de Estado de países latino-americanos, fiéis seguidores do ideário do ajuste, se revelaram mafiosos. Outras formas de submissão se tornaram explícitas, especialmente, no caso das privatizações. A expectativa que as agências de controle fossem ser uma tábua de defesa não se concretizou. Muitos direitos sociais foram extintos ou reduzidos.

O absolutismo do sistema contratual do mercado reabria, em dimensões maiores, na arena mundial a dinâmica do conflito social. A defesa de direitos humanos repunha, em outros termos, o princípio hobbesiano do direito à vida, único direito a se sobrepor ao soberano. Além disso, ficava cada vez mais difícil um Estado, assim assumido, se propor como representante do interesse geral da sociedade.

O caminho trilhado é o de um verticalismo autoritário, próprio de uma tecnocracia que trata os cidadãos como incapazes de entender os rumos da economia global, chocando-se com as alternativas próprias da democracia. Ao lado disso, vê-se o Estado sucumbir aos velhos trilhos da corrupção. Nesse contexto de desigualdades, disparidades e discriminações, os fundamentos do sistema democrático correm o risco de se precarizar, pois, sem um afrontamento sério da exclusão, o futuro fica reservado à violência.

O movimento europeu, nas suas relações sociais, deu origem ao Estado do Bem-Estar Social, mas acabou tendo impacto nos países de "capitalismo tardio", complexificando as suas realidades e sugerindo especificidades analíticas, quando da emergência da industrialização nesses países.

O Brasil, herdeiro de um projeto de colonização contrarreformista, se fez desde logo um país tipicamente montado no sistema de favor e do clientelismo (COUTINHO, 1980; MARTINS, 1994) e baseado em uma concepção hierárquica da alteridade social, na qual os que se julgam "superiores" se entregam a práticas discriminatórias em que os "inferiores" são representados como seus dependentes, e, então, a cidadania passa a ser privilégio de uma camada social específica (CHAUI, 2000; DA MATTA, 1990). Por isso mesmo as mudanças aqui processadas, seja no âmbito do processo de industrialização, seja no das relações de trabalho, tiveram o Estado como um sujeito interventor numa espécie de *tertius*, na relação entre o movimento operário e a organização patronal. Os direitos sociais não se formalizariam no Brasil – especialmente no Brasil urbano, sem o apoio e a intervenção do setor estatal (CARVALHO, 1995; ANDRADE, 1982). Mas não se pode esconder o que se fez, nas décadas de 1970 e de 1980, sobretudo em matéria de movimentos sociais, em favor de uma democracia mais plena (GOHN, 1994).

No Brasil, os direitos que penetraram no ideário democrático e cidadão da Constituição Federal de 1988 foram para o fundo da cena. Acenar e defender direitos sociais tornou-se sinônimo de defesa de privilégios corporativos ou de posturas atrasadas. Verga sobre os países da América Latina e sobre o Brasil, em especial, um retorno ao liberismo econômico semelhante ao praticado antes dos anos 1930. Esse ultraliberalismo não é senão o reinado do mercado sem os avanços propiciados pelas pressões sociais das quais resultaram tanto o liberalismo político-democrático no âmbito dos direitos civis e políticos, quanto a democracia de cunho social através dos direitos sociais. Esse rumo liberista das políticas, conquanto não inevitável, apanha o Brasil dentro de uma evolução sociopolítica já historicamente marcada por traços excludentes e discriminatórios. O que confirma a velha tradição da evolução socioeconômica brasileira de um fosso entre modernidade e democracia, fosso aprofundado durante séculos por uma política da não política em educação escolar.

Esse esboço histórico é apenas uma indicação do sentido que gostaria de imprimir à minha análise: *a política social, aí compreendida a educacional, é um complexo contraditório de condições históricas que implicam um movimento de ida e volta entre as forças sociais em disputa.* Esse movimento, por sua vez, encontra no próprio Estado uma arena de disputa de interesse. Não há, assim, uma dominação absoluta das forças dominantes sobre o conjunto da sociedade civil. Essa última resiste porque nem todos os seus sujeitos ocupam os mesmos lugares sociais. E uma das diferenças a ser apontada está no modo de se encarar os direitos sociais, o que não faz senão confirmar o caráter contraditório da sociedade em suas arenas públicas.

Neste sentido, a política educacional como partícipe da política social mais ampla guarda elementos comuns com as políticas específicas de saúde, de previdência, de justiça, mas, ao mesmo tempo, possui suas peculiaridades históricas e legais que a distinguem das outras. Cumpre não ignorar esse aspecto crucial para *as políticas de educação*, em especial tratando-se de um país como o Brasil, complexo, continental, díspar, desigual e federativo.

Se há apenas uma política da educação, bastaria aguardar a política educacional do governo central e afirmar, de modo conclusivo, que *as políticas de educação* são uma tradução regional daquela *nestas*. A se confirmar o absolutismo de uma afirmação como esta, não só estaríamos ignorando a contraditoriedade própria da sociedade como estaríamos confirmando, até mesmo com precisão "anatômica", que, na perspectiva desigual, discriminatória e hierárquica que conformou a nossa evolução, "o que vale em matéria de iniciativa" é a palavra e a iniciativa do "senhor". A seus dependentes, favorecidos ou subalternos, ou seja, ao "escravo" cabe o trabalho de execução. A rigor, no final das contas, estaríamos confirmando o aforismo de que é o Estado, ou suas elites, o(s) que faz(em) a História. Atribuindo a esse aforismo uma completude que ele não possui, não só laboramos com uma dissimulação, como deixamos de ver campos de atuação em que, muitas vezes, é o não dito conquanto feito que impõe limites à atuação vertical de formas de governo e das elites.

As *políticas de educação* são plurais porque nascem de uma realidade social e política que se rebela em atender a desígnios únicos. Grupos sociais e políticos dos vários níveis de governo não se conformam com orientações verticais. Isso significa considerar a força dos governos vigentes e o papel do Estado em matéria de avanços sociais e democráticos. Os governos subnacionais, autônomos após 1988, conhecem variações no *modus operandi* de suas políticas educacionais, considerando-se suas competências legais, incentivos recebidos, capacidade fiscal e também grau de ação consciente a fim de implementar a política social.

As *políticas de educação* são plurais porque fatos novos e recentes atestam que o ímpeto e a pressão exercidos por novos sujeitos sociais nem podem ser formuladas à revelia de tais atores. Também novas formas de presença nas arenas sociais e públicas, a dinâmica de sujeitos coletivos e institucionais aliadas às necessidades mais amplas da cidadania brasileira apresentam-se como o contraponto de políticas definidas e que nem sempre consideram sequer a própria clareza da legislação existente (Telles, 1999).

Assim, cá ou acolá, no Brasil e fora dele, vozes divergentes do modo prevalente surgiram e passaram a adquirir maior força e visibilidade. E essas vozes não são apenas brasileiras, elas provêm de múltiplos países, constituindo-se em uma nova realidade a ser vista e analisada.

Em primeiro lugar, há a indicação de uma figura que transcende os espaços nacionais. Os movimentos ligados aos direitos humanos, em parte capitaneados por defensores da Anistia Internacional, não cessam de relatar os casos de violência perpetrados por aparatos repressores de vários países. A vida das pessoas não só estava em uma situação de indignidade social como coisa melhor não estava sendo reservada à terra. O espaço da vida era objeto de sutis depredações e com isso se sonegava também aos pósteros o direito a um futuro ecológico (Bobbio, 1992).

Os movimentos em defesa da vida e do meio ambiente furam as fronteiras nacionais, põem a nu mecanismos de exploração por parte de nações desenvolvidas e insistem no direito a um futuro melhor para todos, como se viu na Conferência Rio/92. A existência de organizações não governamentais que se fazem presentes para além das fronteiras de cada país na defesa de aspectos da realidade ganhou visibilidade.

Nascidos de aspirações da sociedade civil, tais movimentos são tão complexos quanto a própria sociedade civil e seria ingênuo imaginá-los desprovidos de contradições. Mas pode-se dizer que, em suas atuações, eles representam um modo de complementar as limitações dos partidos e dos sindicatos que, no passado, foram os principais sujeitos da bandeira dos direitos sociais. Voltados para temáticas específicas, tais movimentos também são limitados seja por falta de quadros e de recursos, seja por carecerem, ao contrário dos partidos, do mecanismo democrático do voto. Mas muitos deles denunciam, por meio da crítica, a exploração globalizada a que estão submetidos cidadãos e nações aos dejetos nucleares, à erosão, às sementes agrícolas suspeitas, à água contaminada, à violência institucionalizada e às consequências das vendas de armas nucleares. Um novo sindicalismo internacional ressurge como resposta às próprias formas adquiridas pelo capitalismo (Schutte, 2000). É importante destacar tanto uma postura crítica da parte de muitos desses movimentos com relação à atuação do Estado como, especificamente, a cobrança que fazem da visibilidade dos atos de governo.

Pouco a pouco vai se fazendo a passagem e a compreensão dessas dimensões mais evidentes às dimensões mais amplas da desigualdade, da exploração e do (des)controle internacional dos fluxos financeiros. Os locais em que as nações poderosas se reúnem se tornam emblemáticos e ganham a notoriedade possibilitada pelo fluxo também imediato das informações instantâneas captadas pelas populações através dos meios de comunicação. Davos, Seattle, Montreal, México (Chiapas), Buenos Aires passam a conhecer cercas de aço, cercas policiais para proteger as autoridades econômicas de petardos de omeletes, cremes e tomates lançados por inconformados com o caráter predatório que reveste a globalização. A crítica ganha as ruas com imagens transmitidas ao vivo para todo o mundo. As próprias autoridades, ora acuadas, têm que dar uma palavra sobre a exclusão junto com o discurso do ajuste estrutural e do pagamento do serviço da dívida. As manifestações internacionais do 1° de Maio de 2001, no Brasil e fora dele, não deixam dúvidas a respeito dos atos antiglobalização, inclusive em países hegemônicos que, internamente, também sofrem as consequências sociais e ecológicas das políticas ultraliberais.

Joseph Stiglitz, alto funcionário do Fundo Monetário Internacional (FMI), vem a público, em agosto de 2000, e se pronuncia contra uma globalização que é assimétrica em si mesma e nos seus resultados ao fazer do mercado um ídolo de fundamentalismo religioso que submete os Estados Nacionais a todas as regras do mercado financeiro internacional, capitaneados pelo FMI e pelo Banco Mundial (BM).

Não há como negar o aprofundamento da exclusão nem os efeitos sociais e ambientais perversos que lhe são consequentes. Mas não há como não ver as lutas que unem diferentes opositores dessa forma de globalização hoje prevalente. Tais lutas indicam que um sentido universal de cidadania pode estar acompanhando o espaço transnacional naquilo que Bobbio (1992) denominou de *internacionalização do direito*. "Para esclarecer este problema, no que se refere à soberania, hegemonia, cidadania e democracia, cabe mergulhar na análise do que é ou pode ser o globalismo, compreendendo não só a emergência de estruturas mundiais de poder, mas também a emergência de uma incipiente, mas evidente, sociedade civil global" (IANNI, 2000, p. 25).

Por outro lado, não há como desconhecer que hoje há uma grande transformação da base econômica de produção. E, quando isso acontece, ela "altera, mais ou menos rapidamente, toda a imensa superestrutura. Ao considerar tais alterações é necessário sempre distinguir entre a alteração material – que se pode comprovar de maneira cientificamente rigorosa – das condições econômicas de produção, e as formas jurídicas, políticas, religiosas, artísticas ou filosóficas, em resumo, as formas ideológicas pelas quais os homens tomam consciência deste conflito [...]" (MARX, 1983).

Entre os homens que tomaram consciência desse conflito, sabedores de uma realidade existente, mas não fechada nem fatal, há os que se reuniram em Porto Alegre, Rio Grande do Sul, no Fórum Social Mundial, querendo dar respostas contra-hegemônicas ao modo como a globalização vem se processando.

Enfáticos na crítica à unidimensionalidade do "pensamento único" reinante na década de 1990, assentados em princípios reais de participação coletiva das populações, eles apontam claramente que as necessidades humanas e sociais não são mercadorias e não podem estar sujeitas ao lucro e à venda. E buscaram mostrar que um movimento contra-hegemônico deve ser objetivo no reconhecimento das mudanças internacionais da produção e seu impacto no conjunto da sociedade, dando a essa globalização um outro rumo possível.

O conflito existente no fim do século XIX e inícios do século XX renasce e se repropõe com outros atores que, como os trabalhadores daqueles séculos, ousam afrontar o "pensamento único" e opor-se ao mercado financeiro tornado princípio e fim de todas as coisas, inclusive da vida.

No Brasil, sede da cidade de Porto Alegre, sede de tantos outros municípios com políticas educacionais abertas e democráticas, há sinais claros de que os rumos excludentes da vida social são intoleráveis e não podem mais ficar ao sabor de determinismos econômico-financeiros. O pacto que une muitas forças políticas à direita começa a mostrar sinais de esgotamento.

No Brasil, a eclosão de escândalos e corrupções ligados à falta de ética e à ausência de uma política transparente e responsável foi o momento oportuno para que muitos aspectos ocultos de nossa realidade vigente viessem à tona. A opinião pública não suporta mais desmandos éticos no comportamento político e se indigna com a intransparência dos negócios que se fazem à sombra do Estado.

O vigor com que se combateu a ditadura militar parece renascer nos esboços de novas tendências em movimentos sociais independentes e no aceno para a revitalização dos partidos e em uma dinâmica institucional e cultural. Similar à socialização da política havida nos movimentos democráticos dos anos 1980, surgem outros esforços de publicização e de ética com novos políticos, jovens advogados, jornalistas, promotores, intelectuais e trabalhadores formados e forjados em um outro espírito público que não mais se curvam ante os ditames dos *arcana imperii*. Há que assinalar o papel crítico exercido pelos Tribunais de Contas na gestão dos recursos vinculados e pelo Ministério Público no sentido da defesa de direitos consagrados em nome de uma republicanização da República e das sabidas incidências negativas sobre a base da arrecadação.

Os cidadãos pressionam cada vez mais os parlamentares por meio da rede mundial de computadores, onde o correio eletrônico se tornou um modo de pressão sobre os políticos.

Essa face nova da cidadania não aceita mais nem as falcatruas dos velhos coronéis nem a desinformação relativa ao destino dos impostos pagos e extraídos do seu trabalho. O autoritarismo do mercado está, mais uma vez, posto em xeque no país.

Mas esse autoritarismo teve sua conta a pagar inclusive pela diminuição do aparato de Estado. Diminuído este por conta da privatização em uns casos e noutros pela presença ética de muitos governantes, não tendo mais como satisfazer todos os acordos e favores com prebendas e postos no aparato de Estado, os novos e velhos "anéis" burocrático-oligárquicos acostumados com os favores do Estado se viram envoltos em uma série de contradições, manifestando o como e o quanto o Estado já se privatizou. Passou-se a entender e saber, ao vivo e a cores, como o caráter do favor (atrasado ou atual) se fez perdulário com o dinheiro público e cujos próceres têm sido legalmente acusados de "formação de quadrilha". Além disso, a velocidade das informações postas imediatamente ao conhecimento da população, o trabalho da imprensa e da sociedade civil estão reduzindo a margem de acordos escusos e evidenciando o grau de prepotência que marca nossa evolução social.

No meio desses escombros, despontam, mais uma vez, as vozes que não se conformam com uma cidadania limitada e com os indicadores sociais cada vez mais contrastantes e reveladores da miséria social do país.

Dentro desse quadro, por si só uma aula de política educacional, as eleições municipais passadas (1999) significaram um passo a mais na palavra lavrada pelos eleitores: cansaço com a falta de ética, impaciência com as consequências das políticas econômicas sobre o conjunto da população e indignação com custos sociais das políticas de ajuste. Com efeito, não se pode imaginar como direito do cidadão apenas o acesso mínimo aos bens sociais. O acesso mínimo é sempre um limite entre o humano e o não humano. O mínimo é muito pouco para um padrão de qualidade. E, neste caso, não se pode, sob pena de escamoteamento, desligar as políticas de educação da situação de profunda desigualdade que atinge a maior parte de nossa população.

O Brasil, país federativo, tem a possibilidade de conhecer formas múltiplas de condução governamental dentro da pluralidade político-partidária que o caracteriza. É preciso notar que a Constituição de 1988 fez uma escolha por um regime normativo e político, plural e descentralizado, no qual se cruzam novos mecanismos de participação social com um modelo jurídico institucional cooperativo que amplia o número de sujeitos políticos capazes de tomar decisões. A participação supõe a abertura de novas arenas públicas de decisão. Muitos municípios têm ensaiado e levado adiante projetos e propostas de governo que valorizam a participação dos cidadãos desde o destino de parcelas de recursos até a montagem de conselhos de controle social e fiscal. Alguns Estados também têm procurado ensaiar passos nessa direção. É claro que tais iniciativas caminham no sentido de articular a legitimidade da democracia representativa com a ânsia de participação traduzida em mecanismos de democracia direta (BENEVIDES, 1991). Isso outra coisa não é senão a tentativa de implementar o que está posto no parágrafo único do artigo 1° de nossa Constituição: "Todo o poder emana do povo, que o exerce por meio de representantes eleitos ou diretamente, nos termos desta Constituição".

Por sua vez, muitos dirigentes de municípios e de alguns governos estaduais, em especial os da educação, têm procurado se articular entre si a fim de trocar experiências, refletir sobre suas competências, limites e possibilidades e exercer seu poder de crítica e proposição com relação a outros níveis de governo.

Hoje, a maior parte dos municípios, sofre as consequências dos ônus de múltiplas atribuições que deveriam ter como suporte a efetivação do regime de colaboração (o parágrafo único do art. 23 não foi objeto de regulamentação por parte de nossos parlamentares). Só esse regime cooperativo pode internamente desatar o "nó górdio" da reforma tributária. Se a Emenda nº 14/96 buscou, pela subvinculação, uma forma de regime cooperativo na destinação das verbas pública, se a Lei Complementar nº 101/00 busca a responsabilidade fiscal dos governos, ambas só atingirão seus objetivos maiores se e quando uma reforma tributária federativa e cooperativa estiver em sua base.

Como decorrência das propostas de governo, eles constituíram ao mesmo tempo conselhos nos mais diferentes campos da vida coletiva, seja por definição legal, seja por iniciativa autônoma. A pesquisa sobre o perfil dos municípios, feita pelo IBGE e recentemente publicada, mostra como os conselhos passaram a fazer parte da gestão destes. Arredondando os números, em média, cada município conta com cinco conselhos num total de quase 27 mil conselhos em todo o país. Uns estão ligados diretamente a injunções legais, como é o caso do controle de verbas vinculadas à educação escolar. Outros são da iniciativa própria dos municípios. Neles, os munícipes participam da gestão de recursos da saúde, da assistência social, da proteção à criança e ao adolescente, da busca de emprego, do meio ambiente e de outros aspectos das políticas urbanas. E, certamente, há muitos conselhos em torno da educação escolar como os da merenda, da bolsa escola, do Fundo de Manutenção e Desenvolvimento do Ensino Fundamental e de Valorização do Magistério (FUNDEF) e do Estatuto da Criança e do Adolescente (ECA). Aliás, o FUNDEF, mecanismo de subvinculação de recursos constitucionais para a educação escolar, é um exemplo típico de como o federalismo que lhe subjaz é complexo e incide diferencialmente sobre os Estados e os Municípios do país. Embora criado à luz do regime de colaboração, marca registrada da Constituição de 1988, o não cumprimento integral por parte do governo federal na responsabilidade que lhe cabe não tem possibilitado um desempenho à altura de seus objetivos.

Tais conselhos, uma vez organizados, vão se constituindo como um poder que retrata o desejo de participação e de controle da população junto ou para além das câmaras de vereadores. É claro que a maior ou menor presença desses conselhos não é independente do Poder Executivo, que preside as prefeituras dos municípios. Assim pode estar havendo muitos fóruns, em parte remetidos até à experiência dos "sovietes" da ex-URSS, e pessoas interessadas e compromissadas de menos. Mas eles representam um potencial de democracia e em muitos casos já dão evidentes sinais de que a população quer participar da administração pública, como no caso do orçamento participativo (GOHN, 2001).

A rapidez das informações, a universalização do rádio e da TV, a consciência dos direitos e a situação de carecimentos contrastada com os privilégios dos segmentos abastados fazem com que a consciência de cidadania se acelere e se preocupe com a efetivação de seus direitos. Os conselhos representam um embrião de democracia participativa e são um potencial enorme de democratização do Estado pela socialização da política.

Claro está que esses conselhos, ainda que incipientes e promissores, atingem os segmentos organizados ou em organização da sociedade. Resta muito a fazer com os segmentos não organizados da população. Estes, vítimas do Estado Mínimo ou do abandono por parte deste, não usufruem de serviços públicos a que têm direito e não contam com um Estado que não chegou onde deveria estar em matéria de direitos da cidadania.

Quanto à educação escolar, no âmbito da educação básica, o Brasil conta em suas políticas com duas significativas barreiras contrárias ao espírito e à prática da desregulação por parte do Estado ou formas de descentralização que, no limite, poderiam significar omissão do Estado em políticas sociais. Refiro-me à gratuidade do ensino público e à vinculação de recursos para a manutenção e o desenvolvimento do ensino. É preciso estar atento para as tentativas de reduzir, driblar ou dissimular o preceito constitucional da gratuidade e da vinculação constitucional de recursos para a educação escolar pública.

A gratuidade no ensino fundamental, reforçada pelo FUNDEF e pela bolsa escola, é objeto de uma política de focalização. O ensino médio, responsabilidade dos Estados, só avançará na gratuidade quando houver a efetivação da *progressiva obrigatoriedade* dessa etapa, tal como determina a lei. O maior ataque à gratuidade se dá com relação ao ensino superior público devido a uma visão estreita da pesquisa de base e um sentido restrito de educação democrática. A rigor, quer-se dar uma resposta política através de mensalidades quando a forma de cobrar das classes abastadas deveria sê-lo por meio de uma redistribuição da renda.

A vinculação, peculiaridade da legislação brasileira, posta nas Constituições proclamadas desde 1934, sempre foi objeto de crítica por parte dos setores econômicos dos governos. A vinculação é uma barreira interna que, de modo relativo, impõe algum limite, por exemplo, às exigências de superávit primário por parte das agências internacionais. Como a retirada desse mandamento constitucional de um fundo público implicaria uma emenda constitucional e custos políticos altos, a alternativa foi o da regulamentação do vínculo. Curiosamente, diga-se de passagem, a vinculação acabou se estendendo para a área de Saúde, por meio da Emenda Constitucional nº 29. Embora haja uma orientação do governo federal, por meio de programas e até de incentivos, a vinculação dentro de nosso sistema federativo pressupõe competências privativas, repartidas horizontalmente, competências concorrentes, repartidas verticalmente, havendo-se espaço também para a participação dos governos subnacionais nas competências federais através da delegação. Junto com estas, associam-se as competências comuns.

Esses dois princípios que nos ligam às principais lutas dos educadores do passado compromissados com a democratização da educação escolar têm permitido, no Brasil, um impacto de menor intensidade das políticas de ajuste sobre a educação escolar do que em outros setores sociais e em outros países. Justamente porque caminham na contramão do "pensamento único" é que até mesmo o Banco Mundial se julga no direito de dizer o que devemos ou não fazer, por exemplo, com a gratuidade do ensino superior...

Apesar dessa peculiaridade brasileira, as políticas educacionais, para se efetivarem ou potencializarem seu poder – em que pese os modos pelos quais os poderes governamentais (nacional e subnacionais) as efetivam –, enfrentam e deverão enfrentar questões de interface com outras políticas, além dos quadros específicos dessas políticas (ARRETCHE, 2000). Elas se confrontam com a reforma tributária, com a reforma previdenciária e, *last but not at least*, com a necessidade imperiosa de uma política de redistribuição da renda.

A reforma tributária está ligada intrinsecamente à base de arrecadação de impostos, à configuração dos estados subnacionais e aos sistemas de repasses. Estes, por sua vez, estão diretamente ligados ao princípio da vinculação e seu volume. A reforma previdenciária tem que enfrentar um esquema de fontes de financiamento dos aposentados e inativos, seja dentro dos gastos da seguridade social, seja dentro dos dispêndios da educação.

Mas a solução mais ampla está no encaminhamento mais decisivo da redistribuição de renda. Enquanto o Brasil for o campeão mundial em matéria de perversidade da distribuição da renda, dificilmente alcançaremos níveis consistentes em matéria de padrão de qualidade da educação escolar.

A natureza de uma política educacional alternativa não pode ser pensada doutrinariamente, mas no próprio processo sociopolítico administrativo. Neste sentido, o que *deve ser* só interessa se estiver apoiado no *que é e está sendo*.

A análise e a interpretação da conjuntura econômico-social e política concreta é fundamental para que o *dever ser* não se torne presa do pensamento único. O dogmatismo é isolante e acaba por fazer perder aliados interessados em mudanças significativas e democráticas. O que interessa nos fatos da conjuntura é se eles contêm uma capacidade de serem janelas para o futuro. A abstração dessa análise e dessa perspectiva pode conduzir a estratégias equivocadas.

O que a realidade social hoje nos está mostrando é que *as políticas de educação* não são uníssonas, que há caminhos diferenciados de fazê-las e que elas podem contar com o caminho e o ímpeto de uma democracia ascendente que não quer somente um Estado ético e transparente, mas quer participar dele de modo mais próximo e intenso.

Neste sentido, ao lado de políticas de educação que consagram a redução do campo de sua universalidade e de sua gratuidade, há que se apontar e apoiar aquelas modalidades que, sem ocuparem todo o cenário nacional, indicam no presente embriões de um futuro possível e melhor. São as iniciativas concretas de novas (e antigas) administrações que, pela substância de suas propostas inventivas de processos democráticos na educação escolar, indicam os melhores caminhos do futuro. E entre esses caminhos estão as formas novas de participação da sociedade civil nos mecanismos de gestão das políticas sociais e nas suas propostas pedagógicas.

Contudo, essas iniciativas não podem ter largo fôlego se desprovidas de condições sociais mais igualitárias para a população e que propiciem a valorização dos profissionais da educação em condições de trabalho, em formas iniciais e continuadas de formação qualitativa e em remuneração condigna. Portanto, as políticas de educação só resultarão mais democráticas caso sejam, ao mesmo tempo, sociais e pedagógicas.

Nessa direção, creio que o Brasil, dentro de seu federalismo e de sua pluralidade, evidencia que já tem políticas sociais alternativas atuantes. Nos espaços em que elas se dão, essas políticas educacionais já são lugares privilegiados e transformadores visando *em conjunto experimentar a vida democrática*. Cumpre expandi-las e tomá-las como uma referência de e um convite a novas políticas educacionais para o Brasil como um todo.

Referências

ANDRADE, Regis de Castro. Política Social e Normalização Institucional no Brasil. In: ANDRADE, Regis de Castro *et al. América Latina: novas estratégias de dominação.* Petrópolis: Vozes; São Paulo: CEDEC, 1982.

ARRETCHE, Marta. *Estado Federativo e políticas sociais: determinantes da descentralização.* Rio de Janeiro: Revan; São Paulo: FAPESP, 2000.

BENEVIDES, Maria Victória. *A cidadania ativa: referendo, plebiscito e iniciativa popular*. São Paulo: Ática, 1991.

BOBBIO, Norberto. *A era dos direitos*. Rio de Janeiro: Campus, 1992.

CARVALHO, José Murilo de. *Desenvolvimiento de la ciudadanía en Brasil*. Mexico: Fondo de Cultura Económica, 1995.

CHAUI, Marilena. *Brasil: mito fundador e sociedade autoritária*. São Paulo: Perseu Abramo, 2000.

COUTINHO, Carlos Nelson. *A democracia como valor universal*. São Paulo: Ciências Humanas, 1980.

DA MATTA, Roberto. *Carnavais, malandros e heróis*. Rio de Janeiro: Guanabara, 1990.

DRAIBE, Sônia. As políticas sociais e o neoliberalismo. Revista USP, n. 17. São Paulo: CCS/USP, 1993.

GOHN, Maria da Glória. A formação da cidadania no Brasil através das lutas e movimentos sociais. *Revista Cidadania*, GEMDEC, Unicamp, Campinas, n. 1, 1994.

GOHN, Maria da Glória. *Conselhos gestores e participação sociopolítica*. São Paulo: Cortez, 2001.

IANNI, Octávio. A política mudou de lugar. In: DOWBOR, Ladislau; IANNI, Octávio; RESENDE, Paulo-Edgar. *Desafios da globalização*. Petrópolis: Vozes, 2000.

MARTINS, José de Souza. *O poder do atraso*. São Paulo: Hucitec, 1994.

MARX, Karl. *Prefácio à Contribuição à Crítica da Economia Política*. São Paulo: Martins Fontes, 1983.

PIERUCCI, Antônio Flávio. *Ciladas da Diferença*. São Paulo: Editora 34, 1999.

POLANYI, Karl. *La gran transformacion*. Buenos Aires: Claridad, 1947.

PRZEWORSKI, Adam. *Capitalismo e social-democracia*. São Paulo: Companhia das Letras, 1989.

SANTOS, Wanderley Guilherme. Fronteiras do Estado Mínimo: indicações sobre o híbrido institucional brasileiro. In: VELLOSO, João Paulo dos Reis *et al*. *O Brasil e as reformas políticas*. Rio de Janeiro: J. Olympio, 1992.

SCHUTTE, Giorgio Romano. Globalização revitaliza ação sindical em nível internacional. In: DOWBOR, Ladislau; IANNI, Octávio; RESENDE, Paulo-Edgar. *Desafios da globalização*. Petrópolis: Vozes, 2000.

TELLES, Vera da Silva. *Direitos sociais*. Belo Horizonte: UFMG, 1999.

A educação nas constituições brasileiras[1]

A sociedade, em suas mais diferentes dimensões, contém uma complexidade que exige regras de conduta entre seus membros e suas instituições a fim de que ela mesma não caia no que Durkheim denominou de anomia. As ações possíveis dos homens entre si, desses com as instituições e com o mundo dos objetos seriam insuportáveis dentro de uma existência social anômica tal como seria o estado de guerra hobbesiano.

A racionalidade humana faz com que os seres sociais fujam do caos ou da guerra e aceitem viver em regime fundado em um contrato de base do qual decorram regras estruturantes de convivência.

Ao mesmo tempo, a exigência dessas regras supõe alguém autorizado a produzir regras fundamentais. Ou seja, alguém capaz de determinar um código que regule a própria produção de outras normas específicas. A fuga do estado de guerra determina que os homens em sociedade renunciem ao exercício da força e se coloquem sob a figura de um poder soberano. Cabe a este ser o detentor do monopólio do exercício da força. Justamente por isso ele será incumbido de possibilitar a construção de um sistema de normas como regras estruturantes, a fim de tornar possível a existência social em todas as suas dimensões.

Além de possibilitar essa construção, cabe ao poder soberano tornar essas normas eficazes por meio de um conjunto de órgãos e instituições adequados à finalidade maior: existência social respeitadora da vida racional elevada às suas máximas dimensões.

Segundo Bobbio (1992, p. 79-80), "a existência de um direito, seja em sentido forte ou fraco, implica sempre a existência de um sistema normativo, onde por 'existência' deve entender-se tanto o mero fator exterior de um

---

[1] Originalmente publicado em: STEPHANOU, Maria; BASTOS, Maria Helena Camara (Orgs.). *Histórias e Memórias da Educação no Brasil. Vol. III – Século XX.* Petrópolis: Vozes, 2005. p. 19-29.

direito histórico ou vigente quanto o reconhecimento de um conjunto de normas como guia da própria ação. A figura do direito tem como correlato a figura da obrigação".

O poder soberano, nas sociedades modernas, é o ordenamento jurídico assegurado pelo Estado, poder este que lhe foi transferido por aquele poder originário significado na passagem do poder *ex principe* para o poder *ex populo*. Desse modo, o poder soberano do Estado encontra sua fonte de legitimidade no poder que advém do *povo e em cujo nome esse poder é exercido*.

Trata-se, como reconhece a Constituição do Brasil de 1988, da noção de Estado Democrático de Direito tal como expresso no seu preâmbulo e no seu artigo 1º, parágrafo único.

O Estado de Direito é aquele em que se tem a soberania da lei, a legitimidade do sistema representativo baseado no voto popular e nas regras do jogo e a defesa dos direitos subjetivos contra o poder arbitrário.

Já o Estado Democrático de Direito é aquele que reconhece explícita e concretamente a soberania da lei e do regime representativo e por isso é um Estado de Direito. Ao mesmo tempo, reconhece e inclui o poder popular como fonte do poder e da legitimidade e o considera como componente dos processos decisórios mais amplos de deliberação pública e de democratização do próprio Estado. Veja-se, por exemplo, o artigo 14 da Constituição, que, decorrente do artigo 1º, reconhece o referendo, o plebiscito e a iniciativa popular como formas alternativas e complementares do processo democrático representativo como que a reforçar o princípio democrático-rousseauniano da "vontade geral". Trata-se do aperfeiçoamento do sistema democrático por meio da participação social.

Contudo, ao se pôr o caráter histórico de nossas sociedades e da própria evolução da existência humana, vê-se, na sociedade de classes, inauguradora da sociedade moderna, o conflito de interesses e de valores estabelecido entre as diversas classes sociais que a compõem. Daí que o peso de determinados valores não é uma ponderação neutra ou aritmética. Ela depende do jogo das forças sociais em conflito. Nem sempre a solução do conflito é consensual. Por vezes, o conflito resulta apenas em um acordo como forma de enfrentar as contradições de base.

Ora, a educação na sociedade moderna foi vista como um antídoto à manutenção das paixões e como a via mais ampla da difusão da racionalidade própria do homem e da saída para uma vida social pactuada. As paixões, deixadas a si, contribuem para a manutenção de uma vida perigosa porque pré-racional, e a vida racional precisa ser cultivada.

A racionalidade, componente distintivo da ação consciente do homem sobre as coisas, implica o desenvolvimento da capacidade cognoscitiva do ser humano como meio de penetração no mundo objetivo das coisas. A racionalidade é também condição do reconhecimento de si que só se completa pelo concomitante reconhecimento igualitário da alteridade no outro. Só com o desenvolvimento dessas capacidades, a ação do homem com o outro devém humana pelo diálogo com o outro reconhecido como igual e emancipatória na relação com as coisas. Ora, *o pleno desenvolvimento da pessoa*, objetivo maior da educação, posto em nossa atual Constituição, em seu artigo 205, não poderia se realizar sem a busca da igualdade e da liberdade, para as quais o desenvolvimento efetivo da capacidade cognitiva é tanto uma marca registrada do humano quanto uma condição desse desenvolvimento. Assim sendo, essa marca devém universal. Ela é a condensação de uma qualidade humana que não se cristaliza já que implica a produção de novos espaços de conhecimento, de acordo com momentos históricos específicos.

O direito à educação decorre, pois, de dimensões estruturais coexistentes na própria consistência do ser humano quanto de um contexto histórico específico.

Por isso é fundamental que esse direito seja reconhecido e efetivado em uma legislação que decorra do poder soberano. Em nossa tradição, a lei se formaliza pelo preceito escrito. Como diz De Plácido e Silva (1991, p. 62) a propósito da definição jurídica da lei: "[...] preceito escrito, formulado solenemente pela autoridade constituída, em função de um poder que lhe é delegado pela soberania popular, que nela reside a suprema força do Estado".

A formalização em lei de uma situação de fato ou de um princípio jurídico democrático abrangente deve se impor como o modo normal de funcionamento da sociedade, como lugar de igualdade de todos.

Será, pois, no reconhecimento da educação como direito que a cidadania como capacidade de alargar o horizonte de participação de todos nos destinos nacionais ganha espaço na cena social.

O Império não foi um momento efetivo da educação como um direito universal de cidadania. É verdade que a Constituição Imperial, ao tratar das Disposições Gerais e das Garantias dos Direitos Civis e Políticos dos Cidadãos Brasileiros, faz menção explícita à educação escolar no artigo 179. Mas é preciso apontar quem é esse cidadão brasileiro.

Primeiramente pode-se dizer quem não é. Não é cidadão o escravo. Aliás, a Constituição é muda a esse respeito. Vergonha ante o princípio de *igualdade jurídica* posta no artigo 179, XIII? Contradição entre princípios liberais e situações escravocratas?

O negro escravo, embora "abolidos os açoites, a tortura, a marca de ferro quente, e todas as mais penas cruéis" (art. 179, XIX), não passava de propriedade material do senhor. Ele não era considerado brasileiro e nem estrangeiro. Por isso, como "coisa" privada, o escravo ficava à mercê do senhor, senhor "dessa propriedade privada", em especial no âmbito da "senzala". Por aí se entende que o Código Criminal do Império de 16 de dezembro de 1830 admitisse o açoite e o castigo para os escravos quando aplicados *moderadamente*, isentando-se o autor de qualquer pena.

Mesmo a admissão de cidadania conhecia restrições. Há um silêncio sobre as mulheres. Sabendo-se que o direito de voto extensivo às mulheres só foi consagrado na Constituição de 1934, o voto masculino era admitido nos limites do voto censitário. Assim, só os detentores de significativas parcelas de renda poderiam votar e ser votados, ainda que iletrados. Os religiosos de claustro eram excluídos do conjunto de eleitores, e os que não professassem o catolicismo não podiam pleitear mandatos. Os libertos também não eram eleitores.

É nesse contexto que, no Título 8º, artigo 179, XXXII e XXXIII, far-se-á menção à educação: "A instrução primária é gratuita a todos os cidadãos; Colégios e universidades, aonde serão ensinados os elementos das Ciências, Belas Letras e Artes".

Nesse sentido, a instrução primária gratuita comparece como um componente dos direitos do indivíduo na qualidade de cidadão. Tal direito será regulamentado pela lei de 15 de outubro de 1827 e que pode ser considerada nossa primeira Lei de Diretrizes e Bases. Ela regulava carreira, salários, currículos e métodos para todo o império.

Entretanto, a Lei n. 16, de 12 de agosto de 1834, conhecida como Ato Adicional – verdadeira emenda constitucional – dispôs em seu artigo 10, parágrafo 2º: "Compete às mesmas Assembléias (Legislativas Provinciais) legislar [...] Sobre instrução pública e estabelecimentos próprios a promovê-la, não compreendendo as faculdades de Medicina, os cursos jurídicos, Academias, atualmente existentes e outros quaisquer estabelecimentos de instrução que para o futuro forem criados por lei geral".

Vê-se por aí que não se tratou apenas de uma descentralização de competências como também as Províncias ficariam com os menores impostos, ao contrário da Corte. A elas cabia a instrução primária. Os poderes imperiais, por seu turno, ficariam com o ensino das elites regrado por lei geral. Essas mesmas elites propiciarão ensino elementar ou nas próprias casas ou internatos.

Não se pode deixar de apontar outros dois pontos significativos na instrução: a liberdade de ensino e o ensino de doutrina católica.

A Constituição de 1824, no seu artigo 179, garantia "a inviolabilidade dos Direitos Civis e Políticos dos Cidadãos Brasileiros, que tem por base a liberdade, a segurança individual e a propriedade". Entre outros *direitos* civis e políticos, a Constituição cita a liberdade de expressão e de pensamento (inciso IV) e a liberdade de profissão (inciso XXIV).

De acordo com Almeida (1989, p. 57): "[...] a Assembléia Constituinte adotou, em 20 de outubro de 1823, uma lei semelhante àquela que fora votada em 28 de junho de 1821, pelas Cortes Constituintes de Portugal. Em virtude desta lei, todo o cidadão poderia abrir uma escola elementar sem obrigação de exame, nem licença ou autorização".

Por outro lado, ao menos no Brasil, a igreja Católica é uma destinatária da educação dos índios e da abertura de colégios, até mesmo por sua condição, posta no ordenamento jurídico do Reino, de religião oficial e, depois, do Império. Assim, o ensino de teodiceia e de doutrina católica era obrigatório em todos os currículos das escolas.

O regime republicano criou uma expectativa de melhoria para a cidadania. A escravatura havia sido abolida, surgia um novo regime. A república será confirmada pela Constituição de 1891, e a ela será dado o formato federativo, representativo e presidencialista. O voto tornou-se mais aberto com o fim do voto censitário e a imposição do letramento como condição de votar e ser votado. Entretanto, a tradição advinda do Império e de uma sociedade patriarcal não permitiu o exercício do voto pelas mulheres, pelos clérigos reclusos e soldados rasos.

O único preceito válido para toda a organização da educação escolar nacional será proibitivo. Diz o artigo 72, parágrafo 6º: "será leigo o ensino ministrado nos estabelecimentos públicos". Ao lado disso, garantia-se o direito à livre manifestação de pensamento no artigo 72, parágrafo 12º, e, o livre exercício de qualquer profissão moral, intelectual e industrial (§ 24º) e a plenitude do direito de propriedade no parágrafo 17º. Com isso, estava assegurada a iniciativa privada na oferta de educação escolar. Mas o ensino oficial não só foi mantido como passou a ser o critério para equiparação dos estudos ofertados pelos estabelecimentos regidos pela liberdade de ensino. É o que procede da leitura do artigo 35. Ao mesmo tempo, consequente com a descentralização advinda do Império, o ensino primário tornou-se competência dos Estados e o ensino secundário e superior competências concorrentes entre a União e os Estados. Com isso, manteve-se a tradição maior do ensino superior ficar predominantemente sob a guarda da União. A gratuidade foi retirada da Constituição e deixada a cargo dos Estados bem como o estatuto da obrigatoriedade. Na verdade, o corte liberal da Constituição deixava a demanda por educação escolar ao indivíduo que, atraído pelo exercício do voto, seria motivado a buscar os bancos escolares. A Constituição não cogitou de vinculação de verbas, vindas de impostos, para a educação.

Sob essa Constituição foram várias as Reformas do Ensino Superior e Secundário válidas para o sistema federal de ensino e para efeito de equiparação de diplomas.

A Revisão Constitucional de 1925 e 1926 não conseguiu o intento da gratuidade e obrigatoriedade como princípio nacional no âmbito da instrução primária.

Após a Revolução de 1930, o poder do Estado Nacional se fortalece, e ele vai se tornando intervencionista em vários campos da atividade social. Nesse sentido, aparece, pela primeira vez, no artigo 5º, inciso XIV, a competência privativa da União em "traçar as diretrizes da educação nacional". Contudo, a Constituição expressamente permite, no caso, a existência de leis estaduais que venham a "suprir lacunas ou deficiências da legislação federal, sem dispensar as exigências desta", de acordo com o inciso XIX, parágrafo 3º do mesmo artigo. E, em favor dessa concomitância, diz o artigo 10, VI que é competência concorrente da União e dos Estados o "difundir a instrução pública em todos os seus graus". Por isso, aos adultos analfabetos estender-se-ia o princípio da gratuidade e da obrigatoriedade. A liberdade de ensino fica garantida no artigo 113, nos 12 e 13. O jovem deveria ter proteção contra o "abandono físico, moral e intelectual" (letra "e" do art. 138) e as empresas deveriam propiciar o ensino primário gratuito aos empregados analfabetos (art. 139).

A grande inovação comparece no capítulo II do Título V: um capítulo para a educação. Capítulo marcante! A educação torna-se direito de todos e obrigação dos poderes públicos. Essa obrigação se impõe pelo Plano Nacional de Educação, pelo ensino primário gratuito e obrigatório, pela vinculação obrigatória de percentual dos impostos dos Estados, Municípios e União em favor da educação escolar, inclusive a da zona rural, a criação de fundos para uma gratuidade ativa (merenda, material didático e assistência médico-odontológica), a progressividade da gratuidade para além do primário, a confirmação de um Conselho Nacional de Educação. Junto com o reconhecimento do ensino privado, veio a possibilidade de isenção de impostos de estabelecimentos desse segmento desde que *oficialmente considerados idôneos*. O ensino religioso nas escolas públicas foi inserido no esquema de matrícula facultativa e oferta obrigatória, o que permanece até hoje com pequenas variações. O exercício do magistério público seria realizado por meio de concurso público, e a liberdade de cátedra ficava assegurada.

Dificilmente se verá um capítulo tão completo, salvo em 1988, e que já mostra a educação mais do que um direito civil, um direito social próprio da cidadania. Mesmo que nem tudo haja sido efetivado, ficaram registrados os compromissos com e na norma constitucional, estabelecendo-se uma tradição virtuosa da busca do direito do cidadão e da cobrança do dever do Estado.

E esses compromissos serão bandeiras de lutas em prol de uma educação pública de qualidade, mesmo quando o autoritarismo ditatorial impôs sua marca explícita na sociedade brasileira. É o caso de 1937 com o golpe de Estado implantando a ditadura do Estado Novo.

A Constituição outorgada de 1937 retirou a vinculação de impostos para o financiamento da educação, restringiu a liberdade de pensamento, colocou o Estado como subsidiário da família e do segmento privado na oferta da educação escolar. Nas escolas públicas os mais ricos deveriam assistir os mais pobres com uma *contribuição módica e mensal para a caixa escolar*. A relação educação e ditadura é aqui paradigmática: ameaças de censura, restrições de várias ordens, insistência em organizações de jovens sob a figura do *adestramento físico e disciplina moral nos campos e nas oficinas* (art. 132), imposição do patriotismo e destinação do ensino profissional *às classes menos favorecidas* (art. 129).

Foi sob esse período ditatorial que se publicou a maior parte das denominadas Leis Orgânicas do Ensino.

Após as lutas que levaram a termo a ditadura estadonovista, promulgou-se em 18 de setembro a Constituição Federal de 1946. Essa Constituição retoma, em boa parte, princípios da Constituição de 1934, como a vinculação de impostos para o financiamento da educação como direito de todos, a distinção entre a rede pública e a privada, a gratuidade e a obrigatoriedade do ensino primário. Repõe em termos federativos a autonomia dos Estados na organização dos sistemas de ensino.

Foi sob essa Constituição que se deu aprovação, em 1961, das Diretrizes e Bases da Educação Nacional, Lei nº 4.024/61.

Essa Constituição foi bastante emendada após o golpe de 1964, seja para instaurar um novo sistema tributário que tem tudo a ver com impostos e destes com a vinculação de verbas para a educação, seja incrementar o centralismo econômico e político da União. Ainda na vigência dessa Constituição, são impostos à nação os Atos Institucionais pelos quais, na verdade, foram suspensas as garantias constitucionais vigentes.

É dentro desse quadro que ao Congresso existente se atribui a tarefa de elaborar outra Constituição que se adequasse ao modelo político autoritário e ao modelo econômico centralizado e concentrador de renda. No capítulo dos direitos e garantias, fica claro que a noção da ordem se sobrepõe à da liberdade e da justiça. No capítulo da educação, a manutenção geral dos princípios advindos da Constituição de 1946 fica não só condicionada ao espírito da época, mas também contempla alterações significativas: o ensino primário, gratuito e obrigatório nos estabelecimentos oficiais incorpora explicitamente a faixa etária de sete a 14 anos. Quer dizer: houve extensão da obrigatoriedade associada à faixa etária e ao mesmo tempo caiu a vinculação de impostos para o financiamento da educação escolar. Fala-se apenas em prestação de assistência técnico-financeira da União para com os Estados. A liberdade de ensino é mantida bem como o ensino religioso de oferta obrigatória com matrícula facultativa.

Sob essa Constituição se dá a Lei nº 5.540/68, conhecida como Lei da Reforma Universitária. Ela data de 23 de novembro de 1968. Exatamente uns poucos dias antes do famigerado Ato Institucional nº 5 (AI-5), de 13 de dezembro de 1968. E não se pode esquecer que a ditadura elaborou muitos Planos Nacionais e Regionais de Desenvolvimento nos quais comparecia a figura de Planos Setoriais.

O clima vivido pelo país, bastante analisado, conduziu ao AI-5 e subsequentes, cuja rudeza e dureza determinaram o fim da frágil Constituição existente.

Consolidou-se o processo ditatorial. A Constituição de 1967, já em si fragilizada, ficou ainda mais com a chamada Emenda Constitucional nº 1 da Junta Militar, datada de 17 de outubro de 1969. Essa emenda refaz a Constituição de 1967 à luz e à letra dos atos institucionais. A desvinculação de verbas permanece conquanto ela reapareça apenas para os Municípios e fora do capítulo da Educação. Esses últimos, já gravados com o sistema tributário então vigente, poderiam sofrer intervenção no caso de não aplicarem o percentual de 20% dos impostos no ensino primário de suas redes.

A vinculação para a União e para os Estados só reaparecerá por meio da Emenda Constitucional nº 24, de 1º de dezembro de 1983, de autoria do Senador João Calmon. Portanto, foram 16 anos sem vinculação de verbas, o que determinou a queda na aplicação de recursos para a educação escolar.

A busca pela redemocratização do país, a necessidade de se repensar seu novo pacto fundamental e a urgência de normas estruturantes conformes à democracia conduziram a uma impressionante mobilização popular e, depois, à Constituinte de 1987. Seu produto, a Constituição de 1988, teve uma significativa participação. Nela, a educação é afirmada como o primeiro dos direitos sociais (art. 6º), como direito civil e político (capítulo da Educação), e ela, como dever de Estado, é afirmada por muitos modos. O próprio ensino fundamental é consagrado como direito público subjetivo, e o ensino médio, na versão original, é posto como *progressivamente obrigatório*. Mesmo que desconstitucionalizado, esse imperativo comparece na Lei de Diretrizes e Bases de 1996. A vinculação reaparece, e os programas suplementares de alimentação e saúde terão que ter outras fontes de receita que não os da *manutenção do ensino*.

Os sistemas de ensino passam a coexistir em *regime de colaboração*, no âmbito das competências privativas, comuns e concorrentes entre si por meio de uma notável engenharia institucional pouco devedora da tradição centralizadora e imperial da União. Pela primeira vez na história do país, a Constituição reza pela "gratuidade do ensino público em estabelecimentos oficiais" (art. 206, inciso IV), ou seja, em qualquer nível ou etapa do ensino.

Alteração significativa será a relativa ao sistema privado de educação escolar que deixa de ser concessão do Estado. Em seu lugar fica o regime de "autorização de funcionamento e avaliação de qualidade pelo poder público" (art. 209). Essa alteração se funda na aceitação da coexistência institucional entre o setor público e o privado, e admite-se explicitamente a existência de uma rede privada com fins lucrativos e outra sem essa finalidade. Só essa última, tripartida em confessional, comunitária e filantrópica, usufrui da isenção fiscal (art. 150) e da possibilidade de receber recursos públicos (art. 213). Mesmo quando oferecida por mãos privadas, o ensino da educação escolar não deixa de ser um serviço público.

Se o princípio da igualdade é forte, não deixa de ser significativa a incorporação e a explicitação do direito à diferença no que concerne aos negros, índios e pessoas com necessidades especiais e também no que se refere aos grandes ciclos etários da vida.

O corpo docente ganhou com a necessidade dos concursos públicos para ingresso, planos de carreira, salário profissional e necessidade de atualização de conhecimentos. Já os sistemas públicos deverão também se reger pela *gestão democrática*.

A Constituição, que manteve como competência privativa da União o estabelecimento das diretrizes e bases da educação nacional, foi explicitada com emendas constitucionais das quais a mais significativa foi a emenda 14/96, que criou o Fundo de Desenvolvimento do Ensino Fundamental e de Valorização do Magistério (FUNDEF). Dessa emenda decorreu a Lei nº 9.424/96, mais conhecida como Lei do FUNDEF e que foi antecedida em alguns dias pela LDB, Lei nº 9.394/96. Já em 9 de janeiro de 2001, pela Lei nº 10.172, seguindo o imperativo do art. 214 da Constituição, aprovou-se o Plano Nacional de Educação. Mas a importância que o princípio da avaliação do rendimento escolar e institucional dos estabelecimentos ganhou na LDB foi precedida pela Lei nº 9.131/95. Também a eleição de dirigentes do ensino superior público federal teve suas normas postas na Lei nº 9.121/95.

Ao lado disso, não se pode esquecer tanto os vários decretos do Executivo como o relativo ao ensino superior (Decreto nº 3.860/01), à educação profissional (Decreto nº 2.208/97) e à educação a distância (Decreto nº 2.494/98) quanto os pareceres e resoluções do Conselho Nacional de Educação, especificamente os relativos às diretrizes nacionais curriculares da educação básica e do ensino superior.

Se considerarmos que a educação é constituinte da dignidade da pessoa humana e elemento fundante da democratização das sociedades, se considerarmos o quanto educadores e educadoras se empenharam em prol da educação como direito, se considerarmos a importância da Constituição como pacto fundante da coexistência social, certamente o capítulo da Educação na nossa atual Constituição é avançado e contém bases e horizontes para uma vertente processual de alargamento da cidadania e dos direitos humanos.

Cabe aos educadores tomar em mãos esse manancial e interpretar o "resto" da pirâmide legal infraconstitucional à luz desses princípios, tornando a educação mais qualitativa nos sistemas de ensino dos entes federados e nos espaços de autonomia dos estabelecimentos de ensino.

É certo que a realização de muitas expectativas postas na Lei Maior e nas leis infraconstitucionais entrem em choque com as adversas condições sociais da sociedade de classes e também com as condições de oferta e de trabalho de existentes nos estabelecimentos de ensino dos sistemas.

Nem por isso diminuiu, entre os educadores, a importância reconhecida da lei porque, como cidadãos, eles se deram conta de que, apesar de tudo, ela ainda é um instrumento viável de luta e porque com ela se pode criar condições mais propícias não só para a democratização da educação, mas também para a socialização cidadã de novas gerações.

Referências

ALMEIDA, José Ricardo Pires de. *História da Instrução Pública no Brasil (1500-1889)*. São Paulo; Brasília: Educ/Inep/MEC, 1989.

BOAVENTURA, Edvaldo. *A educação brasileira e o Direito*. Belo Horizonte: Nova Alvorada, 1997.

BOBBIO, Norberto. *A era dos direitos*. Rio de Janeiro: Campus, 1992.

CASTRO, Marcelo Lúcio Ottoni de. *A educação na Constituição de 1988 e a LDB*. Brasília: A. Quicé, 1998.

CATANI, Afrânio; OLIVEIRA, Romualdo. *Constituições estaduais brasileiras e Educação*. São Paulo: Cortez, 1993.

CURY, Carlos Roberto Jamil. A Educação como desafio na ordem jurídica. In: LOPES, Eliane Marta Teixeira *et al*. *500 anos de educação no Brasil*. Belo Horizonte: Autêntica, 2000, p. 567-584.

CURY, Carlos Roberto Jamil. A relação educação-sociedade-Estado pela mediação jurídico/constitucional. In: FÁVERO, Osmar (Org.). *A Educação nas Constituintes Brasileiras, 1823/1988*. Campinas: Autores Associados, 1996.

CURY, Carlos Roberto Jamil. *Legislação educacional brasileira*. Rio de Janeiro: DP&A, 2000.

CURY, Carlos Roberto Jamil. Leis nacionais de Educação: uma conversa antiga. In: CURY, Carlos Roberto Jamil *et al. Medo à liberdade e compromisso democrático – LDB e Plano Nacional de Educação*. São Paulo: Editora do Brasil, 1997.

DE PLÁCIDO E SILVA. *Vocabulário jurídico*. Rio de Janeiro: Forense, 1991. v. III-IV.

FÁVERO, Osmar (Org.). *A Educação nas Constituintes Brasileiras, 1823-1988*. Campinas: Autores Associados, 1996.

HORTA, José Silvério Baia. Direito à educação e obrigatoriedade escolar. *Cadernos de Pesquisa*, Fundação Carlos Chagas, São Paulo, n. 14, p. 5-34, 1998.

IVO, Gabriel. *Constituição Estadual*. São Paulo: Maxlimonad, 1997.

Sistema Nacional de Educação: desafio para uma educação igualitária e federativa[1]

> *[...] o divórcio entre as entidades que mantém o ensino primário e profissional e as que mantêm o ensino secundário e superior vai concorrendo insensivelmente, como já observou um dos signatários deste Manifesto, "para que se estabeleçam no Brasil, dois sistemas escolares paralelos, fechados em compartimentos estanques e incomunicáveis, diferentes nos seus objetivos culturais e sociais, e, por isto mesmo, instrumentos de estratificação social".*
>
> MANIFESTO DOS PIONEIROS
> DA EDUCAÇÃO NOVA

> *O poeta municipal discute com o poeta estadual Qual deles é capaz de bater o poeta federal Enquanto isso o poeta federal tira ouro do nariz.*
>
> CARLOS DRUMMOND DE ANDRADE,
> "Política literária"

> *Quero trazer-vos, com a minha presença e com a minha palavra, a afirmação de que o governo, mais do que nunca, se há de interessar pelo problema da educação*

---

[1] Publicado originalmente em: *Educação & Sociedade*, Campinas, v. 29, p. 1187-1210, 2008.

*nacional. Estais agora aqui congregados,
sois todos profissionais e técnicos. Pois
bem: estudai com dedicação; analisai com
interesse todos os problemas da educação;
procurai encontrar a fórmula mais feliz de
colaboração do Governo Federal com o dos
estados – que tereis na atual administração
todo o amparo ao vosso esforço.*

GETÚLIO VARGAS
(chefe do Governo Provisório, na sessão inau-
gural da IV Conferência Nacional de Educação,
Palácio Tiradentes, em 13 de dezembro de 1931)

Esses três pequenos trechos pretendem, de pronto, expressar os que podem ser considerados como grandes *desafios* para a *construção* de um sistema nacional de educação. Afinal, tal sistema não teve sucesso em sua inscrição legal em nosso país ainda que muitos educadores e muitos movimentos o tivessem como meta para uma melhor qualidade da educação nacional. Tais desafios se impõem como verdadeiras barreiras.

O primeiro desafio está posto pelo caráter de nossa sociedade, evidenciado no texto do *Manifesto*. A expressão "estratificação social", de algum modo, está apontando para o sistema social que subjaz aos *dois sistemas escolares paralelos...* Com efeito, o capitalismo é uma forma histórica da organização da existência social na qual se radica *um sistema* de produção de tal modo que os capitalistas, proprietários dos meios de produção, mesmo competindo entre si, regulamentam a organização do trabalho. De outro lado, os trabalhadores, também concorrendo entre si na busca de trabalho, *"não possuem o direito institucional à alocação ou distribuição dos produtos da organização do trabalho"* (PRZEWORSKI, 1989, p. 24). Resulta daí uma *desigualdade sistêmica* que é congênita à sociedade capitalista ainda que dentro de um movimento contraditório.

Daí que o conceito de *sistema único de educação* ou mesmo o de *sistema unificado de educação* tem como desafio maior o horizonte da igualdade, cujo motor maior não se radica na escola, mas no próprio sistema social.

A participação política, mesmo sendo uma oportunidade limitada (ainda que não fechada) de ampliação de direitos, foi e continua a ser a via institucionalizada da democracia política de defesa de interesses dos trabalhadores no sentido da redução das desigualdades.

Nesse movimento, é crucial o papel de um Estado capaz de garantir (ou não) um espaço para a defesa de direitos importantes para a participação política na vida social. E a educação, como afirma Marshall (1967), é um direito que abre o campo para se ter novos direitos.

Ora, essa desigualdade, própria da dualidade social, repercutiu e ainda repercute, a partir de nossa história nacional, na educação, mesmo que essa última, proclamada direito social, tenha sido fruto de longa conquista democrática.

O ordenamento jurídico pode ser um bom patamar de leitura e de compreensão de como a desigualdade impactou a educação escolar.

Nossa Constituição Imperial de 1824, no capítulo das "Garantias dos direitos civis e políticos dos cidadãos brasileiros", reconhece, no artigo 179, XXXII, como direito desses cidadãos *a instrução primária gratuita*. Certamente é admirável esse capítulo, 35 anos após a Revolução Francesa e a proclamação dos direitos do homem e do cidadão. Contudo essa admiração deixa de ser ingênua quando se lê outros artigos da mesma Constituição. O artigo 6º desta, ao destinar o para quem dessa cidadania, define como "cidadãos brasileiros os que no Brasil tiverem nascido, quer sejam ingênuos ou libertos". Ora, os *ingênuos* são os que nasceram livres, filhos de pais livres, e naturais do país. São cidadãos *ex generatione* e *ex jus soli*. Já os *libertos* são aqueles alforriados que, libertando-se da escravidão, recuperaram a sua condição de homens livres. Assim, por oposição, a Constituição Imperial não reconhece os escravos como cidadãos. Desse modo, o estatuto da escravatura, tacitamente acolhido na Constituição, tem esse outro – por abjeto que seja –, como objeto, propriedade, peça semovente e mercadoria.

Outro momento tácito de reconhecimento da escravidão está no mesmo artigo 179, XIX, que abole "os açoites, a tortura, a marca de ferro quente e todas as mais penas cruéis".

Dessa concepção hierárquica, abominável, de etnias "naturalmente" destinadas ao trabalho escravo, não se pode excluir também a forma de opressão que atingiu os índios. Para as elites, seu "estágio", na escala evolutiva do processo civilizatório, é o de *hordas selvagens*. O Decreto Imperial nº 1.318 de 1854, regulamentando a Lei nº 601, conhecida como Lei de Terras, compreende os índios como aptos a serem segregados em aldeamentos para efeito de civilização e de catequese, de acordo com o artigo 11 do Ato Adicional de 1834.[2]

---

[2] De acordo com Martins (1997, p. 30-31) "[...] tivemos duas escravidões: a indígena e a negra, cada uma regulada por um estatuto jurídico diferente. [...] É no século dezoito, porém, que se dá uma cessação mais ou menos eficaz da escravidão indígena. O Diretório dos Índios do Maranhão e do Grão-Pará liberta os índios administrados, nome que tinha a sua escravidão. Eles passam, então,

À época da Independência, por exclusão socioétnica, 40% dos habitantes não tinham acesso à educação como também não eram considerados cidadãos.

Se a isso ajuntarmos as mulheres que, pela concepção organicista da época, eram limitadas a uma *cidadania passiva*, então o universo dos não cidadãos ou cidadãos *imperfeitos* sobe consideravelmente. À época, o direito de voto, privativo do sexo masculino, se regia pelo voto censitário, no caso baseado nos recursos pecuniários ou territoriais do seu possuidor.

Decorrente do conjunto dessas limitações, a Lei Provincial nº 1, de 2 de janeiro de 1837, do Rio de Janeiro escrevia em seu artigo 3º: "São proibidos de freqüentar as escolas públicas: 1º: todas as pessoas que padecerem de moléstias contagiosas; 2º: os escravos e os pretos africanos, ainda que sejam livres ou libertos".[3]

Não é de se admirar, então, que a Revolução de 1930 haja trazido esperanças para o futuro do país. O *Manifesto dos pioneiros da Educação Nova* de 1932 (SBPC, 1995) retrata, assim, o passado imperial e o republicano até então no trecho do *Manifesto* citado na abertura desse texto.

Outro trecho do *Manifesto* retoma uma passagem de livro de Anísio Teixeira cujo título poderia ser a *Escola capitalista no Brasil*. Esse trecho está citado no início deste artigo. A escola até então existente havia se caracterizado por conter em si *dois sistemas* ou duas redes opostas. Assumindo a crítica a essa dualidade, o *Manifesto* opõe a educação a ser (re)construída àquela existente e diz dessa tensão entre o passado/presente e o futuro: "[...] desprendendo-se dos interesses de classes, a que ela tem servido, deixa de constituir um privilégio determinado pela condição econômica e social do indivíduo, para assumir um "caráter biológico", com que ela se organiza para a coletividade em geral, reconhecendo a todo o indivíduo o direito a ser educado até onde o permitam as suas aptidões naturais, independente de razões de ordem econômica e social" (p. 33).

O *Manifesto* buscou combater essa dualidade de redes por meio de uma estrutura educacional sob a égide da escola pública. Com currículos e normas comuns, tendo o Estado como articulador e legislador, o sistema só se diversificaria após uma escolaridade fundamental comum e para todos. E essa diversificação deveria permitir a todos os seus concluintes o prosseguimento de estudos, mormente no ensino superior.

Essa dialética, expressão do conflito social *privilégio* (das elites) *versus direito* (aberto a todos e a cada um) fará comparecer na Constituição de 1934

à condição de teoricamente livres e, na prática, mais ou menos servos dependentes do grande proprietário. Milhões de indígenas foram vítimas de extenso genocídio".

[3] Vê-se que o artigo 2º é antinômico à Constituição Imperial, que tinha os libertos como cidadãos.

a educação como direito, a obrigação dos poderes públicos em prestá-la no ensino primário gratuita e obrigatoriamente nas escolas oficiais, a vinculação de percentuais dos impostos federativos para a educação escolar, a concessão do Estado para a abertura de escolas sob o regime privado e o estabelecimento de um plano nacional de educação (ROCHA, 2001).

Contudo, ainda no jogo *privilégio versus direito*, no ensino ulterior ao primário, ainda que tendencialmente gratuito, a Constituição de 1934 diz que haverá "limitação da matrícula à capacidade didática do estabelecimento e seleção [...]", conforme o artigo 150, letra e. Ou seja, os que obtivessem seu certificado de conclusão do primário e quisessem prosseguir seus estudos deveriam prestar os conhecidos *exames de admissão*. E as vagas, além de dependerem dessa seleção, teriam que levar em conta a capacidade didática do estabelecimento.

A gratuidade posterior ao primário dependeria de legislação estadual.[4]

O retorno ao privilégio, ao elitismo na destinação social para o *secundário/superior*, ficaria meridianamente claro com o fim do frágil regime democrático de 1934. Trata-se da ditadura do Estado Novo em 1937 (HORTA, 1994). A Constituição outorgada desse regime *de facto* expressa nos seus artigos 125, 127 e 129, respectivamente, uma explícita visão organicista, hierárquica e elitista da educação e da sociedade: "A educação integral da prole é o primeiro dever e o direito natural dos pais. O Estado não será estranho a esse dever, colaborando, de maneira principal ou subsidiária, para facilitar sua execução ou suprir as deficiências e lacunas da educação particular".

Essa formulação, procedente do jusnaturalismo pré-moderno, assume a família, na educação, como detentora do conjunto da socialização do indivíduo. Ela é uma clara ordenação baseada em um modelo organicista.[5]

> A infância e a juventude devem ser objeto de cuidados e garantias especiais por parte do Estado, que tomará todas as medidas destinadas a assegurar-lhes condições físicas e morais de vida sã e de harmonioso desenvolvimento das suas faculdades.
>
> À infância e à juventude a que faltarem os recursos necessários à educação em instituições particulares, é dever da Nação, dos Estados e dos Municípios assegurar, pela fundação de instituições públicas de ensino em todos os seus graus, a possibilidade de receber uma educação adequada às suas faculdades, aptidões e tendências vocacionais (BRASIL, *Contituição Federal de 1937*, artigo 129).

---

[4] A gratuidade no ensino primário, presente na Constituição Imperial, não consta da primeira Constituição Republicana de 1891. Tal possibilidade seria da jurisdição das Constituições Estaduais.

[5] Para uma visão do modelo organicista, cf. Bobbio e Bovero (1986).

Do ponto de vista dessa formulação, a escola privada, extensão da própria família, é a principal rede constitutiva do sistema de ensino. Nesse sentido, a constituição de um sistema de educação inverteria a relação público/privado. A rede pública ganharia sua constituição no e a partir do sistema privado. "O ensino pré-vocacional e profissional destinado às classes menos favorecidas é em matéria de educação o primeiro dever do Estado. Cumpre-lhe dar execução a esse dever, fundando institutos de ensino profissional e subsidiando os de iniciativa dos Estados, dos Municípios e dos indivíduos ou associações particulares e profissionais" (BRASIL, *Contituição Federal de 1937*, artigo 129).

Aqui fica evidenciada a teoria dos dois sistemas paralelos, segundo o trecho do texto de Anísio Teixeira posto no *Manifesto*, ou como prefere a sociologia educacional francesa: a teoria das duas redes[6] não poderia ser mais clara.

E tal teoria teve um novo reforço legal ao mostrar o outro lado da moeda. Trata-se do Decreto nº 4.244/42, em seu artigo 22, relativo aos "herdeiros" Reforma do Ensino Secundário, afirmando: "[...] é finalidade da educação secundária formar as individualidades condutoras pelo que força é desenvolver nos alunos a capacidade de iniciativa e de decisão e todos os atributos fortes da vontade".

Por oposição, os destinatários do ensino profissional são os que a Constituição de 1937 denominava, no artigo 129, de *classes menos favorecidas*.

Há aqui um duplo dualismo: a escola pública é voltada para os que não conseguem entrar em escola particular a qual, por sua vez – extensão da família –, deve ser subsidiada pelo Estado formando as *elites condutoras* (CUNHA; 2000; 1981). E a escola pública, voltada para as *classes menos favorecidas*, tem na educação primário-profissional o seu lugar natural *de receber uma educação adequada às suas faculdades, aptidões e tendências vocacionais*, segundo o teor do mesmo do artigo 129 da Constituição de então.

A Consolidação das Leis do Trabalho (CLT), Decreto-Lei nº 5.452/43, em seu artigo 399, prevê o diploma de benemerência às empresas que mantiverem creches e instituições de proteção aos menores em idade pré-escolar... Quase na mesma orientação, o artigo 427 previa aos menores empregados a concessão obrigatória de tempo que for necessário para a frequência às aulas. Já o parágrafo único desse artigo dispunha: "Os estabelecimentos situados em lugar onde a escola estiver a maior distância que dois quilômetros, e que ocuparem, permanentemente, mais de trinta menores analfabetos, de 14 a 18 anos, serão obrigados a manter local apropriado em que lhes seja ministrada a instrução primária".

---

[6] Referência ao livro de Baudelot e Stablet (1977).

A empresa com tais características e que não cumprisse esse dispositivo incorria em penalidades expressas em multas.

A superação desse duplo dualismo franco, explícito e seletivo seria objeto de passos lentos, doloridos, em vista da equiparação do ensino profissional com o ensino secundário e a possibilidade de prosseguimento em estudos superiores (MACHADO, 1989a).

Sob a Constituição de 1946 vários princípios e diretrizes postos na de 1934 retornam ao texto constitucional, inclusive aquele da competência da União em estabelecer as diretrizes e bases da educação. Após debates intensos, profundos e até mesmo apaixonados entre os segmentos publicistas e os defensores do ensino privado, vem à tona a Lei de Diretrizes e Bases da Educação Nacional (LDB), prevista, sob a Lei nº 4.024/61 (BUFFA,1979; SAVIANI, 1973).

Essa lei deixa em aberto brechas para que o ensino primário obrigatório não fosse integralmente cumprido. Seu artigo 30, ao explicitar as isenções da obrigatoriedade, deixa claro quem "não precisa" ser destinatário da educação escolar: os que comprovarem *estado de pobreza,* os que não puderem ir à escola por haver *insuficiência de escolas* ou por estas já terem suas *matrículas encerradas.* Além desses casos, incluem-se os indivíduos que estejam com alguma *doença ou anomalia grave.*

Raramente a face da desigualdade social foi tão clara: o indivíduo em *estado de pobreza* está privado das virtudes de um direito proclamado como essencial para a vida social. Mas certamente não está excluído de continuar sendo mantido *clientelísticamente* nos espaços de um trabalho rural. Também o cidadão cujo município ou região do Estado careça de recursos para abertura de escolas ou de vagas para todos também pode ser desobrigado da frequência à escola. Seus cidadãos, contudo, não estão proibidos de serem sujeitos a um trabalho precário.

A frágil Constituição de 1967 subtrai da educação a vinculação no momento em que essa mesma lei ampliava o ensino primário para oito anos e o torna obrigatório apenas para a faixa etária de sete a 14 anos. E este é o momento em que a migração rural para os centros urbanos começava a exigir expansão da rede física e uma formação docente que considerasse o novo perfil de aluno entrante nos sistemas públicos, perfil advindo de vários segmentos das classes populares. Com mais crianças nas escolas e menos recursos, a consequência seria inevitável: a precarização do trabalho docente e das condições de trabalho conduziria itinerários com evasão e repetência e a um desempenho sofrível.

Dessa época, ainda, tem-se a maior facilidade, sob precários regimes contratuais, de entrada de docentes, nos sistemas de ensino em geral, de formados em instituições destituídas da integração ensino/pesquisa e de qualidade limitada.

A busca pela redemocratização do país, à vista da brutal desigualdade na redistribuição da renda, à vista de um desenho pouco animador do pacto federativo, conduziu a uma impressionante mobilização popular. Renascem os sonhos, crescem as expectativas, desenha-se a vontade de uma realidade mais promissora, mais democrática e mais justa.

A Constituição de 1988 exibe, na proclamação de direitos da cidadania, na assinalação de novas obrigações do Estado, a vontade de fazer, no país, no presente, um acerto de contas com a modernidade, expurgando do passado um enorme passivo com a justiça e com a democracia.

Aí a educação torna-se o primeiro dos direitos sociais (art. 6º); o ensino fundamental, gratuito e obrigatório, ganha a condição de direito público subjetivo para todos; os sistemas de ensino passam a coexistir em regime de colaboração recíproca; a gestão democrática torna-se princípio dos sistemas públicos de ensino; e a gratuidade, em nível nacional e para todos os níveis e etapas da escolarização pública, se torna princípio de toda a educação nacional (art. 205-214). O texto constitucional reconhece o direito à diferença de etnia, de idade, de sexo e situações peculiares de deficiência, sem abrir mão do princípio da igualdade (CURY, 2005).

O contraste entre a real situação do país, herança secular, e a necessidade de eliminar várias dessas marcas anacrônicas em face da modernidade, das injustiças existentes com relação aos direitos sociais proclamados e do autoritarismo diante da democracia, ganha relevo e apoio no texto constitucional. Prova disso é o artigo 3º da Constituição, que põe como objetivos fundamentais do Estado Democrático de Direito a busca de uma sociedade livre, justa e solidária, a redução das desigualdades sociais, das disparidades regionais e das discriminações que ofendem a dignidade da pessoa humana.

Em que pese os avanços conquistados na educação escolar, desde então, como a proximidade de uma universalização do ensino fundamental, o disciplinamento do financiamento vinculado, a ampliação do ensino médio e a discreta abertura na educação infantil, há muito o que fazer.[7]

Esse processo de produção da desigualdade, de cujo peso a realidade atual ainda é detentora, vai nos mostrando a face dos sujeitos da privação: as classes populares, traduzidas nos diversos retratos de trabalhadores manuais, migrantes do campo e de regiões mais pobres do país, negros,

---

[7] Considere-se, por exemplo, os vetos à ampliação do financiamento público para a educação escolar impostos ao Plano Nacional de Educação pelo Poder Executivo, em 2001 ou então os vetos a que a Educação de Jovens e Adultos se beneficiasse do esquema do FUNDEF.

pardos, povos indígenas, moradores de bairros periféricos e pessoas fora da faixa etária legal.

Dessa realidade contrastante, emanam as várias posições doutrinárias em busca de uma que faça jus a um conceito de sistema. Um deles, então, é a busca de um sistema que passa a ser adjetivado de *sistema único*, do qual decorreria a *escola única* ou *escola unitária* (MACHADO, 1989b).

É evidente que o desafio de um *sistema único de educação* se radica no próprio desafio de uma superação da desigualdade. Mas esse desafio não impede a consecução de valores, princípios e normas comuns, além de normas específicas, afirmados no ordenamento jurídico atual.[8]

Hoje, dessa dinâmica da busca de uma escola única, restaram algumas consequências importantes: o Estado detentor do monopólio da validade dos certificados e diplomas, detentor exclusivo da autorização de funcionamento de instituições e estabelecimentos escolares, titular das diretrizes e bases da educação nacional e a emersão do conceito de *educação básica* (CURY, 2008). É por conta desse estatuto que o sistema de educação é público e nele se inclui a rede privada.

Um segundo desafio procede de outra realidade que, por sua vez, por contingências históricas, trará outras barreiras para a constituição de um sistema nacional de educação.

O Brasil, desde a Proclamação da República, é uma República Federativa e, como tal, isso supõe um pacto federativo no qual coexistam a união federativa e a pluralidade de entes federados.

Trata-se de um regime em que os poderes de governo são repartidos entre instâncias governamentais por meio de campos de poder e de competências legalmente definidas. A repartição de competências e de polos múltiplos de poder sempre foi um assunto básico para a elucidação da(s) forma(s) federativa(s) de Estado. Daí as discussões em torno das variantes da forma federativa e a temática da descentralização.

Ora, no caso da relação educação escolar, Estado(s) e (des)centralização, é preciso retroagir ao Império. Com efeito, nossa primeira Lei Geral de Educação Escolar de 1827 foi a única que atribuiu competência plena aos poderes centrais na educação. Mas a jurisdição sobre a instrução primária, ao regulamentar o artigo da Constituição relativo à gratuidade dessa instrução, trará uma limitação de ordem demográfica e espacial. Seu artigo 1º diz, *ipsis litteris*: "Em todas as cidades, vilas e lugares mais populosos, haverão [*sic*] as escolas de primeiras letras que forem necessárias".

---

[8] No âmbito do direito à saúde, o artigo 198 da Constituição confirma "um sistema único das ações e serviços públicos da saúde".

Tal limitação diz respeito ao interior do país, do isolamento da população residente em vastos latifúndios monoculturais, na pecuária e mesmo em regiões de mineração. Dela se pode extrair uma consequência subjacente do tipo: que necessidade há em fornecer educação para essa população? A que ela vai servir? Não será ela inútil para tais populações? Nesse sentido, a instrução destinar-se-ia, junto com as barreiras sociais assinaladas, aos moradores de espaços urbanos *mais populosos*.

Contudo, em 1834, o Brasil Imperial conhecerá uma mudança altamente significativa. O Ato Adicional (Lei nº 16, 12/08/1834), a rigor uma emenda constitucional, passa a dispor certa autonomia para as províncias, dotando-as de assembleias legislativas provinciais, estabelecendo uma divisão de recursos fiscais, adotando Câmaras dos Distritos e eliminando a figura dos Conselhos Gerais Provinciais.

Conforme o parágrafo 2º do artigo 10 desse Ato, houve a adoção de uma descentralização do ensino primário ao atribuir às províncias competência legislativa "sobre a instrução pública e estabelecimentos próprios a promovê-la [...]". Já o ensino superior continuava competência dos poderes gerais.

Iniciava-se, em um país imperial e centralizado, uma descentralização educacional e, com ela, uma duplicidade de sistemas de ensino sem a constituição de um sistema nacional. De um lado, os poderes gerais (Corte), com impostos mais elevados, jurisdicionariam o ensino superior, apanágio das elites, e, de outro lado, a instrução primária ficaria a cargo das Províncias, titulares de impostos de menor valor.[9] Data dessa época o já conhecido "empurra-empurra" quanto a uma clareza maior das competências e do financiamento.

Ao comentar esse Ato, Sucupira (2001, p. 61-62) assim se pronuncia:

> O princípio de descentralização educacional consagrado pelo Ato Adicional não foi aceito pacificamente sem críticas. Juristas, políticos e educadores questionaram a exclusão do poder central do campo da instrução primária e secundária. O ponto nodal da questão estava em saber se a competência conferida às assembléias provinciais, em matéria de educação era privativa. Ao que parece, o entendimento dos parlamentares, nos anos imediatos que se seguiram à promulgação do Ato, é que se tratava de uma competência concorrente.

Em 1888, a escravatura foi oficialmente abolida e, a seguir, instaura-se, em 1889, a República federativa, representativa e presidencialista com a Constituição de 1891 (CURY, 2001). Silenciando-se sobre a gratuidade em

---

[9] Em 1840, a Lei nº 105, de 12 de maio de 1840, interpreta, de modo conservador e centralizador, o Ato Adicional de 1834. Em 1841, com a Lei nº 234, de 23 de novembro, há o retorno do Conselho de Estado com conselheiros vitalícios, nomeados pelo Imperador.

âmbito nacional, ficará a cargo dos Estados a possibilidade de se afirmar nas respectivas Constituições tanto a gratuidade como, eventualmente, sua associação com a obrigatoriedade.

A República, passando de um regime centralizado para um descentralizado, adotará um modelo federativo no qual a dualidade União/Estados tem o poder central (União) com poderes limitados e os Estados com poderes ampliados. Tornados membros federativos, poderiam exercer sua autonomia ainda que dentro de uma sempre assinalada assimetria de condições econômicas, militares e políticas entre elas.

Em vão foram as várias tentativas legais e pressões sociais, no período da Velha República, pela afirmação nacional e constitucional da gratuidade e de uma maior presença da União no ensino obrigatório, exceto em tentativas de convênio com os Estados, pouco sucedidas, no apoio financeiro ao pagamento de salário dos professores atuantes em regiões rurais. Outra exceção se dá quando o governo federal nacionaliza e financia as escolas primárias e normais estabelecidas em núcleos de população imigrada no Sul do país.[10]

Uma tomada de posição *sui generis*, dentro da Velha República, ocorrerá com a Reforma Rivadávia Corrêa, em 1911, pela qual há uma verdadeira *desoficialização* da educação de forma que a abertura de escolas passou a se fazer de modo extremamente flexível. O surto de *escolas elétricas* foi de tal monta que a Reforma Maximiliano retomou o papel do Estado em matéria de oficialização.

Nem mesmo a Revisão Constitucional de 1925 e 1926, em cujo processo havia emenda no sentido de se estabelecer a gratuidade e a obrigatoriedade do ensino primário público em todos os sistemas de ensino, logrou êxito (CURY, 2003).

A Constituição de 1934, garantida a autonomia dos Estados e o sistema federativo, impõe para todos os Estados e Municípios a instrução primária gratuita e obrigatória no ensino oficial, a vinculação de impostos para o financiamento, assumindo a educação como direito.

A Constituição de 1946 retorna aos princípios maiores do federalismo e aos fundamentos da Constituição de 1934.[11]

---

[10] Esta é a primeira intervenção direta e financiada da União no ensino primário, por meio do Ministério da Justiça, nos Estados do Paraná, Rio Grande do Sul e Santa Catarina, respectivamente, mediante os Decretos: nº 13.175, de 6 de setembro de 1918, nº 13.390, de 8 de janeiro de 1919 e nº 13.460, de 5 de fevereiro de 1919.

[11] Sobre federalismo e educação, cf. Cury (2006). Sobre essa Constituição, cf. Oliveira (2001).

O golpe militar de 1964, ao lado de uma maior precariedade no regime federativo, trará novos impactos na educação escolar, inclusive com a desvinculação dos impostos para a educação.[12]

Essas realidades se apoiam em um federalismo educacional, no qual as diretrizes e bases da educação nacional são da alçada da União, bem como a rede de ensino superior federal e o ensino superior da rede privada. Assim, compete aos Estados e aos Municípios a efetivação do direito à educação no âmbito do que hoje chamamos de educação básica, embora, concorrentemente, os Estados poderiam investir no ensino secundário e superior.

Ora, essa tradição de mais de 164 anos foi criando e sedimentando uma cultura relativa à autonomia dos entes federados, sobretudo dos Estados, no âmbito da educação escolar. Tal tradição se apoia não só na maior proximidade entre as fases de vida próprias da educação básica e os gestores das administrações estaduais e municipais, mas também nas relações de poder que os vastos sistemas de ensino propiciam em face dos cargos e funções de confiança entre os quais o da direção dos estabelecimentos.

Nesse sentido, temos uma organização da educação nacional, de acordo com o Título IV da atual LDB e não um sistema nacional.[13] Nacional é a educação, na forma federativa, em que compareçam competências privativas, concorrentes e comuns dos entes federativos.[14]

A atual Constituição deu continuidade à tradição advinda do Ato Adicional de 1834 e dispôs pela pluralização dos sistemas, inclusive pela incorporação dos sistemas de ensino municipais (art. 211).

Esses sistemas, coexistentes ao reconhecimento dos Estados, Municípios, Distrito Federal e União como entes federativos, teriam uma articulação mútua organizada por meio de uma engenharia consociativa, articulada por um regime de colaboração entre todos eles. Tal engenharia serviria como modo de se evitar a dispersão de esforços e como meio de se efetivar um regime federativo e cooperativo na educação escolar (Parecer CNE/CEB nº 30/00).

Um sistema nacional de educação teria que alavancar o papel da União com uma maior presença no âmbito da educação básica e no âmbito das redes privadas dos sistemas de ensino. Já em 1988, assinalava Barreto (p. 20):

---

[12] O retorno da vinculação se dá, primeiro, na emenda da Junta Militar de 1969, exclusivamente para os municípios e, depois, com a emenda Calmon (EC n. 24/83), seguida da Lei nº 7.348/85.

[13] Não faltam nem argumentos procedentes para a defesa desse ponto de vista nem propostas nesse sentido. Cf. Saviani (2004).

[14] A Constituição de 1988 adota a expressão *sistema nacional* para o *emprego* no artigo 22, IX, e fala do *Sistema financeiro nacional* no Título VII, capítulo IV. Pode-se dizer que boa parte do artigo 21 e do artigo 22, salvo casos de autorização, permissão e concessão, possui uma dimensão nacional.

Cabe à União enfeixar em um todo orgânico o sistema nacional de educação, constituído pelo conjunto de seus sistemas de ensino com vista a assegurar a continuidade e articulação horizontal e vertical entre os diferentes cursos e níveis, desde a pré-escola até a universidade. Cabe a ela também formular a política nacional de educação, expressa através de Planos Nacionais de Educação que incorporem as contribuições dos estados e municípios, dos profissionais da área e dos segmentos majoritários da população organizados. É ainda atribuição da União o estabelecimento de um núcleo comum de conhecimentos que devem constituir a formação escolar nacional básica a que todo o cidadão tem de ter acesso, bem como o suprimento das deficiências do ensino, quando estas ocorrem em larga escala. Assim sendo, o governo federal deve contribuir para sanar as extremas diferenças encontradas nos índices de escolarização das distintas regiões do país, que vêm se mantendo inalteradas por décadas, reforma após reforma educativa.

Nascem daí as dificuldades para a implantação de um Sistema Nacional de Educação. Afinal, a organização de um sistema educacional é tanto a busca de organização pedagógica quanto uma via de jogo de poder. Por isso, cada vez que esse assunto foi pautado em Constituintes, Leis de Diretrizes e Bases, Planos Nacionais de Educação e Fundos de financiamento, ele foi motivo de intensos debates polêmicos, sobretudo quando o adjetivo *nacional* entrou em pauta. Seu não acolhimento se deveu a várias justificativas.[15]

Há um temor de invasão indébita na autonomia dos entes federativos e, com isso, a eventual perda de autonomia destes. Após 164 anos de descentralização, há o medo de uma centralização por parte do Estado Federal na qualidade de Estado Nacional. Há o receio, por parte do segmento privado na educação escolar, de se ferir a liberdade de ensino, e não falta quem assinale o perigo do *monopólio estatal*. Há também precaução da parte da própria União quanto a uma presença mais efetiva na educação básica, sobretudo no que se refere ao financiamento desta.

Deve-se afirmar que alterações nesse sentido implicam emenda constitucional cuja aprovação exige três quintos dos votos dos respectivos membros das duas casas parlamentares e em duas sessões de votação. Pode-se aventar a hipótese, juridicamente menos segura, de uma mudança legal na LDB.[16]

Se tais reflexões são pertinentes a um sistema *nacional* de educação, a provocativa problemática de um sistema *único* de educação traz à tona o

---

[15] Mesmo com a indicação de uma lei complementar que traduza o regime de cooperação recíproca, posta no parágrafo único do artigo 23 da Constituição de 1988, até hoje essa lei não foi efetivada.

[16] Boa parte da recusa ao projeto de LDB nascido da Câmara de Deputados se deveu à inscrição nela de um sistema nacional de educação.

desafio extraescolar de um país desigual, com um fosso cada vez maior entre ricos e pobres na divisão de renda e acesso a bens sociais.[17]

Isso posto, há que se levantar um terceiro desafio.

A Constituição de 1988, recusando tanto um federalismo centrífugo como centrípeto, optou por um federalismo cooperativo sob a denominação de regime de colaboração recíproca, descentralizado, com funções compartilhadas entre os entes federativos de acordo com os artigos 1°, 18, 23, 29, 30 e 211.

Os sistemas de ensino desde logo passaram a usufruir de existência legal, ficando a organização e o seu modo de funcionamento sob a esfera da autonomia dos entes federativos, obedecendo ao princípio da colaboração recíproca.[18]

O artigo 211, parágrafo 1°, esclarece o regime de colaboração, no que toca à União, por meio de um papel redistributivo, supletivo e equalizador com assistência técnica e financeira aos Estados, ao Distrito Federal e aos Municípios. O parágrafo 2° se volta para os Municípios que "atuarão prioritariamente no ensino fundamental e na educação infantil". O parágrafo 3° esclarece que os Estados e o Distrito Federal devem atuar prioritariamente também no ensino fundamental e no ensino médio.

Isso mostra que o ensino fundamental é uma competência compartilhada, reforçada pelo artigo 10, II, da LDB, que diz ser incumbência dos Estados "definir, com os Municípios, formas de colaboração na oferta do ensino fundamental, as quais devem assegurar a distribuição proporcional das responsabilidades [...]".

Também o mesmo artigo 10, III, estimula a integração das ações relativas a diretrizes e planos de educação estaduais com as iniciativas dos Municípios.

A LDB, por sua vez, nos artigos 11 e 18, em consonância com o artigo 211 da Constituição Federal, reconhece, explicitamente, os sistemas municipais de ensino e esclarece suas incumbências em matéria de educação escolar. Entre estas está a de "autorizar, credenciar e supervisionar os estabelecimentos do seu sistema de ensino". Ora, esse sistema de ensino compreende também, de acordo com o artigo 18, II, "as instituições de educação infantil criadas e mantidas pela iniciativa privada".

Disso tudo decorre que a distribuição de competências, em face dos objetivos maiores da educação escolar, deve ser feita, diferencialmente, dentro do âmbito de aplicabilidade de cada ente federativo e, compartilhadamente, através

---

[17] A Constituição de 1988, no Título VIII, capítulo II, seção II, art. 198, versando sobre a saúde, diz que "as ações e serviços públicos de saúde integram uma rede regionalizada e hierarquizada e constituem um sistema único [...]".

[18] Cf. sobre o assunto Sistemas de Ensino e Sistemas Municipais: Parecer CNE/CEB n. 30/00.

do regime de colaboração próprio do novo caráter da federação brasileira. Logo, as relações interfederativas não se dão mais por processos hierárquicos e sim por meio do respeito aos campos próprios das competências assinaladas, mediadas e articuladas pelo princípio da colaboração recíproca e dialogal.

Assim, o pacto federativo dispõe, na educação escolar, a coexistência coordenada e descentralizada de sistemas de ensino sob regime de colaboração recíproca:

- com unidade: artigo 6º e artigo 205 da CF/88;
- com divisão de competências e responsabilidades;
- com diversidade de campos administrativos;
- com diversidade de níveis de educação escolar;
- com assinalação de recursos vinculados.

Decorre daí um caráter de administração complexa devido ao número de espaços e poderes implicados, devido ao conjunto bastante intrincado da legislação e aos temores supramencionados.

Surgem, então, indicadores que apontam para um sistema nacional no interior do desenho constitucional formal, ao postular um regime de colaboração recíproca.

Aqui se pode perguntar: se o parágrafo único do artigo 11 da LDB possibilita a integração dos sistemas estaduais e municipais de ensino sob a forma de *sistema único de educação básica*, por que tal não seria porta aberta para um sistema nacional da educação básica sob as diretrizes e bases da educação nacional? Ademais, não seria lícito inferir que, além da LDB, o Plano Nacional de Educação (PNE), o sistema nacional de avaliação, o Conselho Nacional de Educação e o Fundo de Manutenção e Desenvolvimento da Educação Básica (FUNDEB, precedido pelo Fundo de Manutenção e Desenvolvimento do Ensino Fundamental e de Valorização do Magistério, FUNDEF) não apontam para a necessidade de um sistema nacionalmente articulado?

Por outro lado, surgem, também, limites e dificuldades para a formalização de um sistema nacional de educação.

O primeiro limite advém da omissão de nossos parlamentares em não terem ainda elaborado a lei complementar, exigida pela Constituição em seu § único do artigo 23.

O segundo limite se insere nessa omissão. Como estamos com 20 anos de distância da proclamação da Constituição, e como em política o vácuo não existe, essa lacuna em efetivar o parágrafo único do artigo 23 vem sendo ocupada por uma guerra fiscal entre os Estados, pelas contínuas intromissões em torno dos recursos financeiros dos entes federativos (como é o caso da Desvinculação dos Recursos da União, DRU) e pelo artifício da imposição disfarçada de impostos denominados de *contribuições* e que, por isso, não entram nos percentuais vinculados.

Tudo isso acaba gerando, na prática, não um federalismo cooperativo e mais um federalismo competitivo que põe em risco o pacto federativo sob a figura da colaboração recíproca e seus potenciais avanços.

Essa complexidade político-administrativa coexiste com uma realidade socioeducacional muito desigual e da qual decorrem incertezas escassez de recursos.

Um sistema de educação supõe como definição: uma rede de órgãos, instituições escolares e de estabelecimentos – *fato*; um ordenamento jurídico com leis de educação – *norma*; uma finalidade comum – *valor*; uma base comum – *direito*. Esses quatro elementos devem coexistir como *conjunto*, como conjunto *organizado*, como conjunto organizado sob um *ordenamento*, como conjunto organizado sob um ordenamento com *finalidade comum (valor)*, como conjunto organizado sob um ordenamento com finalidade comum (valor) sob a figura de um *direito*.

Essa coexistência, pois, supõe *unidade e diversidade*, essa coexistência supõe unidade e diversidade *sem antinomias* (*ausência de incompatibilidades normativa*). Ou nos termos de Ferraz (1984, p. 9-10):

> Ao conjunto assim organizado dá-se o nome de sistema de ensino. Se desmembrarmos o conceito identificando-lhe e agrupando-lhe os elementos ou componentes essenciais aí vamos encontrar as quatro causas tratadas na filosofia aristotélico-tomista:
>
> a) a causa material, a matéria de que é feito o sistema (pessoas, coisas recursos);
>
> b) a causa formal, as normas (leis, decretos-leis, decretos e outros atos da autoridade competente) que dão forma orgânica a tal matéria;
>
> c) o órgão do Poder Público ao qual incumba atuar como causa eficiente, dando organização ao sistema;
>
> d) a causa final, os fins ou valores (éticos, políticos, religiosos, econômicos, pedagógicos, etc.) em vista dos quais o sistema se organiza.

Então, a proposta de um sistema nacional de educação, explicitamente formulado, gera várias perguntas:

1. Pode haver uma coordenação mais clara e mais direta pela União, de modo a exercer as funções equalizadora e redistributiva?

2. Como aprimorar as competências dos sistemas de forma que propicie um exercício harmônico do regime de colaboração sob a coordenação mais incisiva da União?

3. O sistema nacional propiciaria a melhoria dos resultados em relação à aprendizagem e à socialização de valores?

O Plano Nacional de Educação, Lei nº 10.172/01, no capítulo sobre financiamento – um dos pilares de um sistema nacional –, diz claramente em suas Diretrizes a propósito dessa matéria:

> Para que a gestão seja eficiente há que se promover o *autêntico* federalismo em matéria educacional, a partir da divisão de responsabilidades previstas na Carta Magna. A educação é um todo integrado, de sorte que o que ocorre num determinado nível repercute nos demais, tanto no que se refere aos aspectos quantitativos como qualitativos. [...] Portanto, uma diretriz importante é o aperfeiçoamento contínuo do regime de colaboração.

A dimensão de direito da cidadania ao direito à educação, seja por um sistema nacional, seja por um sistema de fato atualmente praticado, não poderá fugir da resposta ao que o PNE chama de "autêntico federalismo". Semelhante ao princípio da igualdade – horizonte maior da cidadania – posto na Constituição para contrastar com o fato intolerável da desigualdade existente, o princípio de um federalismo "autêntico" se contrasta com o "inautêntico" colhido na realidade dos fatos.

Então, o que é um *federalismo autêntico*? Qual o caminho entre o horizonte da autenticidade e o real inautêntico para que aquele supere este?

A sociedade brasileira, pela mediação do Estado, ao convocar essa Conferência Nacional de Educação, espera dos educadores uma resposta a essa pergunta que não calar para o acontecer de uma educação com qualidade.

REFERÊNCIAS

ANDRADE, Carlos Drummond de. Política literária. In: *Alguma Poesia. Poesia e Prosa*. Rio de Janeiro: Nova Aguilar, 1979. p. 80.

BARRETO, Elza Siqueira de Sá. O ensino fundamental na política nacional de Educação: alguns aportes. *Em Aberto*, Brasília, ano 7, n. 38, p. 12-21, abr./jun. 1988.

BAUDELOT, Christian; STABLET, Roger. *La escuela capitalista*. Mexico: Siglo Veintiuno, 1977.

BOBBIO, Norberto; BOVERO, Michelangelo. *Sociedade e Estado na filosofia política moderna*. São Paulo: Brasiliense, 1986.

BRASIL. *Constituição Federal de 1937*. Disponível em <http://www.senado.gov.br>. Acesso em: 2008.

BUFFA, Ester. *Ideologias em conflito: escola pública e escola privada*. São Paulo: Cortez e Moraes, 1979.

CUNHA, Célio. *Educação e autoritarismo no Estado Novo*. São Paulo: Cortez, 1981.

CUNHA, Luiz Antonio. *O ensino profissional na irradiação do industrialismo*. São Paulo: UNESP; Brasília: FLACSO, 2000.

CURY, Carlos Roberto Jamil. *A educação básica como direito*. (No prelo).

CURY, Carlos Roberto Jamil. *A Educação na Revisão Constitucional de 1925-1926.* Bragança Paulista: EDUSF, 2003.

CURY, Carlos Roberto Jamil. *Cidadania Republicana e Educação: governo provisório do Mal. Deodoro e Congresso Constituinte de 1890-1891.* Rio de Janeiro: DP&A, 2001.

CURY, Carlos Roberto Jamil. Federalismo Político e Educacional. In: FERREIRA, Naura Syria Carapeto; SCHLESENER, Anita (Org.). *Políticas públicas e gestão da educação: polêmicas, fundamentos e análises.* Brasília: Líber Livro, 2006.

CURY, Carlos Roberto Jamil. *Os fora de série na escola.* Campinas: Associados, 2005.

FÁVERO, Osmar (Org.). *A Educação nas constituintes brasileiras.* 2. ed. Campinas: Autores Associados, 2001.

FERRAZ, Esther de Figueiredo. Conceituação de Sistema de Ensino. In: SOUZA, Paulo Nathanael Pereira de; SILVA, Eurides Brito da (Org.). *Educação: Escola-Trabalho.* São Paulo: Pioneira, 1984.

HORTA, José Silvério Bahia. *O hino, o sermão e a ordem do dia: regime autoritário e educação no Brasil.* Rio de Janeiro: UFRJ, 1994.

INSTITUTO BRASILEIRO DE GEOGRAFIA E ESTATÍSTICA (IBGE). A estatística e a organização nacional. *Revista Brasileira de Estatística.* Rio de Janeiro: IBGE, ano 2, v. 1, jan./mar. 1941.

MACHADO, Lucília Regina de Souza. *Educação e divisão do trabalho.* São Paulo: Cortez e Associados, 1989a.

MACHADO, Lucília Regina de Souza. *Politecnia, escola unitária e trabalho.* São Paulo: Cortez e Associados, 1989b.

MARSHALL, Thomas Humphrey. *Cidadania, classe social e status.* Rio de Janeiro: Zahar, 1967.

MARTINS, José de Souza. *Exclusão Social e a nova desigualdade.* São Paulo: Paulus, 1997.

OLIVEIRA, Romualdo Portela de. A Educação na Constituinte de 1946. In: FÁVERO, Osmar (Org.). *A Educação nas constituintes brasileiras.* 2. ed. Campinas: Autores Associados, 2001.

PRZEWORSKI, Adam. *Capitalismo e social-democracia.* São Paulo: Companhia das Letras, 1989.

ROCHA, Marlos Bessa Mendes da. Tradição e modernidade na Educação: o processo constituinte de 1933-34. In: FÁVERO, Osmar (Org.). *A Educação nas constituintes brasileiras.* 2. ed. Campinas: Autores Associados, 2001.

SAVIANI, Dermeval. *Educação brasileira: estrutura e sistema.* São Paulo: Saraiva, 1973.

SAVIANI, Dermeval. Sistemas de ensino e planos de educação: o âmbito dos municípios. *Educação e Sociedade,* Campinas: CEDES, n. 69, dez. 1999.

SOCIEDADE BRASILEIRA PARA O PROGRESSO DA CIÊNCIA (SBPC). *Documenta.* Educação n.3 A (Re) Construção da Educação no Brasil. São Paulo: SBPC, 1995.

SUCUPIRA, Newton. O Ato Adicional e a descentralização da Educação. In: FÁVERO, Osmar (Org.). *A Educação nas constituintes brasileiras.* 2. ed. Campinas: Autores Associados, 2001.

Produção bibliográfica[1]

Artigos completos publicados em periódicos

1. SANTOS, Oder José dos; CURY, Carlos Roberto Jamil; ARROYO, Miguel Gonzalez; RODRIGUES, Neison. Expansão do Ensino Superior: características e tendências. *Estudos e Debates*, João Pessoa, n. 1, p. 43-65, 1978.
2. CURY, Carlos Roberto Jamil. Categorias possíveis para uma aproximação do fenômeno educativo. *Educação e Sociedade*, n. 2, 1979.
3. CURY, Carlos Roberto Jamil. Educação e motivação. *AMAE Educando*, Belo Horizonte, n. 6, ago. 1979.
4. CURY, Carlos Roberto Jamil. A democratização escolar no ensino fundamental e sua relação com o ensino superior. *Educação Brasileira*, Brasília, n. 5, p. 121-144, 1980.
5. CURY, Carlos Roberto Jamil. Educação e Ideologia. *Cadernos de Pesquisa*, Fundação Carlos Chagas, n. 35, p. 80-83, nov. 1980.
6. CURY, Carlos Roberto Jamil. Universidade alternativa ou alternativas para a universidade. *Revista ANDE*, n. 1, São Paulo, 1981.
7. CURY, Carlos Roberto Jamil. Notas acerca do saber e do fazer da escola. *Cadernos de Pesquisa*, Fundação Carlos Chagas, n. 40, p. 58-60, 1982.
8. CURY, Carlos Roberto Jamil. Comemorando o manifesto dos pioneiros da Educação Nova, 1932. *Educação e Sociedade*, n. 12, set. 1982.
9. CURY, Carlos Roberto Jamil. O espaço de atuação do educador. *AMAE Educando*, Belo Horizonte, n. 149/150, nov./dez. 1982.
10. CURY, Carlos Roberto Jamil. A opção pelos pobres e a democratização do ensino. *Revista de Educação AEC*, Brasília, n. 49, p. 5-12, 1983.

---

[1] A organização desta bibliografia foi realizada pela bolsista de iniciação científica e aluna do curso de Pedagogia da Faculdade de Educação da UFMG Tereza Maria Trindade da Silva.

11. CURY, Carlos Roberto Jamil. Administrador escolar: seleção e desempenho. *Revista Brasileira de Administração de Educação*, Porto Alegre, v. 1, n. 1, p. 139-146, jan./jun. 1983.
12. CURY, Carlos Roberto Jamil. A Alceu. *Revista Brasileira de Estudos Pedagógicos*, Brasília, v. 64, n. 148, set./dez. 1983.
13. CURY, Carlos Roberto Jamil. O Manifesto dos Pioneiros da Educação Nova e o desenvolvimento da educação brasileira. *Revista Brasileira de Estudos Pedagógicos*, Brasília, v. 65, n. 150, p. 440-447, mai./ago. 1984.
14. CURY, Carlos Roberto Jamil. Produção do saber e relação social. *Revista ANDE*, São Paulo, n. 8, 1984.
15. CURY, Carlos Roberto Jamil. Educação e conjuntura atual. *Educação em Revista*, Belo Horizonte, n. 1, jul. 1985.
16. CURY, Carlos Roberto Jamil. A educação e as constituições brasileiras. *Revista Educação Brasileira*, n. 14, p. 81-106, 1985.
17. CURY, Carlos Roberto Jamil; WANDERLEY, Luiz Eduardo; PAIVA, Vanilda; RHODEN, Paulo Kuno. Igreja, sociedade e democratização do ensino. *Cadernos da AEC*, Brasília, n. 25, p. 35-61, 1985.
18. CURY, Carlos Roberto Jamil. O compromisso profissional da administração da educação com a escola e a comunidade. *Revista Brasileira de Administração da Educação*, Porto Alegre, v. 3, n. 1, p. 44-50, jan./jun. 1985.
19. CURY, Carlos Roberto Jamil. Ensino de 1º grau e a universidade. *Educação em Revista*, Belo Horizonte, n. 3, p. 8-11, 1986.
20. CURY, Carlos Roberto Jamil. O profissional de administração da educação: seleção, formação e atuação. *Revista Brasileira de Administração da Educação*, Porto Alegre, v. 4, n. 1, p. 106-113, jan./jun. 1986.
21. CURY, Carlos Roberto Jamil. Tendências do ensino no Brasil hoje. *Revista Educação e Sociedade*, São Paulo, ano 8, n. 25, p. 44-54, dez. 1986.
22. CURY, Carlos Roberto Jamil. Extensão universitária e movimento social. *Revista Enfoque*, Belo Horizonte, ano 1, p. 25-27, set. 1986.
23. CURY, Carlos Roberto Jamil. Política educacional e Estado: o que se espera do Estado enquanto investimento na educação. *Revista Educação e Realidade*, Porto Alegre, v. 11, n. 2, p. 18-24, jul./dez. 1986.
24. CURY, Carlos Roberto Jamil. Ensino público e constituinte. *Educação em Revista*. Belo Horizonte, n. 5, p. 34-39, jul. 1987.
25. CURY, Carlos Roberto Jamil. Expansão de novos mestrados/doutorados em educação no Brasil. *Boletim da ANPED*, Rio de Janeiro, v. 9, n. 4, p. 3-9, out./dez. 1987.

26. CURY, Carlos Roberto Jamil. A questão do saber. De novo? *Revista em Educação da APEOESP*, São Paulo, n. 3, p. 16-17, jul. 1988.

27. CURY, Carlos Roberto Jamil. A pós-graduação e a nova LDB. *Em Aberto*, Brasília, n. 38, p. 57-59, abr./jun. 1988.

28. CURY, Carlos Roberto Jamil. A política de ensino numa perspectiva de transformação social. *Revista Educação em Questão*, Natal, v. 2, n. 2, p. 28-34, jul./dez. 1988.

29. CURY, Carlos Roberto Jamil. A educação e a nova ordem constitucional. *ANDE – Revista da Associação Nacional de Educação*, São Paulo, ano 8, n. 14, p. 5-11, 1989.

30. CURY, Carlos Roberto Jamil. A articulação em vários graus. *Revista AMAE Educando*, Belo Horizonte, n. 206, p. 31-33, set. 1989.

31. CURY, Carlos Roberto Jamil. Trabalho e educação. *Revista de Educação AEC*, Brasília, DF, v.18, n.73, p. 7-14, jul. 1989.

32. CURY, Carlos Roberto Jamil. Esperança democrática na LDB. *Revista Caminhos*, n. 2, p. 42-46, 1990.

33. CURY, Carlos Roberto Jamil. Alguns apontamentos em torno da expansão e da qualidade do ensino médio no Brasil. *Cadernos CEDES*, Campinas, n. 25, p. 45-62, 1991.

34. CURY, Carlos Roberto Jamil. A questão da autonomia universitária. *Revista Universidade e Sociedade – ANDES*, Brasília, n. 2, p. 25-29, nov. 1991.

35. CURY, Carlos Roberto Jamil. A educação na primeira constituição mineira republicana. *Educação em Revista*, Belo Horizonte, n. 14, p. 5-11, 1991.

36. CURY, Carlos Roberto Jamil. A educação escolar como concessão. *Em Aberto*, v. 50/51, n. 51, p. 51-56, abr./set. 1992.

37. CURY, Carlos Roberto Jamil. A nova LDB e suas implicações nos estados e municípios: o Sistema Nacional de Educação. *Educação e Sociedade*, n. 41, p. 186-201, abr. 1992.

38. CURY, Carlos Roberto Jamil. O público e o privado na educação brasileira: posições e tendências. *Cadernos de Pesquisa*, Fundação Carlos Chagas, São Paulo, n. 81, p. 33-43, 1992.

39. CURY, Carlos Roberto Jamil. Escola particular: um novo discurso? *Extra-classe em Revista*, Belo Horizonte, ano 1, p. 26-34, abr. 1992.

40. CURY, Carlos Roberto Jamil. A administração da educação brasileira, a modernização e o neoliberalismo. *Revista Brasileira de Administração da Educação*, Porto Alegre, v. 9, n. 1, p. 51-70, 1993.

41. CURY, Carlos Roberto Jamil. Em defesa da escola pública de qualidade. *Revista AMAE Educando*, Belo Horizonte, n. 235, maio 1993.

42. CURY, Carlos Roberto Jamil. Ensino Religioso e escola pública: o curso histórico de uma polêmica entre Igreja e Estado no Brasil. *Educação em Revista*, Belo Horizonte, n. 13, p. 20-37, junho, 1993.

43. CURY, Carlos Roberto Jamil. O professor: retratos através de textos constitucionais. *Revista Faculdade de Educação*, São Paulo, v. 9, n. 2, p. 159-174, jul/dez. 1993.

44. CURY, Carlos Roberto Jamil. Educação e normas jurídicas pós-Constituição Federal de 1988. *Revista Universidade e Sociedade – ANDES*, Brasília, v. 4, n. 7, p. 33-35, jun. 1994.

45. CURY, Carlos Roberto Jamil. Legislação educacional. *Presença Pedagógica*, Belo Horizonte, n. 6, p. 28-37, 1995.

46. CURY, Carlos Roberto Jamil. Direito e educação. *Presença Pedagógica*, Belo Horizonte, n. 4, p. 98-100, 1995.

47. CURY, Carlos Roberto Jamil. Le droit de l'éducation au Brésil. *Savoir Education, Formation*, Paris, v. 7, n. 2, p. 268-276, 1995.

48. CURY, Carlos Roberto Jamil. As idéias filosóficas e políticas de Tancredo Neves. *Anais de Filosofia*, São João Del Rei, n. 3, p. 163-165, jul. 1996.

49. CURY, Carlos Roberto Jamil. Alguns complementos um comentário ao processo de avaliação. *Cardenos Prograd/UFMG*, Belo Horizonte, n. 1, p. 3-6, 1996.

50. CURY, Carlos Roberto Jamil. Estado e educação na revisão constitucional de 1926. *Educação e Sociedade*, Campinas, n. 55, p. 238-262, ago. 1996.

51. CURY, Carlos Roberto Jamil. Os parâmetros curriculares nacionais e o ensino fundamental. *Revista Brasileira de Educação*, São Paulo, n. 2, p. 4-17, 1996.

52. CURY, Carlos Roberto Jamil. O desafio da autonomia. *AMAE Educando*, Belo Horizonte, n. 267, p. 14-16, maio 1997.

53. CURY, Carlos Roberto Jamil. O estágio nas licenciaturas: as 300 horas. *Anais do Iº Encontro Nacional de Estágios: aspectos éticos e legais*, Universidade Federal do Paraná, Curitiba, p. 38-43, 1997.

54. CURY, Carlos Roberto Jamil. A nova lei da educação nacional: expectativas e perspectivas. *Horizonte e Caminhos, Cadernos AEC*, Recife, v. 1, n. 2, p. 7-12, 1997.

55. CURY, Carlos Roberto Jamil. Da ousadia do passado aos desafios do presente. *Impulso, UNIMEP*, Piracicaba, São Paulo, v. 10, n. 21, p. 63-69, 1997.

56. CURY, Carlos Roberto Jamil. Evolução da educação superior no Brasil: a participação do setor público e da iniciativa privada. *Boletim Informativo da Consultoria Universitária Internacional*, Rio de Janeiro, p. 1-12, 1997.

57. CURY, Carlos Roberto Jamil. Reforma universitária na nova LDB da educação nacional? *Cadernos de Pesquisa*, São Paulo, n. 101, p. 3-20, 1997.

58. CURY, Carlos Roberto Jamil. Evolução da educação superior no Brasil: a participação do setor público e da iniciativa privada. *Revista Brasileira de Política e Administração da Educação*, Brasília, n. 13, p. 39-69, 1997.

59. CURY, Carlos Roberto Jamil. LDB: histórico e perspectivas. *Leituras e Imagens II*, Florianópolis, v. 2, p. 15-31, 1997.

60. CURY, Carlos Roberto Jamil. Educação básica e demandas sociais nos anos 90. *Caderno de Educação I, APUBH*, Belo Horizonte, p. 32-37, 1997.

61. CURY, Carlos Roberto Jamil. O ensino médio: resgate de sua identidade? *Dois Pontos: Teoria e Prática em Educação*, Pitágoras, Belo Horizonte, v. 4, n. 32, p. 25-26, mai./jun. 1997.

62. CURY, Carlos Roberto Jamil. Polifonia acrobática: eixos para entender a LDB. *Revista de Educação*, Campinas, p. 27-33, 1997.

63. CURY, Carlos Roberto Jamil. As vozes da LDB. *Presença Pedagógica*, Belo Horizonte, v. 3, n. 15, p. 31-37, 1997.

64. CURY, Carlos Roberto Jamil. A gestão de recursos financeiros na escola pública fundamental: democratização ou privatização do Estado? *Presença Pedagógica*, Belo Horizonte, n. 22, p. 88-92, 1998.

65. CURY, Carlos Roberto Jamil. Diretrizes curriculares dos conteúdos mínimos para o ensino fundamental. *Educação Em Foco*, Belo Horizonte, v. 2, p. 32-44, 1998.

66. CURY, Carlos Roberto Jamil. A cidadania imperfeita: LDB da Educação Nacional e escolarização desigual. *Escola Pública de Qualidade: pressupostos e fundamentos, SEE-MG*, Belo Horizonte, p. 7-17, 1998.

67. CURY, Carlos Roberto Jamil. A organização da educação nacional e o plano de desenvolvimento da escola à luz da lei de diretrizes e bases da educação nacional. *Escola Pública de Qualidade: o plano de desenvolvimento da escola, SEE-MG*, Belo Horizonte, p. 21-34, 1998.

68. CURY, Carlos Roberto Jamil. O desafio da autonomia. *Revista AMAE Educando*. Número especial sobre LDB, Belo Horizonte, p. 22-24, 1998.

69. CURY, Carlos Roberto Jamil. A educação infantil como direito. *Subsídios para a Elaboração de Diretrizes e Normas para a Educação Infantil, MEC/SEF*, Brasília, p. 11-16, 1998.

70. CURY, Carlos Roberto Jamil. O ensino médio no Brasil: histórico e perspectivas. *Educação em Revista*, Belo Horizonte, v. 27, p. 73-84, 1998.

71. CURY, Carlos Roberto Jamil. A constituição de Weimar: um capítulo para a educação. *Educação e Sociedade*, v. 19, n. 63, p. 83-104, ago. 1998.

72. CURY, Carlos Roberto Jamil. O Plano Nacional de Educação: duas formulações. *Cadernos de Pesquisa*, Fundação Carlos Chagas, São Paulo, n. 104, p. 162-180, 1998.

73. CURY, Carlos Roberto Jamil. Novo ordenamento jurídico da educação: a responsabilidade ampliada. *Revista da UNDIME*, Rio de Janeiro, n. 1, p. 10-12, 1997.

74. CURY, Carlos Roberto Jamil. Flexibilidade e avaliação na LDB. *O que Muda na Educação Brasileira com a Nova LDB?*, FIESP, São Paulo, p. 13-23, 1998.

75. CURY, Carlos Roberto Jamil. Lei de Diretrizes e Bases e perspectivas da educação nacional. *Revista Brasileira de Educação*, n. 8, p. 75-85, mai./jun./ju.l/ago. 1998.

76. CURY, Carlos Roberto Jamil. Educação escolar na França: uma nova reforma? *Ensaio. Avaliação e Políticas Públicas em Educação, CESGRANRIO*, Rio de Janeiro, v. 7, n. 23, p. 113-128, 1999.

77. CURY, Carlos Roberto Jamil. Anísio Teixeira (1900-71) – Perspectivas. *Perspectivas, UNESCO*, Genebra, Suíça, v. 30, n. 4, p. 561-572, 2000.

78. CURY, Carlos Roberto Jamil. Anísio Teixeira (1900-71) – Perspectives. *Prospectives: revue trimestrielle d'éducation comparée, UNESCO*, Genebra, Suíça, v. 30, n. 116, p. 579-590, 2000.

79. CURY, Carlos Roberto Jamil. Um projeto pedagógico para o milênio. *Revista de Educação do COGEIME*, Piracicaba, n. 16, p. 19-27, jun. 2000.

80. CURY, Carlos Roberto Jamil. Evolução da educação superior no Brasil: a participação do setor público e da iniciativa privada. *Revista do Direito Educacional*, Rio de Janeiro, n. 61, p. 5-28, 2000.

81. CURY, Carlos Roberto Jamil. Anísio Teixeira. *Presença Pedagógica*, Belo Horizonte, v. 6, n. 35, p. 93-95, 2000.

82. CURY, Carlos Roberto Jamil. A evolução da legislação. *Cadernos do observatório*, Ação Educativa/SP – IBASE/RJ, n. 2, p. 17-23, 2000.

83. CURY, Carlos Roberto Jamil. Anísio Teixeira (1900-71) – Prospects. *Prospects*, Paris, Genebra, Suíça, v. 30, n. 4, p. 509-520, 2000.

84. CURY, Carlos Roberto Jamil. Direito à diferença: um reconhecimento legal. *Educação em Revista*, Belo Horizonte, v. 30, p. 7-15, dez. 1999.

85. CURY, Carlos Roberto Jamil. Os desafios da formação docente. *Educar em Revista*, Curitiba, v. 1, n. 18, p. 221-230, 2001.
86. CURY, Carlos Roberto Jamil. Políticas públicas: diretrizes e necessidades da Educação Básica. *Anais do 3º Encontro de Educação do Oeste Paulista*, UNESP, p. 1-3, 2001.
87. CURY, Carlos Roberto Jamil. L'éducation nationale au Brésil: la nouvelle loi de directives et de bases. *Autrepart – Cahiers des Sciences Humaines Orstom*, Bondy, France, n. 17, p. 155-166, 2001.
88. CURY, Carlos Roberto Jamil. Educação de jovens e adultos e o novo ordenamento legal no âmbito das instituições de ensino. *Anais do Seminário de Educação de Jovens e Adultos, FUG*, João Pessoa, Paraíba, v. 1, p. 19-26, 2001.
89. CURY, Carlos Roberto Jamil. Concepção de sistemas de ensino e regime federativo. *Revista União dos Dirigentes Municipais de Educação do Estado do Rio de Janeiro*, Rio de Janeiro, ano VII, n. 1, p. 8-21, 2001.
90. CURY, Carlos Roberto Jamil. A Educação Básica no Brasil. *Educação e Sociedade*, n. 23, p. 169-201, 2002.
91. CURY, Carlos Roberto Jamil. Direito à Educação: direito à igualdade, direito à diferença. *Cadernos de Pesquisa da Fundação Carlos Chagas*, São Paulo, n. 16, p. 245-262, 2002.
92. CURY, Carlos Roberto Jamil. Gestão democrática na educação: exigências e desafios. *Revista Brasileira de Política e Administração da Educação*, São Bernardo do Campo, v. 18, n. 2, p. 163-174, jul.dez. 2002.
93. CURY, Carlos Roberto Jamil. Superando a idéia da educação compensatória: educação de jovens e adultos como direito público. *Caderno da ABESC*, Belo Horizonte, p. 27-38, 2002.
94. CURY, Carlos Roberto Jamil. Educação Básica: diretrizes curriculares e parâmetros curriculares. *Anais da 54ª Reunião Anual da SBPC*, Goiânia, p. 115-122, 2002.
95. CURY, Carlos Roberto Jamil. Ensino brasileiro: desafios. *Pesquisando e Gestando Outra Escola Desafios Contemporâneos*, São Leopoldo, p. 167-174, 2002.
96. CURY, Carlos Roberto Jamil. Valorização do magistério. *Anais da Associação Brasileira de Educação*, p. 105-118, 2002.
97. CURY, Carlos Roberto Jamil. Formação Continuada e Certificação de professores. *Olhar de Professor*, Ponta Grossa, ano 7, n. 1, p. 185-191, 2004.

98. CURY, Carlos Roberto Jamil. Do Iluminismo de Rousseau aos dias atuais. *Revista Nova Escola*, São Paulo, n. Especial, p. 9-12, 2004.

99. CURY, Carlos Roberto Jamil. Graduação/Pós-Graduação: a busca de uma relação virtuosa. *Educação e Sociedade*, Campinas, v. 25, n. 88, p. 777-794, outubro, 2004.

100. CURY, Carlos Roberto Jamil. Ensino Religioso na escola pública: o retorno de uma polêmica. *Revista Brasileira de Educação*, Campinas, n. 27, p. 183-191, 2004.

101. CURY, Carlos Roberto Jamil. O legado da era Vargas: a educação e a Igreja Católica. *Revista de Educação Pública*, Cuiabá, n. 25, p. 167-183, 2005.

102. CURY, Carlos Roberto Jamil. A soberania do cidadão. *Revista APASE*, São Paulo, n. 4, p. 14-15, 2005.

103. CURY, Carlos Roberto Jamil. Políticas inclusivas e compensatórias na educação básica. *Cadernos de Pesquisa*, Fundação Carlos Chagas, v. 35, n. 124, p. 11-32, jan./abr. 2005.

104. CURY, Carlos Roberto Jamil. Quadragésimo ano do parecer CFE n. 977/65. *Revista Brasileira de Educação*, n. 30, p. 7-20, set./dez. 2005.

105. CURY, Carlos Roberto Jamil. Conselhos de Educação: fundamentos e funções. *Revista Brasileira de Política e Administração da Educação*, v. 22, n. 1, p. 41-67, jan./jun. 2006.

106. CURY, Carlos Roberto Jamil. Educação escolar e educação no lar: espaços de uma polêmica. *Educação & Sociedade*, Campinas, v. 27, n. 96, p. 667-688, out./jan. 2006.

107. CURY, Carlos Roberto Jamil. A educação escolar no Brasil: o público e o privado. *Trabalho, Educação e Saúde*, Rio de Janeiro, v. 4, p. 143-158, 2006.

108. CURY, Carlos Roberto Jamil; CORDÃO, Francisco Aparecido. Educação Profissional: cidadania e trabalho. *Boletim Técnico do SENAC*, Rio de Janeiro, v. 32, p. 46-55, 2006.

109. CURY, Carlos Roberto Jamil. A gestão democrática na escola e o direito à educação. *Revista Brasileira de Política e Administração da Educação*, v. 23, p. 483-495, set./dez. 2007.

110. CURY, Carlos Roberto Jamil. Estado e políticas de financiamento em educação. *Educação e Sociedade*, v. 28, n. 100 (Especial), p. 831-856, out. 2007.

111. CURY, Carlos Roberto Jamil. Universidade: formação humana ou habilitação profissional? *Leopoldianum: Revista de Estudos e Comunicações da Universidade Católica de Santos*, Santos, v. 32, n. 86, p. 11-23, jan. 2006.

112. CURY, Carlos Roberto Jamil. Da igualdade e da diferença. *Revista FAEEBA*, v. 14, n. 24, p. 241-256, 2007.

113. CURY, Carlos Roberto Jamil. Sistema Nacional de Educação: desafio para uma educação igualitária e federativa. *Educação & Sociedade*, Campinas, v. 29, p. 1187-1210, 2008.

114. CURY, Carlos Roberto Jamil. Sistema Nacional de Pós-Graduação – ampliação e qualidade da educação. *Extra-classe: Revista de Trabalho e Educação*, v. 2, p. 198-213, 2008.

115. CURY, Carlos Roberto Jamil. A educação escolar, a exclusão e seus destinatários. *Educação em Revista*, Belo Horizonte, n. 48, p. 205-222, 2008.

116. CURY, Carlos Roberto Jamil. Educação no lar: uma polêmica no ar. *Presença Pedagógica*, Belo Horizonte, v. 14, n. 83, p. 76-78, set./out. 2008.

117. CURY, Carlos Roberto Jamil. A Educação Básica como Direito. *Cadernos de Pesquisa*, Fundação Carlos Chagas, São Paulo, v. 38, n. 134, p. 293-303, 2008.

118. CURY, Carlos Roberto Jamil; FERINI, Rosangela Aparecida. Uma abordagem histórico-ideológica da legislação. *Revista APASE*, São Paulo, n. 9, p. 20-27, 2008.

119. CURY, Carlos Roberto Jamil. Trinta por trinta: dimensões da pósgraduação em educação. *Revista Brasileira de Educação*, v. 13, n. 37, p. 162-167, abr. 2008.

120. CURY, Carlos Roberto Jamil. Potencialidades e limitações da certificação de professores. *Revista da Escola*, v. 3, p. 117-133, 2009.

121. CURY, Carlos Roberto Jamil. Por um Plano Nacional de Educação: nacional, federativo, democrático e efetivo. *Revista Brasileira de Política e Administração da Educação*, v. 25, p. 13-30, jan./abr. 2009.

122. CURY, Carlos Roberto Jamil. . Réflexions sur les principes juridiques de l'éducation inclusive au Brésil: égalité, droit à la différence, équité. *Recherche et formation*, Paris, v. 61, p. 41-53, 2009.

123. CURY, Carlos Roberto Jamil. Livro didático como assistência ao estudante. *Revista Diálogo Educacional*, PUCPR, v. 9, p. 1-12, 2009.

Livros publicados/organizados ou edições

1. CURY, Carlos Roberto Jamil. *Ideologia e educação brasileira: católicos e liberais*. São Paulo: Cortez & Moraes, 1978. 201 p.

2. CURY, Carlos Roberto Jamil; INEP. *A profissionalização do ensino na Lei n. 5.692/71*. Brasília: INEP, 1982. 75 p.

3. BEDRAN, Maria Ignez Saad; CURY, Carlos Roberto Jamil; PAIVA, Edil Vasconcellos de; MOURA, Cecilia Puntel M. de. *Avaliação de estudos e pesquisas sobre a profissionalização do ensino de 2. grau no Brasil: (1971-1982)*. Belo Horizonte: UFMG/FaE, 1983.

4. CURY, Carlos Roberto Jamil. *Ideologia e educação brasileira: católicos e liberais*. 2. ed. São Paulo: Cortez, 1984. 201 p.

5. CURY, Carlos Roberto Jamil. *Educação e contradição: elementos teórico-metodológicos para uma teoria crítica do fenômeno educativo*. São Paulo: Cortez; Autores Associados, 1985. 134 p.

6. CURY, Carlos Roberto Jamil; CUNHA, Luiz Antônio. *Escola pública, escola particular e a democratização do ensino*. São Paulo: Cortez; Autores Associados, 1985. 160 p.

7. CURY, Carlos Roberto Jamil. *Ideologia e educação brasileira: católicos e liberais*. 3. ed. São Paulo: 1986. 201 p.

8. CURY, Carlos Roberto Jamil. *Educação e contradição: elementos metodológicos para uma teoria crítica do fenômeno educativo*. 2. ed. São Paulo: Cortez; Autores Associados, 1986. 134 p.

9. CURY, Carlos Roberto Jamil. *Ideologia e educação brasileira: católicos e liberais*. 4. ed. São Paulo: 1988. 201 p.

10. CURY, Carlos Roberto Jamil. *Educação e contradição: elementos metodológicos para uma teoria crítica do fenômeno educativo*. 3. ed. São Paulo: Cortez; Autores Associados, 1987. 134 p.

11. CURY, Carlos Roberto Jamil; CUNHA, Luiz Antônio. *Escola pública, escola particular e a democratização do ensino*. 3. ed. São Paulo: Cortez; Autores Associados, 1989. 160 p.

12. CURY, Carlos Roberto Jamil. *Educação e contradição: elementos metodológicos para uma teoria crítica do fenômeno educativo*. 4. ed. São Paulo: Cortez; Autores Associados, 1989. 134 p.

13. CURY, Carlos Roberto Jamil; GOMES, Nilma Lino; ABREU, Monica Dourado de; INEP; UFMG. *Diagnóstico e avaliação de pesquisas em teses e dissertações do ensino de 2. grau no Brasil: (1982-1986)*. Belo Horizonte: UFMG/FAE, 1989. 331 p.

14. CURY, Carlos Roberto Jamil. *Educação e contradição: elementos metodológicos para uma crítica do fenômeno educativo*. 5. ed. São Paulo: Cortez; Autores Associados, 1992. 134 p.

15. GONÇALVES, Adriana Ramalho; CURY, Carlos Roberto Jamil. *A universalização do ensino primário: um estudo nas constituições federais e estaduais de 1891 a 1948*. Belo Horizonte: UFMG/FaE, 1994. 110 p.

16. CURY, Carlos Roberto Jamil. *A educação na Constituição Federal de 1988 e nas Constituições Estaduais de 89/90*. Belo Horizonte: FAE/UFMG, 1994.

17. CURY, Carlos Roberto Jamil. *Educação e contradição*: elementos metodológicos para uma crítica do fenômeno educativo. 6. ed. São Paulo: Cortez, 1995. 134 p.

18. CURY, Carlos Roberto Jamil. *Ideologia e Educação Brasileira: católicos e liberais (1930-1935)*. 5. ed. São Paulo: Cortez, 1995. 201 p.

19. CURY, Carlos Roberto Jamil; BRITO, Vera Lúcia Alves de; HORTA, José Silvério Baia. Medo a liberdade e compromisso democrático: LDB e Plano Nacional da Educação. São Paulo: Editora do Brasil, 1997. 319 p.

20. CURY, Carlos Roberto Jamil. *Educação e contradição*: elementos metodológicos para uma crítica do fenômeno educativo. 7. ed. São Paulo: Cortez; Autores Associados, 2000. 134 p.

21. CURY, Carlos Roberto Jamil. *Legislação educacional*. Rio de Janeiro: DP&A, 2000. 117 p.

22. CURY, Carlos Roberto Jamil. *Lei de diretrizes e bases da educação: Lei 9.394/96*. 4. ed. Rio de Janeiro: DP&A, 2001.197 p.

23. CURY, Carlos Roberto Jamil. *Cidadania Republicana e Educação: Governo Provisório do Mal. Deodoro e Congresso Constituinte de 1890-1891*. Rio de Janeiro: DP&A, 2001. 319 p.

24. CURY, Carlos Roberto Jamil. Lei de Diretrizes e Bases da Educação Nacional (1996). *Lei de diretrizes e bases da educação*. 5. ed. Rio de Janeiro: DP&A, 2002. 198 p.

25. CURY, Carlos Roberto Jamil. *Legislação educacional brasileira*. 2. ed. Rio de Janeiro: DP&A, 2002. 117 p.

26. CURY, Carlos Roberto Jamil. *A educação na revisão constitucional de 1925-1926*. Bragança Paulista, SP: EDUSF, 2003. 142 p.

27. CURY, Carlos Roberto Jamil. Lei de Diretrizes e Bases da Educação. 6. ed. Rio de Janeiro: DP&A, 2003. 198 p.

28. CURY, Carlos Roberto Jamil. *Os fora de série na escola*. Campinas: Armazém do Ipê, 2005. 89 p.

29. CURY, Carlos Roberto Jamil. *Lazer, cidadania e responsabilidade social*. Brasília: SESI/DN, 2006. 79 p.

30. CURY, Carlos Roberto Jamil. *Lazer, cidadania e responsabilidade social*. Brasília: SESI/DN, 2006. 80 p.

31. CURY, Carlos Roberto Jamil; TOSTA, Sandra de Fátima Pereira (Org). *Educação, cidade e cidadania: leituras de experiências socioeducativas*. Belo Horizonte: Ed. PUC Minas, 2007. 166 p.

32. OLIVEIRA, Maria Auxiliadora Monteiro; AMARAL, Ana Lúcia; ARANHA, Antônia Vitória Soares; CURY, Carlos Roberto Jamil; GARCIA, Fernando Coutinho; BAHIA, Maria Gisèlle Marques; SOUZA, Maria Ines Salgado. *Gestão educacional: novos olhares, novas abordagens.* 5. ed. Petrópolis: Vozes, 2008. 119 p.

Capítulos de livros publicados

1. CURY, Carlos Roberto Jamil; NOGUEIRA, Maria Alice. O atual discurso dos protagonistas das redes de ensino. In: CUNHA, Luiz Antônio. *Escola pública, escola particular e a democratização do ensino.* São Paulo: Cortez, 1985. P. 65-93.
2. CURY, Carlos Roberto Jamil. Política Educacional, Hoje. In: Programa de Pós Graduação em educação da UFES. *Administração da Educação: questões e reflexões.* Vitória: PPGE/UFES, 1986. p. 26-41.
3. CURY, Carlos Roberto Jamil. Tendências no Brasil hoje. In: FELDENS, Maria das Graças Furtado; FRANCO, Maria Estela Dal Pai (Org.). *Ensino e realidades: análise e reflexão.* Porto Alegre: Editora da UFRGS, 1986. p. 113-122.
4. CURY, Carlos Roberto Jamil. Perspectivas de diagnósticos da educação básica rural. In: *Capacitação de profissionais da Educação: perspectivas para a avaliação.* Gerência do Projeto de capacitação de Recursos Humanos. Belo Horizonte: EDURURAL/NE, FaE/IRHJR, 1987. p. 51-59.
5. CURY, Carlos Roberto Jamil. A nova ordem constitucional e a assistência social. In: DEPARTAMENTO TÉCNICO E PEDAGÓGICO, DIVISÃO DE PRODUÇÃO DE MATERIAIS E PUBLICAÇÕES. *Política de Assistência ao Estudante: ambição e impasse.* Belo Horizonte: FaE/IRHJP/MEC, 1988. p. 21-28.
6. CURY, Carlos Roberto Jamil. Educação brasileira e transição. In: FONSECA, Dirce M. (Org.). *Discussão crítica sobre a administração da educação.* Brasília: Editora UnB, 1989. p. 69-85.
7. CURY, Carlos Roberto Jamil. Política de pesquisa e Pós- Graduação: apontamentos pré-liminares. In: BERNARDO; Maristela Veloso Campos (Org.). *Pensando a educação: ensaios sobre a formação do professor e a política educacional.* São Paulo: Ed. UNESP, 1989. p. 143-156.
8. CURY, Carlos Roberto Jamil. O Estado e educação no Brasil. In: LUCKESI, Cipriano (Org.). *O papel do Estado na educação.* Salvador: UFBA/Empresa Gráfica da Bahia, 1989. p. 75-84.

9. CURY, Carlos Roberto Jamil. Um pequeno depoimento. In: JUNIOR, Celestino Alves da Silva (Org.). *Dermeval Saviani e a educação brasileira: o Simpósio de Marília.* São Paulo: Cortez, 1994. p. 18-21.

10. CURY, Carlos Roberto Jamil. Igreja Católica/Educação: pressupostos e evolução no Brasil. In: PAIVA, Vanilda (Org.). *Catolicismo, educação e ciência.* São Paulo: Loyola, 1991. p. 99-116.

11. CURY, Carlos Roberto Jamil. Ensino brasileiro: desafios. BAQUERO, Rute; BROILO, Cecília (Org.). *Pesquisando e gestando outra escola: desafios contemporâneos.* São Leopoldo: Editora UNISINOS, 2001. p. 167-174.

12. CURY, Carlos Roberto Jamil. A relação-educação-sociedade-estado pelas mediação/jurídico/constitucional. In: FÁVERO, Osmar (Org.). *A Educação nas Constituintes Brasileiras, 1823-1988.* São Paulo: Autores Associados, 1996.

13. CURY, Carlos Roberto Jamil. A educação na revisão constitucional de 1925-1926. In: FÁVERO, Osmar (Org.). *A Educação nas Constituintes Brasileiras, 1823-1988.* São Paulo: Autores Associados, 1996.

14. CURY, Carlos Roberto Jamil. A educação e a primeira constituinte republicana. In: FÁVERO, Osmar (Org.). *A Educação nas Constituintes Brasileiras, 1823-1988.* São Paulo: Autores Associados, 1996.

15. CURY, Carlos Roberto Jamil. Comentários ao documento de "Política para a mudança e o desenvolvimento da educação superior". In: LUCE, Maria Beatriz; TRINDADE, Hélgio (Org.). *Mudança e desenvolvimento da universidade pública na América Latina.* Brasília: ANDIFES, 1996.

16. CURY, Carlos Roberto Jamil. A avaliação institucional das universidades e a autonomia universitária. In: COSTA, Maria José J. (Org.). *Avaliação Institucional: desafio da universidade diante de um novo século.* Belém, Pará: UFPA, 1997. p. 99-109.

17. CURY, Carlos Roberto Jamil. A nova LDB da educação nacional: uma reforma educacional? In: CURY, Carlos Roberto Jamil; HORTA, José Silvério Bahia; BRITO, Vera Lúcia de. (Org.). *Medo a liberdade e compromisso democrático: LDB e Plano Nacional da Educação.* São Paulo: Editora do Brasil, 1997. p. 91-135.

18. CURY, Carlos Roberto Jamil. Leis nacionais da educação: uma conversa antiga. In: CURY, Carlos Roberto Jamil; HORTA, José Silvério Bahia; BRITO, Vera Lúcia Alves de. (Org.). *Medo a liberdade e compromisso democrático: LDB e Plano Nacional da Educação.* São Paulo: Editora do Brasil, 1997. p. 7-27.

19. CURY, Carlos Roberto Jamil. O Conselho Nacional de Educação e a Gestão Democrática. In: OLIVEIRA, Dalila Andrade (Org.). *Gestão Democrática da Educação*. Petrópolis: Vozes, 1997. p. 199-206.

20. CURY, Carlos Roberto Jamil. A educação superior na nova LDB da educação nacional: uma nova reforma? In: CATANI, Afrânio Mendes (Org.). *Políticas de educação superior na América Latina no limiar do século XXI*. Recife: Produções, 1997.

21. CURY, Carlos Roberto Jamil. A educação superior na nova lei de diretrizes e bases da educação nacional: uma nova reforma? In: CATANI, Afrânio Mendes. (Org.). *Novas perspectivas nas políticas de educação superior na América Latina no limiar do Século XXI*. Campinas: Autores Associados, 1998. p. 75-81.

22. CURY, Carlos Roberto Jamil. Os Parâmetros Curriculares Nacionais e o ensino fundamental. In: BARRETO, Elba de Sá. (Org.). *Os currículos do ensino fundamental para as escolas brasileiras*. São Paulo: Autores Associados, 1998. P. 233-259.

23. CURY, Carlos Roberto Jamil. A pesquisa histórico-educacional no Brasil: um depoimento a partir de uma trajetória. In: SAVIANI, Dermeval; LOMBARDI, José Claudinei; SANFELICE, José Luis (Org.). *História e História da Educação: o debate teórico-metodológico atual*. Campinas: Autores Associados, HISTEDBR, 1998. p. 131-134.

24. CURY, Carlos Roberto Jamil. Dicionário de Educadores no Brasil: da Colônia aos dias atuais. In: CURY, Carlos Roberto Jamil; FÁVERO, Maria de Lourdes; BRIOTTO, Jader (Org.). *Verbete-Dicionário de Educadores no Brasil*. Rio de Janeiro: MEC/INEP, 1999. p. 39-44.

25. CURY, Carlos Roberto Jamil. A educação como desafio na ordem jurídica. In: LOPES, Eliane Marta Teixeira; FARIA FILHO, Luciano Mendes; VEIGA, Cynthia Greive. (Org.). *500 anos de Educação do Brasil*. Belo Horizonte: Autêntica, 2000. p. 567-584.

26. CURY, Carlos Roberto Jamil. Política Educacional: em tempos de transição-anos 1985/1995. In: PLANO-DISTRITO FEDERAL (Org.). *Política Educacional em Tempos de Transição*: 1985/1999. Brasília, DF: Plano, 2000. p. 1-3.

27. CURY, Carlos Roberto Jamil. Os conselhos de educação e a gestão dos sistemas. In: CARAPETO, Naura Syria Ferreira; AGUIAR, Márcia Angela (Org.). *Gestão de Educação: impasses, perspectivas e compromissos*. São Paulo: Cortez, 2000. v. 1, p. 1-26.

28. CURY, Carlos Roberto Jamil. Lés défis de l'enseignement brésilien: de l'enseignement primaire à l'enseignement professional. In: TRINDADE, Hélgio; BLANQUER, J. (Org.). *Les défis de l'education en Amérique Latine*. Paris: IHEAL, 2001. p. 169-174.

29. CURY, Carlos Roberto Jamil. Au Brésil, la loi reconnaît le droit à la différence. In: WIEVIORKA, Michel; OHANA, Jocelyne (Org.). *La différence culturalle: une reformulation des débats*. Paris: Balland, 2001. p. 440-447.

30. CURY, Carlos Roberto Jamil. L'enseignement supérieur au Brésil: lois, tendanceas et perspectives. In: VASCONCELLOS, Maria; VIDAL, Dominique (Org.). *L'enseignement supérieur au Brésil*. Paris: IHEAL, 2002. p. 115-127.

31. CURY, Carlos Roberto Jamil. Os desafios do ensino brasileiro: do ensino fundamental ao ensino profissional. In: TRINDADE, Hélgio; BLANQUER Jean-Michel (Org.). *Os desafios da educação na América Latina*. Petropólis, RJ: Vozes, 2002. p. 201-208.

32. CURY, Carlos Roberto Jamil. Políticas da educação: um convite ao tema. In: FÁVERO, Osmar; SEMERARO, Giovanni (Org.). *Democracia e construção do público no pensamento educacional brasileiro*. Petrópolis: Vozes, 2002. p. 147-162.

33. CURY, Carlos Roberto Jamil. Políticas atuais para o Ensino Médio e a educação profissional de nível técnico: problemas e perspectivas. In: ZIBAS, Dagmar; AGUIAR, Márcia; BUENO, Maria (Org.). *O Ensino Médio e a reforma da Educação Básica*. Brasília: Plano, 2002. p. 15-32.

34. CURY, Carlos Roberto Jamil. A Lei de Diretrizes e Bases e o impacto na escola pública brasileira.. In: VALE, José Misael Ferreira. (Org.). *Escola Pública e Sociedade*. São Paulo: Saraiva; Atual, 2002. p. 29-33.

35. CURY, Carlos Roberto Jamil. Estágio supervisionado na formação docente. In: LISITA, Verbena Moreira; SOUSA, Luciana Freire (Org.). *Políticas Educacionais, práticas escolares e alternativas de inclusão escolar*. Rio de Janeiro: DP&A, 2003. p. 113-122.

36. CURY, Carlos Roberto Jamil. Educação Superior: setor público e iniciativa privada. In: MORHY, Lauro (Org.). *Universidade em questão*. Brasília: Editora UnB, 2003. p. 473-486.

37. CURY, Carlos Roberto Jamil. A sabedoria na orientação.. In: SAVIANI, Dermeval (Org.). *Intelectual, educador, mestre: presença do professor Casemiro dos Reis Filho na Educação Brasileira*. Campinas: Autores Associados, 2003. p. 99-103.

38. CURY, Carlos Roberto Jamil. A formação docente e a educação nacional. In: OLIVEIRA, Dalila Andrade (Org.). *Reformas educacionais na América Latina e os trabalhadores docentes.* Belo Horizonte: Autêntica, 2003. p. 125-142.

39. CURY, Carlos Roberto Jamil; BOAVENTURA, E.; MATTA, Alfredo Eurico Rodrigues. Direito à educação e legislação. In: MATTA, Alfredo Eurico Rodrigues (Org.). *Educação, cultura e direito.* Salvador: UFBA, 2004. p. 121-124.

40. CURY, Carlos Roberto Jamil. Um olhar sobre o Manifesto dos Pioneiros da Educação Nova de 1932. In: XAVIER, Maria do Carmo (Org.). *Manifesto dos Pioneiros da Educação: um legado educacional em debate.* Rio de Janeiro: FGV, 2004. p. 113-129.

41. CURY, Carlos Roberto Jamil. Qualificação Pós-Graduada no Exterior. In: ALMEIDA, Ana Maria; CANEDO, Letícia; GARCIA, Afrânio; BITTENCOURT, Águeda (Org.). *Circulação internacional e formação intelectual das elites brasileiras.* Campinas: Editora Unicamp, 2004. p. 107-143.

42. CURY, Carlos Roberto Jamil. A inclusão excludente na educação. In: GOULART, Cecília; SELLES, Sandra; RUMMERT, Sônia (Org.). *Dimensões e horizontes da educação no Brasil.* Niterói: Editora UFF, 2004. p. 93-106.

43. CURY, Carlos Roberto Jamil. Igreja Católica, Estado Brasileiro e Educação Escolar nos anos 30. In: RAMOS, Lilian M. P. C. (Org.). *Igreja, Estado e Educação no Brasil.* Rio de Janeiro: Papel Virtual, 2005. p. 79-100.

44. CURY, Carlos Roberto Jamil. O público e o privado na história da educação brasileira: concepções e práticas educativas. In: LOMBARDI, José Claudinei; JACONELI, Maria Regina M.; SILVA, Tânia Mara T. da (Org.). *O público e o privado na história da educação brasileira: concepções e práticas educativas.* Campinas: Autores Associados, 2005. p. 3-28.

45. CURY, Carlos Roberto Jamil; FERRARI, M. Del Iluminismo de Rosseau a los días actuales. In: AGUERRONDO, Mónica *et al. Grandes Pensadores: Historia del Pensamiento Pedagógico Occidental.* Buenos Aires: Papers, 2005. p. 21-28.

46. CURY, Carlos Roberto Jamil; MARTINS, C. B. Le positivisme et l'éducation au Brésil. In: Carlos Benedito Martins (Org.). *Dialogues entre le Brésil et la France: formation et cooperation académique.* Recife: Fundação Joaquim Nabuco, 2005. p. 37-52.

47. CURY, Carlos Roberto Jamil; MARTINS, C. B. O positivismo e a educação no Brasil. In: MARTINS, Carlos Benedito (Org.). *Diálogos entre*

o Brasil e a França: formação e cooperação acadêmica. Recife: Fundação Joaquim Nabuco, 2005. v. 1, p. 37-52.

48. CURY, Carlos Roberto Jamil. A educação nas constituições brasileiras. In: STEPHANOU, Maria; BASTOS, Maria Helena Camara. (Org.). *Histórias e Memórias da Educação no Brasil.*. Petrópolis: Vozes, 2005. p. 19-29. v. III: Século XX.

49. CURY, Carlos Roberto Jamil. Gestão democrática dos sistemas públicos de ensino. In: OLIVEIRA, Maria Auxiliadora Monteiro (Org.). *Gestão educacional: novos olhares, novas abordagens.* Petrópolis: Vozes, 2005. p. 15-21.

50. CURY, Carlos Roberto Jamil. Educação Básica no Brasil como desafio. In: ALMEIDA, Fernando José de (Org.). *O DNA da educação.* São Paulo: Instituto DNA Brasil, 2006. p. 148-169.

51. CURY, Carlos Roberto Jamil; TORRECILLA, F. J. M; CAMPOS, M. R. La formación de profesores en Minas Gerais. In: TORRECILLA, F. Javier Murillo; CAMPOS, Magaly Robalino; KÖRNER, Anton (Org.). *Modelos innovadores en la formación inicial docente.* Santiago do Chile: OREALC/UNESCO, 2006. p. 109-167.

52. CURY, Carlos Roberto Jamil. PDE: pacto sobre as dimensões de acesso e qualidade. In: GRACIANO, Mariângela (Org.). *O Plano de Desenvolvimento da Educação.* São Paulo: Ação Educativa, 2007. p. 14-15.

53. CURY, Carlos Roberto Jamil. Cidadania e Direitos Humanos. In: CURY, Carlos Roberto Jamil; TOSTA Sandra de Fátima Pereira. (Org.). *Educação, cidade e cidadania: leituras de experiências socioeducativas.* Belo Horizonte: Autêntica, 2007. p. 37-44.

54. CURY, Carlos Roberto Jamil. Federalismo Político e Educacional. In: FERREIRA, Naura Syria Carapeto (Org.). *Políticas públicas e gestão da educação: polêmicas, fundamentos e análises.* Brasília: Liber Livro, 2007. p. 113-130.

55. CURY, Carlos Roberto Jamil. La formación docente y la educación nacional. In: OLIVEIRA, Dalila Andrade (Org.). *Politicas educativas y trabajo docente en América Latina.* Lima: Fondo Editorial – Universidad de Ciencias y Humanidades, 2008. p. 183-210.

56. CURY, Carlos Roberto Jamil. Um novo movimento da educação privada. In: ADRIÃO, Theresa; PERONI, Vera. (Org.). *Público e privado na educação: novos elementos para o debate.* São Paulo: Xamã, 2008. p. 17-25.

57. CURY, Carlos Roberto Jamil. Laicidade e religião. In: BAPTISTA, Paulo Agostinho Nogueira; PASSOS, Mauro; SILVA, Wellington Teodoro

(Org.). *O sagrado e o urbano: diversidade, manifestações e análise*. São Paulo: Paulinas, 2008. p. 127-134.

58. CURY, Carlos Roberto Jamil. Educação no Brasil: 10 anos pós-LDB. In: BITTAR, Mariluce; OLIVEIRA, João Ferreira de; MOROSINI, Marília. (Org.). *Educação Superior no Brasil – 10 anos pós-LDB*. Brasília, DF: INEP, 2008. p. 15-38.

59. CURY, Carlos Roberto Jamil. Projetos Republicanos e a questão da Educação Nacional. In: VAGO, Tarcísio Mauro *et al* (Org.). *Intelectuais e escola pública no Brasil – séculos XIX e XX*. Belo Horizonte: Mazza, 2009. p. 79-120.

QUALQUER LIVRO DO NOSSO CATÁLOGO NÃO ENCONTRADO NAS
LIVRARIAS PODE SER PEDIDO POR CARTA, FAX, TELEFONE OU PELA INTERNET.

Rua Aimorés, 981, 8º andar – Funcionários
Belo Horizonte-MG – CEP 30140-071

Tel: (31) 3222 6819
Fax: (31) 3224 6087
Televendas (gratuito): 0800 2831322

vendas@autenticaeditora.com.br
www.autenticaeditora.com.br

ESTE LIVRO FOI COMPOSTO COM TIPOGRAFIA MINION E IMPRESSO
EM PAPEL CHAMOIS FINE 80 G NA FORMATO ARTES GRÁFICAS.